本书获国家社科基金及贵州省委组织部特殊人才基金资助

西部地区产业结构调整优化研究

娄胜霞 ◎ 著

——以经济作物为例

中国社会科学出版社

图书在版编目（CIP）数据

西部地区产业结构调整优化研究：以经济作物为例/
娄胜霞著.—北京：中国社会科学出版社，2016.8
ISBN 978 - 7 - 5161 - 8915 - 3

Ⅰ.①西… Ⅱ.①娄… Ⅲ.①产业结构调整—研究—
中国 Ⅳ.①F121.3

中国版本图书馆 CIP 数据核字（2016）第 221750 号

出 版 人	赵剑英
责任编辑	王　曦
责任校对	周晓东
责任印制	戴　宽

出　　版	中国社会科学出版社
社　　址	北京鼓楼西大街甲 158 号
邮　　编	100720
网　　址	http：//www.csspw.cn
发 行 部	010 - 84083685
门 市 部	010 - 84029450
经　　销	新华书店及其他书店

印　　刷	北京明恒达印务有限公司
装　　订	廊坊市广阳区广增装订厂
版　　次	2016 年 8 月第 1 版
印　　次	2016 年 8 月第 1 次印刷

开　　本	710×1000　1/16
印　　张	19.25
插　　页	2
字　　数	289 千字
定　　价	88.00 元

凡购买中国社会科学出版社图书，如有质量问题请与本社营销中心联系调换
电话：010 - 84083683

内容摘要

一 本书出版的目的和意义

积极配合国家实施经济发展方式转变和第二轮西部大开发战略，结合地方实际，对接国家政策，推动西部地区经济作物产业结构调整优化，实现西部地区农业产业结构战略性调整，推动农民收入增长。

通过本书的研究，使我们对经济作物产业结构的内涵了解更为透彻，轮廓更为清晰，基于经济作物产业链运行规律的产业结构调整优化的理论与方法更加科学、完整与合理。研究成果对西部地区经济作物产业结构调整优化起到了积极的作用。研究成果不仅可以为西部不同经济作物产业提供指导，同时也为国内其他地区经济作物产业发展提供理论参考。

二 本书的主要内容、重要观点和对策建议

（一）内容与观点

（1）农业产业链相关理论是经济作物产业结构调整与优化的理论基础。农业产业链是由种植环节、加工环节、流通环节以及农业服务环节等纵横交织在一起的网络结构。因此，对经济作物产业链各环节的价值增值分析，判断和选择价值增值的关键环节，即育种等生产资料供给环节、加工流通与农业服务环节的价值增值程度，是经济作物产业链的关键环节。尽管种植环节价值增值空间小，加工流通、农业服务环节还是应加强与种植环节的联系，从而实现经济作物产业链的价值增值。

（2）经济作物产业链的纵向价值转移、分工协调与产业链整合是整个产业链运行的机理，其中协作关系的关联程度决定了价值转移的合理性。但由于经济作物种植环节的弱势，导致种植环节的价值向生

产资料供给环节、精深加工环节、流通服务环节转移。随着分工的进一步深化，产业价值链出现了纵向分解的趋势，产业价值链宽度不断增加，即形成了农业产业研发、农产品加工、农业信息服务、机械化收割、农产品包装等业务和能力要素模块，产生了组织结构的模块化。从组织结构的模块化角度，通过策略联盟的治理、龙头企业的协调、农业产业集群促使农业产业结构的优化，建立合适的模块化组织方式和利益联结机制，加强关联主体之间的沟通与协调，形成有效的协同行为，从而实现资源优化配置和产业竞争力的提升。经济作物产业链的物流、信息流和价值流的协同发展，是经济作物产业链整合的主要模式。立足于经济作物产业链，推动经济作物产业链垂直分工深化、横向分工拓展，促进物流、信息流和价值流的共生整合，是提升经济作物产业链竞争力的现实路径。

（3）研究经济作物产业结构演变规律、存在的问题、影响因素、产业结构的协调性、合理性等内容，是产业结构调整优化的前提。经济作物产业结构的演进与一般规律相吻合，但也有其特性，主要表现在西部经济作物产业结构易受到政策、市场需求、价格波动的影响；经济作物产业结构调整注重数量结构的调整，不重视品种品质结构的调整。西部规模以上经济作物加工业发展水平还较低，主要存在缺乏精深加工产品，加工技术设备落后，技术创新能力低，产业集群规模小，地区分布不均衡，竞争力弱等问题。环节多、效率低、服务滞后一直是西部经济作物产业流通中存在的主要问题，国际资本正逐步进入我国农业生产资料市场，贸易保护主义等制约了西部经济作物产业国际竞争力的提升。此外，经济作物加工环节与流通环节不能有效地协调，制约了西部农业的发展。

（4）本书对西部地区的茶产业、中药材产业与棉花产业的种植结构、加工环节、流通环节，利用区位熵、集中系数、综合竞争力指数等指标，以及 DEA 方法，进行了案例实践研究，分析经济作物产业发展的"瓶颈"及竞争力优势，提出了各经济作物产业结构调整的重点与方向。

（二）对策建议

经济作物产业结构调整与优化是市场的行为，但经济作物产业链的延伸和整合，都与政府的行为相关，必须发挥政府对产业结构优化的引导与扶持功能，创造经济作物可持续发展的环境。本书从"引导性政策""支持性政策""发展性政策"三个方面对西部地区经济作物产业结构调整与优化提出建议。

（1）引导性政策。①制订经济作物产业发展规划，加大资金投入和项目扶持力度，引导经济作物生产要素资源的优化配置，提高资源配置效率，变资源优势为比较优势与竞争优势，形成优势特色产业。②政府有关部门应着重打造知名品牌特别是区域品牌，鼓励科技含量高、附加值高、竞争力强的名牌产品企业，增强商标意识、品牌意识、名牌意识。③大力推广经济作物产业创新体系，加快建设农业高新技术产业示范区、农业科技园区与生态农业产业示范区，积极推进农业技术服务体系多元化，为产品的高水平生产流通服务。④完善农业企业及农产品信用等级分类标准，健全信用数据库，及时、准确地监测企业和经济作物产品达标实况，并建立和完善信用奖惩联动机制，努力提升合同履行、农产品质量、信贷、纳税、环保、食品安全等方面的信用水平。

（2）支持性政策。①加强经济作物主产区基础设施建设。进一步加大扶持力度，增加公共要素的投入，并采取措施确保这些设施的建设质量。各地要努力加大对经济作物产业公共要素的投入，通过土地、税收、财政投入、政府采购、项目审批、投融资体制改革等政策手段，吸引和鼓励社会各方面投资。②完善农村金融服务体系、拓展融资渠道。加强农村财政投入和政策性贷款支持，完善农业创业园、示范基地等基础设施，鼓励国家开发银行等政策性银行以及商业银行增加对农业创业园、加工企业的贷款。针对西部经济作物生产企业的现状，特别是小企业比较多的特点，对经济作物生产企业有效担保方式的创新进行深入研究，成立政策性担保中心、商业性担保机构和企业信用互助协会等中介机构，突破企业贷款担保"瓶颈"；加快完善商业性担保和企业间互助性担保体系，引导和支持现有融资担保企业增资扩股，拓展担保业务范围，提高融资服务水平。鼓励企业上市融资和发行债券，对符合上市条件的龙头企业要进行指导，提高西部农业龙头企业的上市数量和质量；另外，进一步探索发行中小企业集合债券和短期融资券。③完善经济作物产品流通政策，加大对农产品流通环节的财政资金扶持力度，加大对物流中心的信贷投入，运用供应链融资、抵押贷款等方式，解决融资难问题；支持一批经济作物产品批发市场和物流中心进行建设和改造。大力发展经济作物产品物流，支持和培育专业化的经济作物产品运销企业和物流配送企业，加快现有经济作物产品物流企业改造升级。④落实农机补贴政策。引导社会资金、民间资本对农机设备的投资，加大对农机购置、农机工业的财税、金融等优惠力度；实施农机补贴政策，合理确定补贴规模，积极开展农机保险业务，对参保农机给予保费补贴。

（3）发展性政策。①加快市场化进程。充分利用市场价格调节机制，调节经济作物产品的供求关系；培育要素市场，西部地区应进一步开放技术、劳动力、土地等市场，大力发展农村资本市场，充分发挥要素市场对资源配置的作用；进一步打破地方保护主义，取消经济作物产品流通中的条块分割，城乡封闭、地区封锁。②加快信息化建设。在农村信息化建设的过程中，既要把农民当作信息化的主要服务对象，也要通过相应的政策、制度环境，引导农民以及专业化人才参与农村信息化建设，提高农民参与信息化建设的积极性，从而充分发挥和提高信息化的社会效应；政府有关部门应继续致力于信息高速公路和互联网业务的建设，在农业信息化建设上加大资金投入，加强信息化软硬件设施建设；建立信息及时有效的经济作物产品信息网站，使其更好地为农户、经纪人和销售商服务；大力建设农田信息采集系统，建设农业科普培训系统，使农户对经济作物当前的生产情况及环境情况有准确和实时的了解，实现经济作物产品的生产标准化。③完善和升级西部地区农民专业合作经济组织的运行机制。规范合作组织的规章制度、组织结构与财务管理等制度，完善利益分配机制，切实保障成员的财产权、决策权、分配权等合法权益；对农民合作组织提供的农业技术服务、信息服务、农机服务、农业灾害病虫防治、农业保险服务、农业金融服务等应免征营业税。在有条件的地区，建立财政扶持资金，用于合作组织基础设施建设、农产品质量认证，标准化建设，品牌建设以及风险救助等方面的服务；吸引农业科技人员、企业家、大学生到农民合作组织中去，对其工作不但要签订劳动合同，参加各类社会保险，还要保证其在合作组织中的股份分配比例。

目　录

第一章　导论 ……………………………………………… 1

　第一节　问题的提出与研究意义 …………………………… 1

　　一　源于现实的问题 ……………………………………… 1

　　二　源于学术研究的问题 ………………………………… 4

　　三　研究意义 ……………………………………………… 4

　第二节　农业产业结构调整优化的相关研究回顾 ………… 6

　　一　农业产业结构内涵相关研究回顾 …………………… 6

　　二　农业产业结构时序演进相关研究回顾 ……………… 7

　　三　农业产业结构的空间变迁相关研究回顾 ………… 10

　　四　农业产业结构演进动因的相关研究回顾 ………… 16

　　五　农业产业链与农业产业结构调整研究 …………… 21

　　六　相关评述 …………………………………………… 28

　第三节　主要研究内容及结构 …………………………… 29

　　一　研究的主要内容 …………………………………… 29

　　二　研究逻辑路径 ……………………………………… 30

　　三　研究的方法论及工具 ……………………………… 31

　　四　重点与难点 ………………………………………… 31

第二章　经济作物产业结构调整优化的理论基础 ……… 32

　第一节　相关概念界定 …………………………………… 32

　　一　产业结构 …………………………………………… 32

　　二　产业链 ……………………………………………… 34

三 农业产业链概念 ………………………………… 34

四 产业结构调整 …………………………………… 35

五 产业结构优化 …………………………………… 35

第二节 产业结构的演变规律 ………………………………… 37

一 产业结构的时序演变规律 ……………………… 38

二 产业结构的空间演变规律 ……………………… 39

三 农业产业结构演变规律 ………………………… 40

第三节 产业结构调整优化的相关理论 …………………… 41

一 主导产业选择理论 ……………………………… 41

二 区域分工理论 …………………………………… 43

三 区域产业布局理论 ……………………………… 45

四 产业集群理论 …………………………………… 47

五 系统论 …………………………………………… 48

六 可持续发展理论 ………………………………… 49

第四节 农业产业链理论 ……………………………………… 49

一 农业产业链演变动因：农业分工深化 ………… 49

二 农业产业链的演变模型与演变规律 …………… 54

第三章 基于产业链运行机理的经济作物产业结构调整理论 …… 57

第一节 经济作物产业链价值增值促进产业结构
高度化效应 ……………………………………… 57

一 农业产业链价值增值分析 ……………………… 57

二 经济作物产业链种植环节的价值增值 ………… 58

三 经济作物产业链加工环节的价值增值 ………… 58

四 经济作物产业链流通环节的价值增值 ………… 59

五 经济作物产业链消费环节的价值增值 ………… 60

六 经济作物产业链服务环节的价值增值 ………… 61

第二节 经济作物产业链的纵向价值转移 ……………… 61

一 经济作物产业链的纵向协作形成
机制分析 ………………………………………… 61

二 经济作物产业链纵向价值转移分析 …………… 64

第三节 经济作物产业链的模块化分工协调 ………… 65

一 农业产业链模块化组织形成的原因 ………… 65

二 模块化组织协调机制 ……………………… 66

第四节 经济作物产业链的"三流"整合 …………… 72

一 "三流"协同发展 ……………………… 72

二 经济作物产业链整合与物流体系构建 ……… 73

三 经济作物产业链整合与信息共享机制 ……… 76

第五节 经济作物产业链协同管理 ……………… 78

一 确立"风险共担、利益共享"产供销利益

协调原则 …………………………… 79

二 建立稳定的产业价值分配机制 ………… 79

三 推动产业链升级，拓展价值增值空间 ……… 79

四 加快融入全球价值链 …………………… 80

第四章 西部经济作物产业结构现状及存在的问题 ……… 81

第一节 西部地区农村产业发展特征 …………… 81

一 西部地区农村三次产业结构总体特征 ……… 81

二 西部地区农林牧渔结构特征 …………… 83

三 西部地区农村非农产业特征 …………… 83

四 西部地区农村收入结构分析 …………… 85

第二节 西部经济作物产业结构时序演变趋势 ……… 86

一 经济作物产值变化分析 ………………… 86

二 经济作物播种面积结构变化 …………… 90

三 主要经济作物产量结构变化 …………… 92

第三节 经济作物生产布局演变趋势 …………… 95

一 西南、西北两大地区经济作物生产布局

变化情况 …………………………… 95

二 省域经济作物生产布局变化情况 ………… 101

第四节 经济作物生产结构的基本判断 …………… 106

一　比较优势分析 ······························· 106

二　经济作物产业结构演进的稳定性评价 ·········· 116

三　经济作物产业结构同构性评价 ················ 119

四　经济作物生产环节的成本效益评价 ··········· 121

第五节　经济作物产业结构存在的主要问题 ········· 135

一　政策导致产业结构波动加大 ················· 136

二　价格波动导致经济作物产业供求失衡 ········· 136

三　经济作物品种结构不合理 ··················· 137

四　部分地区产业结构趋同性问题严重 ··········· 137

五　经济作物粗放式增长没有根本转变 ··········· 137

第五章　西部经济作物产业结构调整优化的影响因素
　　　　及实证研究 ······························· 139

第一节　影响因素分析 ··························· 139

一　自然资源禀赋 ····························· 139

二　经济因素 ································· 142

三　区位因素 ································· 144

四　市场因素 ································· 147

五　科技因素 ································· 149

六　政策因素 ································· 152

第二节　西部经济作物生产布局的实证研究 ········· 153

一　西部主要经济作物产业结构调整的
　　区位熵测度 ······························· 153

二　西部主要经济作物的全要素生产率测度 ········· 156

三　经济作物产业结构调整的影响因素
　　实证分析 ································· 163

第六章　西部经济作物产业结构协调性及其评价研究 ······· 169

第一节　西部经济作物加工环节现状分析 ··········· 169

一　区位优势分析 ····························· 169

　　二　西部经济作物加工业存在的问题 ⋯⋯⋯⋯⋯ 171

　　三　西部经济作物加工业调整重点 ⋯⋯⋯⋯⋯⋯ 173

第二节　西部经济作物产业流通环节现状分析 ⋯⋯⋯ 174

　　一　西部经济作物流通和贸易现状 ⋯⋯⋯⋯⋯⋯ 174

　　二　西部经济作物流通环节存在的问题 ⋯⋯⋯⋯ 177

　　三　西部经济作物流通环节调整重点 ⋯⋯⋯⋯⋯ 178

第三节　基于 DEA 的经济作物加工业与物流业协调性

　　　　发展评价 ⋯⋯⋯⋯⋯⋯⋯⋯⋯⋯⋯⋯⋯⋯ 179

　　一　指标选取与数据来源说明 ⋯⋯⋯⋯⋯⋯⋯⋯ 179

　　二　协调性评价 ⋯⋯⋯⋯⋯⋯⋯⋯⋯⋯⋯⋯⋯ 180

第七章　茶产业结构调整优化实践研究 ⋯⋯⋯⋯⋯⋯ 187

第一节　贵州茶叶种植结构现状及特征 ⋯⋯⋯⋯⋯⋯ 187

　　一　贵州茶叶播种面积变动特征 ⋯⋯⋯⋯⋯⋯⋯ 187

　　二　贵州茶叶产量变动特征 ⋯⋯⋯⋯⋯⋯⋯⋯⋯ 187

　　三　贵州茶叶单产变动特征 ⋯⋯⋯⋯⋯⋯⋯⋯⋯ 187

　　四　贵州茶叶生产布局特征 ⋯⋯⋯⋯⋯⋯⋯⋯⋯ 189

　　五　贵州茶叶品种结构特征 ⋯⋯⋯⋯⋯⋯⋯⋯⋯ 191

　　六　贵州茶叶生产比较优势分析 ⋯⋯⋯⋯⋯⋯⋯ 192

　　七　贵州茶叶种植环节的整体性评价 ⋯⋯⋯⋯⋯ 194

第二节　贵州茶叶加工业现状分析 ⋯⋯⋯⋯⋯⋯⋯⋯ 195

　　一　贵州茶叶加工业结构变动分析 ⋯⋯⋯⋯⋯⋯ 195

　　二　贵州茶叶加工业效率分析 ⋯⋯⋯⋯⋯⋯⋯⋯ 200

　　三　贵州茶叶加工业主体分析 ⋯⋯⋯⋯⋯⋯⋯⋯ 204

　　四　贵州茶叶加工业的主要问题 ⋯⋯⋯⋯⋯⋯⋯ 206

第三节　贵州茶叶流通现状分析 ⋯⋯⋯⋯⋯⋯⋯⋯⋯ 207

　　一　贵州茶叶流通渠道分析 ⋯⋯⋯⋯⋯⋯⋯⋯⋯ 207

　　二　贵州茶叶出口贸易分析 ⋯⋯⋯⋯⋯⋯⋯⋯⋯ 208

　　三　贵州茶叶流通中存在的问题 ⋯⋯⋯⋯⋯⋯⋯ 210

第四节　贵州茶产业结构调整 ⋯⋯⋯⋯⋯⋯⋯⋯⋯⋯ 211

一 贵州茶产业组织 ……………………………………… 211

二 贵州茶产业结构构想 …………………………… 212

三 贵州茶产业布局调整 …………………………… 214

第八章 中药材产业结构调整优化实践研究 ………… 217

第一节 甘肃中药材生产环节的现状及问题 ………… 217

一 甘肃中药材种植结构分析 …………………… 217

二 甘肃中药材种植比较优势分析 ……………… 222

三 甘肃中药材生产存在的问题 ………………… 225

第二节 甘肃中药材加工业分析 …………………… 225

一 甘肃中药材加工企业现状分析 ……………… 225

二 甘肃医药制造业变动分析 …………………… 227

三 甘肃中药材加工业区位熵分析 ……………… 232

四 甘肃中药材加工业存在的问题 ……………… 234

第三节 甘肃中药材流通环节分析 ………………… 235

一 甘肃中药材的流通环节 ……………………… 235

二 甘肃中药材国内外消费分析 ………………… 236

第四节 甘肃中药材产业结构调整 ………………… 237

一 甘肃中药材产业组织模式 …………………… 237

二 甘肃中药材产业结构构想 …………………… 238

三 甘肃中药材生产布局调整 …………………… 239

第九章 棉花产业结构调整优化实践研究 ………… 241

第一节 新疆棉花生产环节分析 …………………… 241

一 新疆棉花种植规模变动分析 ………………… 241

二 新疆棉花产量变动分析 ……………………… 243

三 新疆棉花生产布局变动分析 ………………… 243

四 新疆棉花成本与收益变动分析 ……………… 244

第二节 新疆棉花加工业分析 ……………………… 248

一 新疆棉花加工业对棉花需求分析 …………… 248

　　二　新疆棉花加工业变动分析 ……………………………… 248

　　三　新疆棉花加工业集聚程度分析 …………………………… 254

　　四　新疆棉花加工业存在的问题 ……………………………… 256

第三节　棉花流通环节分析 …………………………………………… 256

　　一　新疆棉花及其加工品出口需求分析 ……………………… 256

　　二　新疆棉花及其加工品出口竞争力分析 …………………… 257

　　三　新疆棉花物流储备状况分析 ……………………………… 259

　　四　新疆棉花流通环节存在的主要问题 ……………………… 259

第四节　新疆棉花产业结构调整 ……………………………………… 260

　　一　新疆棉花产业组织结构 …………………………………… 260

　　二　新疆棉花产业结构构想 …………………………………… 260

　　三　新疆棉花生产布局调整 …………………………………… 262

第十章　西部地区经济作物产业结构调整优化对策 ………… 264

第一节　经济作物产业结构调整优化的意义 ………………………… 264

　　一　经济作物产业结构调整优化是推进农业现代化
　　　　的必由之路 ………………………………………………… 264

　　二　经济作物产业结构调整优化是建设社会主义新农村
　　　　的必由之路 ………………………………………………… 265

　　三　经济作物产业结构调整优化是解决"三农"问题的
　　　　有效途径 …………………………………………………… 265

　　四　经济作物产业结构调整优化是农业产业结构优化的
　　　　必然选择 …………………………………………………… 266

　　五　经济作物产业结构调整优化是中国农业提升国际
　　　　竞争力的迫切需要 ………………………………………… 266

第二节　西部经济作物产业结构调整战略目标 ……………………… 266

　　一　经济作物产业结构调整优化的方向 ……………………… 266

　　二　经济作物产业结构调整优化的原则 ……………………… 267

第三节　经济作物产业结构调整优化的政策保障体系 ……………… 268

　　一　引导性政策 ………………………………………………… 268

二　支持性政策 ···································· 274

三　发展性政策 ···································· 277

主要参考文献 ···································· 281

后记 ···································· 292

第一章 导论

西部地区近年来经济社会发展取得了明显的进展，但是相对于沿海地区而言，西部地区的发展还是相对较慢的。如何在国家实施经济发展方式转变和第二轮西部大开发的战略机遇期，结合地方实际，对接国家政策，使经济作物产业结构能够得到调整优化，促进地方经济实现又好又快、更好更快发展，这是一个需要深入研究的重大问题。笔者在有关方面和部门的支持下，经过统计分析，对西部地区经济作物结构调整优化进行了深入、广泛、系统的探讨，探寻经济作物产业结构调整与优化的基本方法。

第一节 问题的提出与研究意义

农业是国民经济中最重要的基础产业。优化农业产业价值链，是农业产业结构战略性调整的重要要求，也是农民收入增长的重要要求。一直以来中国农业生产规模小，产业化经营不力，加入 WTO 后，农业面临更为复杂的市场环境，竞争强度更大。因此，必须整合农业产业价值链，形成战略联盟，提升农业产业竞争力和运作效率。

一 源于现实的问题

（一）农民增收的任务依然艰巨

1. 农村贫困人口众多

2011 年年末，农村人口有 65656 万人，城镇人口有 69079 万人，分别占 51.27% 和 48.73%。2011 年年末，西部地区农村人口有 20649.66 万人，占总人口的 57%，远高于全国平均水平，解决西部地区农村人口数量过大的任务十分艰巨。① 据国家统计局统计，我国贫困人口主要分布在农村地区，而西部地区又是贫困人口的主要集中地。2010 年，东部、中部、西部地区②农村贫困人口分别为 124 万、813 万和 1751 万人，占全国贫困人口比重分别为 4.7%、30.2% 和 65.1%，近 2/3 的贫困人口分布于西部地区；同时，东部、中部和西部的贫困发生率分别为 0.4%、2.5% 和 6.1%，西部地区大大高于其他地区。

2. 城乡收入差距整体不断扩大

近 10 年里，我国城乡收入差距不断扩大，从 2002 年的 3.11:1 扩大到 2012 年的 3.16:1。2012 年我国农村居民纯收入为 6977 元，城镇居民可支配收入为 21810 元，城乡收入比为 3.16:1，比 2010 年下降 0.7%。绝对收入差距也在不断扩大，2011 年城乡绝对差距已达到 14833 元。表 1-1 显示，城乡收入差距整体不断扩大。此外，西部大开发以来，虽然西部地区农村人均纯收入在不断增加，但与东部的差距还在不断拉大。2000 年，东部、西部农村人均纯收入相差 989.2 元，但到了 2010 年，东部、西部农村人均纯收入分别为 8925.87 元、4392.42 元，相差 4533.45 元，东部、西部地区农村人均纯收入有进一步拉大的趋势。

表 1-1　　　　　　　　　城乡收入状况③　　　　　　　　单位：元

年份	农村居民纯收入	城镇居民可支配收入	城乡绝对差距	城乡收入比
2002	2476	7703	5227	3.11:1
2004	2936	9422	6486	3.21:1
2006	3587	11759	8172	3.28:1
2008	4761	15781	11020	3.31:1
2010	5919	19109	13190	3.23:1
2012	6977	21810	14833	3.16:1

① 本段数据来自 2012 年《中国统计年鉴》。

② 按照《中国统计年鉴》，东部地区包括北京、天津、河北、辽宁、上海、江苏、浙江、福建、山东、广东、海南；中部地区包括吉林、黑龙江、山西、安徽、江西、河南、湖北、湖南；西部地区包括重庆、四川、贵州、云南、西藏、陕西、甘肃、青海、宁夏、新疆、内蒙古、广西。

③ 根据 2003—2013 年《中国统计年鉴》计算。

（二）农业产业结构的调整优化

第一，西部农业产业结构需要优化升级，以进一步促进农业可持续发展。西部大开发以来，西部地区农业发展迅速，农业产业结构有所优化。但西部地区农业产业布局不合理，要素配置效率低，农业发展不均衡，农产品竞争乏力，传统农业依然占据主导地位，在整个农业产业链中，种植环节中特色农业与优势农业发展缓慢，加工与流通环节增值潜力小，品牌化程度低，西部地区农业产业结构向合理化与高度化转换水平缓慢。这些都需要西部地区农业向高度化、专业化、产业化调整与升级。第二，国际资本纷纷渗入中国农业产业领域，迫切需要提高产业竞争力。目前，包括美国黑石、泰国正大等国际资本纷纷渗入中国农业产业链的各个环节，加剧了我国农业产业的市场竞争。在中国，农民一直是农业产业链环节中最为弱小的一方。为了保护势力较弱的农民，增加农民在产业链中分享价值增值的份额，必须通过纵向一体化、横向拓展等战略，把农业生产环节有力地整合进产业链中，从而实现农业产业链结构的优化。第三，西部地区农业产业结构调整政策需要完善。一直以来，国家对于西部地区的政策支持力度远不如东部，这使东西部的差距不断扩大。虽然，西部大开发的国家均衡发展政策，给西部农业产业结构调整与优化提供了良好的机遇与支持。但诸如农业贸易政策、农业科技投入政策等较深层次的政策因素，其作用形式、方向、力度等方面与东部还是有较大的差距的，西部地区农业产业结构调整政策亟须完善。

（三）经济作物产业链的优化

第一，经济作物产业链短、缺乏关键环节。西部多数地区的经济作物产业链缺乏关键环节，特别是价值增值较高的育种研发、农产品精加工、农产品流通、销售与品牌等环节，而种植生产环节比重较大。第二，产业链环节衔接不够紧密。农民很难参与到种植环节以外的产业链中去，分享不到这些环节中的高增值，这不利于农民持续增收。第三，产业链的空间布局不合理，西部一些地区不能有效配置农业生产资源，导致产业趋于同构，缺乏比较优势。这些问题迫切需要我们解决，不断进行经济作物产业链的延伸、提升与整合，优化经济作物产业链。

可见，从应用研究角度，通过对经济作物产业链关键增值环节分析，深入探究经济作物产业链的运行规律，将有效帮助和指导经济作物产业的调整与优化。

二　源于学术研究的问题

经济作物产业结构调整优化是我国农业产业经济学的重点研究内容之一。而从产业链的角度考察经济作物产业链的关键环节、运行规律，进而指导经济作物产业结构调整与优化等理论研究目前都处于国内外前沿。

建立产业链环节分析框架，研究经济作物产业链上各节点核心企业的纵向关联，明确各节点的功能作用及地位，找出经济作物产业链中的关键环节，即经济作物品种培育→作物种植→产品加工→产品销售等环节，以便能分辨产业链中的高端价值环节，从而有助于产业链延长与整合的研究。产业链的纵向价值转移、分工协调与整合，这既是经济作物产业链运行机理，也是经济作物产业链优化的方向。从产业链运行机理的角度研究经济作物产业结构调整与优化，在现有的农业产业结构调整与优化研究中还不多见。

运用描述性统计、比较优势指数、区位熵、集中系数和数据包络等分析方法，研究西部经济作物产业结构变动特征及存在的问题，运用空间面板计量经济学模型，对影响因素及其实证进行分析。研究经济作物产业链结构协调性发展等内容，均是经济作物产业结构调整优化的重点内容。

从西部各地区和经济作物产业的中观角度，考察西部经济作物产业结构调整与优化的实践，可以探究不同经济作物产业结构变动特征，将有助于区域经济作物产业结构的调整与优化。

三　研究意义

长期以来，农民收入增长缓慢，城乡居民收入差距不断拉大，在西部地区此种现象显得尤为突出，并严重影响了社会和谐与稳定。因而，在市场经济条件下，如何提高农民收入，不仅关系西部地区农村经济的发展，也关系东中西农村的均衡发展，更是关系整个社会的稳定发展。

（一）政治意义

本研究有利于进一步对接国家实施经济发展方式转变和第二轮西部大开发政策，把握战略机遇期，促进地方经济实现又好又快、更好更快发展；有利于进一步推进社会主义新农村建设，加快城乡一体化建设步伐；有利于进一步维护民族团结和社会稳定，实现西部地区共同繁荣和社会进步；有利于全面推进社会主义和谐社会建设和国家繁荣富强、长治久安。

（二）理论意义

本课题以产业链理论为指导，揭示西部地区经济作物产业结构中种植、加工与流通等环节存在的问题；从研究西部经济作物产业结构出发，探寻经济作物产业结构调整与优化的基本路径和方法，探求经济作物产业效益最大化，总结西部地区经济作物产业结构调整优化的做法和经验，提出调整和优化经济作物产业结构的针对性措施与建议，并以西部茶产业、中药材、棉花等为例进行实证研究，进一步提高研究成果的实际运用价值。研究成果不仅可以为西部不同经济作物产业提供指导，同时也为国内其他地区经济作物产业发展提供参考借鉴。

（三）实践意义

第一，调整和优化西部地区经济作物产业结构是促进经济发展方式转变和实施好第二轮西部大开发战略的关键。西部地区在稳定发展粮食生产的同时，依托西部地区气候、生物多样性的优势，提高经济作物在种植业中的比重，推动经济作物向特色、绿色、高效方向发展，能够形成一批产业链长、市场前景好、经济效益高的特色经济作物品牌。

第二，有助于增强农村建设的产业支撑。目前西部农村经济社会发展缓慢，与东部等地区差距日益扩大，一个重要的原因是，广大农村地区的产业素质不高、结构性问题突出。

第三，有助于调整和优化产业结构，使现代农业、工业、第三产业等产业协调健康发展。能够调整农业产业结构，转移农村富余劳动力，拓宽农民增收渠道，促进农民持续增收、脱贫致富奔小康。

第四，能够积累资金加强农村基础设施建设，改善新农村建设的物质条件；能够改变农村生产生活方式、农民就业结构和收入结构。

第五，有助于统筹城乡经济协调发展，加快社会主义新农村建设。

第二节　农业产业结构调整优化的相关研究回顾

经济作物隶属于种植业，对经济作物产业结构调整优化进行研究，应该先考察农业产业结构的演进规律，并在此范围内，深入地分析经济作物产业结构调整优化问题。一直以来，除了生产要素的投入外，结构的调整与优化对经济增长贡献的研究也越来越受到重视。不仅涉及第一、第二、第三产业结构调整与优化，也涉及第一、第二、第三产业内部各自的调整优化。在大量农业产业结构调整优化研究中，农业产业结构调整优化内涵，农业产业结构调整优化的方法、任务、方向，农业产业结构调整优化的政策、制度等，已经为本课题的研究作出了深厚的铺垫。但具体到对中国西部经济作物产业结构的研究，其实并不多。要么就在研究种植业结构中，以粮食作物作为主要研究对象，而经济作物只是作为辅助研究；要么主要以一种经济作物作为主要研究对象，考察此种经济作物的区域结构、产品结构，以及产业链结构等问题。本课题关于经济作物产业结构调整优化的文献回顾主要从以下几个方面进行展开。

一　农业产业结构内涵相关研究回顾

早在 1992 年，刘朝明在其专著中，探讨了农业产业结构模式和产业结构政策。[1] 此外，冯海发（2001）[2]、卢良恕（2002）[3]、刘彦

---

[1] 刘朝明：《中国农村产业结构比较研究》，中国社会科学出版社 1992 年版。
[2] 冯海发：《农业结构调整应注意的几个基本问题》，《农业经济问题》2001 年第 7 期。
[3] 卢良恕：《当前农业与农村经济工作的重点与对策》，《中国农村科技》2002 年第 12 期。

随和陆大道（2003）[①] 等学者均提出了相似的观点，即农业产业结构是农业生产和再生产过程中，各组成部门内部以及各部门间内在的经济技术联系与数量比例关系。从广义上来说，包括农业种植结构、农业区域结构、农业投入产出结构、农业技术结构、农业劳动力结构等。其中，农业投入产出结构包括第一层次的农业部门结构，农林牧渔大农业结构；第二层次的部门内部生产结构，如种植业的粮食作物、经济作物与饲料作物等；第三层次的是经济作物等内部结构，如经济作物的棉、麻、烟草、茶叶、水果、油料、蔬菜等作物；第四层次为农产品品种结构，如茶叶作物，其中包括绿茶、红茶、黑茶、特种茶等。

现代农业产业结构不再局限于传统的农业部门，而是不断进行产业融合，从农业部门扩展到第二产业与第三产业部门，是一个与农业加工、运输、销售、服务紧密相连的产业群体，包含农产品的育种、种植、加工、运输与销售等环节和流程，以及与之相关的各种服务环节。这一观点的代表学者张培刚（1997）认为，农业与工业具有不可分割的联系。[②]

二　农业产业结构时序演进相关研究回顾

关于产业结构演进研究，经济结构观点认为，产业演进表现为产业结构合理化和高级化。这些理论包括配第一克拉克定理、库兹涅茨人均收入影响论、霍夫曼的工业阶段化经验法则、赤松要雁行形态发展理论以及钱纳里的增长模式理论。多数农业产业结构调整优化研究主要从这个方面展开研究，不仅产生了大量的理论成果，也探讨了不同方法的研究成果。产业生命周期观点认为，产业结构调整应依据产业生命周期变动规律。此种研究范围主要涉及具体农业演进阶段的测度、不同阶段的特征分析、影响因素以及所处阶段的发展水平评价研究等，为具体农业产业结构调整优化提供了不同的研究角度。

---

① 刘彦随、陆大道：《中国农业结构调整基本态势与区域效应》，《地理学报》2003 年第 3 期。

② 张培刚：《农业与中国工业化》，载《张培刚选集》，山西经济出版社 1997 年版。

（一）改革开放以来农业产业结构演进阶段与演进规律研究

我国农业产业结构演进阶段的研究分析表明，根据每个阶段农业调整目标的不同，农业产业结构可以分为三阶段或四阶段。牛若峰、朱泽（2000）[1] 认为，1979—1984 年是我国农业产业结构调整的第一阶段，主要目标是解决农民温饱问题，增加农民收入，主要集中调整粮食作物与经济作物比例。1985—1991 年是第二阶段，主要目标是加速粮食转化，大力发展畜牧业，农业结构开始向农林牧渔产业并举转变。1992—1997 年是第三阶段，主要目标是提高农业生产效益，利用市场机制调整农业资源配置。而叶兴庆（1999）[2] 从农业产业结构调整的直接诱因、回旋余地与政策工具方面，详细地分析了改革开放以来农业结构的变迁，提出了四阶段论。袁璋（2006）[3] 把改革开放以来中国农业种植结构调整划分为两个阶段：第一阶段是 1979—1998 年计划经济向市场经济过渡时期，第二阶段是 1999 年至今，两个阶段均出现了粮食作物播种面积减少，经济作物上升的规律，但由于大量的需求及其高收益性，其中蔬菜和瓜类等种植比重增加迅速。梁书民等（2008）[4] 不仅得到了相似的结论，而且指出这种变化的原因主要是多年来我国农业政策对农民种粮积极性的促进作用不断减弱导致的。

在种植业内部结构演进的研究中，市场需求与经济效益的差异对农户生产决策产生了积极的影响。何满喜、刘向东（2000）[5] 研究了内蒙古 12 个地区种植结构，得到了如下结论：根据经济效益的高低，农户会不断调整种植策略，如增加单产较高的玉米、薯类等农作物种

① 牛若峰、朱泽：《我国农业和农村经济结构的战略性调整》，湖北科学技术出版社 2000 年版。

② 叶兴庆：《论新一轮农业结构调整》，《中国农村经济》1999 年第 11 期。

③ 袁璋：《我国中部地区农业产业结构演进及调整优化方向研究》，博士学位论文，中国农业科学院，2006 年。

④ 梁书民、孟哲、白石：《基于村级调查的中国农业种植结构变化研究》，《农业经济问题》2008 年第 11 期。

⑤ 何满喜、刘向东：《内蒙古自治区种植结构模型及现状分析》，《干旱地区农业研究》2000 年第 3 期。

植，减少单产相对较低的谷子等作物种植面积。杨治斌（2002）[①] 指出市场需求与经济效益的差异，浙江省农产品品种结构调整加快，高效益的品种增加。李奇峰等（2008）[②] 对东北粮食主产区的粮食种植结构的变化进行了定量分析，在粮食作物种植结构中，具有较高经济价值的大豆、玉米以及水稻比重增加，而小麦种植比重下降。郑晶、孙良媛（2009）[③] 对广东种植结构实证研究表明，不仅农业种植结构，而且农业生产要素，均出现了粮食作物减少，而经济作物增加的趋势。

（二）农业产业结构演进的经济增长效益研究

结构调整优化是农业经济增长的内生变量，是农业从粗放型增长方式向集约型增长方式转变的重要手段。20 世纪 90 年代初，学者主要关注于农业投入要素的增长的贡献研究，朱希刚（1994）[④] 与顾焕章等（1994）[⑤] 指出农业的增长主要依赖于物质投入。结构调整优化是经济增长向集约型方式转变的关键，而且通过经济增长因素分析可以考察结构变动对经济增长的贡献。河南省农业调查队课题组在《中国农村经济》发表了两篇论文，测算了河南省不同时期的农业结构变动效率，但只考察了农业各产业之间的结构调整的贡献，并没有考察各产业内部结构调整的贡献。钟甫宁、朱晶（2000）[⑥] 对于 1978—1987 年农业与种植业结构贡献的测度，为资源优化配置中结构调整作

① 杨治斌：《浙江省农业结构调整与粮食安全的探讨》，《浙江农业科学》2002 年第 4 期。

② 李奇峰、张海林、陈阜：《东北农作区粮食作物种植格局变化的特征分析》，《中国农业大学学报》2008 年第 13 期。

③ 郑晶、孙良媛：《广东耕地资源配置效益的变化及评价》，《华南农业大学学报》2009 年第 1 期。

④ 朱希刚：《农业技术进步及其"七五"期间内贡献份额的测算分析》，《农业技术经济》1994 年第 2 期。

⑤ 顾焕章、王培志：《农业技术进步对农业经济增长贡献的定量研究》，《农业技术经济》1994 年第 5 期。

⑥ 钟甫宁、朱晶：《结构调整在我国农业增长中的作用》，《中国农村经济》2000 年第 7 期。

用提供了有力证据。吴方卫、孟令杰等（2001）[①] 分析了 1949—1997 年中国农业增长过程中农业产业结构演进，并用 C－D 生产函数分解出产业结构变化对农业经济增长的影响与贡献。崔元峰、冯中朝（2004）[②] 运用关联分析方法对荆门市农业产业结构演进对农业经济增长的影响进行了分析。

三　农业产业结构的空间变迁相关研究回顾

区域结构调整是农业结构调整的重要范畴，农业区域结构调整是实现农业产业结构优化的重要手段。而且从时空角度分析农业产业结构的变化，揭示不同区域农业产业结构差异，考察各地区农业的生产规模与比较优势水平，可以有效地解决农业的区域结构矛盾，同时为政府制定相关的区域农业政策提供理论支撑。

（一）区域专业化角度的研究

国外关于农业区域结构的研究一般是基于农业区域专业角度展开的。Parker 和 Klein（1966）[③] 指出区域专业化提高了小麦农业劳动生产率，并用美国 1840—1910 年的数据来说明小麦农业劳动生产率增长大约 20% 来自区域专业化的贡献。然而 Schultz（1951）[④] 认为，现代农业技术的进步，特别是信息化的发展加快了农业技术的扩散，弱化了区域专业化的作用。但是 Winsberg（1980）[⑤] 利用 1939—1978 年美国 19 个农产品产值数据，运用区位熵和集中系数等专业化度量工具，发现技术进步对农业区域分散化的影响甚小，而且更趋于向集中

[①] 吴方卫、孟令杰、熊诗平等：《中国农业的增长与效率》，上海财经大学出版社 2000 年版。

[②] 崔元峰、冯中朝：《农业结构调整与农业经济增长的关联分析》，《农业经济问题》 2004 年第 2 期。

[③] Parker W. N. and J. Klein. , Productivity Growth in Grain Production in the United States, 1840 – 1860 and 1900 – 1910. in Output Employment and Productivity in the United States after 1800. Studies in Income and Wealth, Vol. 30, NewYork：Columbia University Press, 1966.

[④] Schultz T. , The Declining economic importance of agricultural land. Economic Journal, 1951（61）, pp. 725 – 740.

[⑤] Winsberg M. D. , Concentration and Specialization in United States Agriculture, 1939 – 1978. Economic Geography, 1980（56）, pp. 183 – 189.

化。Kim（1995）[①] 的研究表明由于农业生产要素尤其是土地的流动性较差，从而导致同期内农业区域专业化的水平高于制造业。Malmberg 和 Maskell（1997）[②] 认为，产业内部合作可以推动组织创新，加快技术的扩散，同时也降低了成本，并以相互学习机制而形成空间集聚，进而提高区域专业化水平。Mora 和 Juan（2004）[③] 分析了1979—1997 年农业政策对西班牙农业区域专业化的影响，得出了欧盟共同农业政策和欧洲经济一体化对县级区域的农业专业化水平提升，远高于对农场专业化的提升，且出口导向的农产品专业化生产区的专业化水平提升幅度最大的结论。

　　由于农业生产规模小，不具有规模优势和专业化，大大制约了我国农业生产力的进一步提高。如何提高我国农业区域的专业化，促进农业产业集聚的研究开始引起国内学者的重视。高昌海、刘新平、谢光辉（2000）[④] 采用主成分分析方法分析了长江流域七省二市的农业专业化区域差异，根据不同地区农业自然资源优势，长江流域可以划分为上、中、下三大区与 17 个二级区。蓝万炼、朱有志（2001）[⑤] 分析了政府在农业区域专业化中的作用。蔡昉、林毅夫（2003）[⑥] 认为由于中国各地区资源禀赋和发展水平上的差异，以及人均土地少、劳动力丰富为主要特点的农业生产要素，不同地区应根据区域特点实

[①]　Kim S. , Expansion of Markets and the Geographic Distribution of Economic Activities：The Trends in U. S. Regional Manufacturing Structure，1860 – 1987. The Quarterly Journal of Economics，1995（4），pp. 881 – 905.

[②]　Malmberg A. and P. Maskell. Towards an explanation of regional specialization and industry agglomeration. European Planning Studies，1997（5），pp. 25 – 41.

[③]　Mora R. and C. Juan, Geographical specialization in Spanish agriculture before and after integration in the European Union. Regional Science and Urban Economics，2004（34），pp. 309 – 320.

[④]　高昌海、刘新平、谢光辉：《长江流域农业地域分异及专业化生产研究》，《长江流域资源与环境》2000 年第 3 期。

[⑤]　蓝万炼、朱有志：《关于推进农业区域专业化生产的思考》，《常德师范学院学报》（社会科学版）2001 年第 1 期。

[⑥]　蔡昉、林毅夫：《中国经济》，中国财政经济出版社 2003 年版。

行区域专业分工，以形成有差异的产业结构。曹暕、王玉斌、谭向勇（2005）[1] 发现市场化进程推动了农业生产的专业化。李永实（2007）[2] 分析了生产优势对农业区域专业化的推动作用，认为主导农产品的缺失在一定程度上限制了农业地域分工的深化和区域专业化水平的提升。

　　另外，自西部大开发战略实施以来，对西部地区的研究也日益增多。一方面，从定性方面表明区域专业化水平的重要性，如陆迁（2004）[3] 指出西部要提高土地资源利用效率，加快西部农村经济结构调整，应推进农业生产要素市场的改革，完善市场服务体系，以产业化来带动西部农业区域专业化发展。何学松、陆迁和杨彬彬（2005）[4] 认为区域专业化是西部农业生产要素优化配置的必然要求。另一方面，一些文献以比较优势指数、国内资源成本系数和专业化系数等指标，定量分析西部农业专业化水平的差异。代表性文献有，张哲、张蕾（2003）[5] 运用国内资源成本系数和专业化系数等指标，发现西北地区小麦、玉米、棉花、油菜籽、甜菜五种农作物专业化水平与比较优势的变化方向并不一致，并指出其原因可能是西北相对封闭的区域间农产品市场、农业生产片面性以及市场的盲目性，迫使农民放弃优势作物生产。温晓霞、杨改河（2006）[6] 利用区位熵指标估计了西部地区水稻、小麦、玉米、豆类、薯类、油菜、棉花、糖料、烟草、蔬菜和瓜果类等主要农作物的单产比较优势、区位比较优势和综

　　① 曹暕、王玉斌、谭向勇：《我国农业生产区域专业化程度分析》，《经济与管理研究》2005 年第 1 期。
　　② 李永实：《比较优势理论与农业区域专业化发展》，《经济地理》2007 年第 4 期。
　　③ 陆迁：《区域专业化与西部地区农村经济发展》，《中国农业科技导报》2004 年第 2 期。
　　④ 何学松、陆迁、杨彬彬：《西部农业区域专业化研究》，《陕西农业科学》2005 年第 4 期。
　　⑤ 张哲、张蕾：《西北地区种植业结构调整中的"背离现象"——区域专业化与比较优势协调性实证分析》，《中国农村经济》2003 年第 9 期。
　　⑥ 温晓霞、杨改河：《西部地区农业专业化发展及主要作物比较优势的衡量》，《农业系统科学》2006 年第 2 期。

合比较优势，分析了西部地区农业专业化问题。何学松（2007）[①] 利用区位熵和集中系数估计了 1990—2003 年西部小麦、玉米等 5 种主要农产品的比较优势和专业化程度，西部地区农业专业化程度与其比较优势高度一致。

（二）农业生产布局角度的研究

在农业结构调整中，种植业问题突出，粮食作物生产面积缩减，经济作物则持续增加，加大了种植业生产布局的不合理发展，也带来了粮食安全的问题。因此，从生产布局变迁角度，深入分析农业产业结构调整现存的问题、影响因素及区位如何优化，将有利于农业产业结构的调整优化。在 1998 年农业部出台《关于当前调整农业生产结构的若干意见》后，又先后发布了两个《全国优势农产品区域布局规划》。由于政策取向的调整，农业区域生产布局调整的研究日益受到重视。

唐仁健、陈良彪（2000）[②] 从对改革以来种植业结构变动趋势的判断来看，中国农业区域结构趋同已成为制约种植业结构调整的主要矛盾。郭玮（2000）[③] 则指出中国水稻生产重心北移，玉米种植重心南移，小麦生产格局基本稳定，水果和蔬菜的区域专业化水平提高。伍山林（2001）[④] 利用各地区粮食产量占全国比重作为区域特征指标，对中国粮食生产布局的区域特征与成因进行了深入分析，并用计量经济学模型，分析了农村人均耕地资源和非农产业就业拉力对区域专业化水平具有重要影响。农业生产布局变迁的研究主要运用集中度指数、重心变化指数、变异系数、GIS 数据处理技术、空间统计分析

---

① 何学松：《西部地区主要农产品区域专业化的实证分析》，《安徽农业科学》2007 年第 2 期。

② 唐仁健、陈良彪：《"温州模式"再审视——浙东南农村经济发展调查》，《农村改革》2000 年第 4 期。

③ 郭玮：《我国农业生产力布局的变化趋势及存在问题》，《调研世界》2000 年第 1 期。

④ 伍山林：《中西部粮食生产区域变化与成因的实证分析》，《财经研究》2001 年第 2 期。

与空间计量经济分析等。其中罗万纯、陈永福（2005）① 运用 1978—2003 年的面板数据，用生产集中度指数对中国粮食生产布局及其影响因素进行分析。而程叶青、张平宇（2005）② 则利用区域差异分析方法对中国粮食生产的区域布局变化特征及其规律进行分析。唐华俊（2008）③ 在分析中国粮食生产重心变化时，认为南方粮食生产的比较效益下降。刘彦随、王介勇、郭丽英（2009）④ 指出中国粮食生产的重心出现"北进中移"的态势，并指出，生产要素投入、需求压力、技术进步与经济体制改革是导致粮食生产布局变化的成因。此外，陆文聪、梅燕、李元龙（2008）⑤ 运用 MI 指数分析了中国粮食作物生产布局变化情况，并分析了生产布局变化的影响因素，包括自然资源状况、技术进步、人地压力等。李裕瑞、吕爱清、卞新民（2008）⑥ 运用空间统计技术，分析了江苏省县域尺度粮食格局变化特征，其中经济驱动、政策导向以及资源禀赋是影响粮食格局变化的主要因素。杨春（2011）⑦ 运用 Moran 统计相关分析技术研究了中国主要粮食作物的空间集聚性，并应用空间面板计量经济学研究了中国省域和县域层面小麦、玉米、稻谷等作物生产布局的影响因素，指出地理空间溢出效应对粮食作物生产布局有显著影响。

　　而相对国内来说，国外基本上是从生产者行为角度分析生产布局变迁问题，主要是从农产品价格影响农民生产的角度来考虑的。如

---

① 罗万纯、陈永福：《中国粮食生产区域格局及影响因素研究》，《农业技术经济》2005 年第 6 期。

② 程叶青、张平宇：《中国粮食生产的区域格局变化及东北商品粮基地的响应》，《地理科学》2005 年第 5 期。

③ 唐华俊：《我国循环农业发展模式与战略对策》，《中国农业科技导报》2008 年第 1 期。

④ 刘彦随、王介勇、郭丽英：《中国粮食生产与耕地变化的时空动态》，《中国农业科学》2009 年第 12 期。

⑤ 陆文聪、梅燕、李元龙：《中国粮食生产的区域变化：人地关系、非农就业与劳动报酬的影响效应》，《中国人口科学》2008 年第 3 期。

⑥ 李裕瑞、吕爱清、卞新民：《江苏省人均粮食地域格局变化特征及驱动机制》，《资源科学》2008 年第 3 期。

⑦ 杨春：《中国主要粮食作物生产布局变迁及区位优化研究》，中国农业科学出版社 2011 年版。

Hopper (1965)[①] 运用 C – D 生产函数对印度 43 个农场的生产方式研究表明，农民的生产行为是有效率的。由于价格预期影响了农民生产决策，Nerlove (1958)[②] 的预期价格理论对美国农业生产布局反应的实证做出了开创性的研究。Krishna (1963)[③] 基于 Nerlove 的局部调整预期模型，分析了印度农民的生产决策，指出农户的预期变动可以解释农作物生产的变化。但在国内，朱启荣、李宁、朱昌好 (2005)[④] 与钟甫宁、刘顺飞 (2007)[⑤] 基于生产者行为理论，分别对棉花和水稻的生产布局变迁及其影响因素进行了研究。

（三）农业产业集群角度的研究

产业集群可以有效地把与农业相关联的产业集聚在一个地区，也可以有效地把农业的供产销三个环节和农业产前、产中、产后三个阶段紧密联系起来，从而更全面地把握农业发展的价值实现过程，培育竞争优势，提高竞争能力，进而有效地调整区域农业产业结构。国内对农业产业集群的研究代表性内容有：一是农业产业集群形成的原因。宋玉兰、陈彤 (2005)[⑥] 基于农业发展理论，分析了农业产业集群的形成机制，农业产业集群形成的诱因是农业资源禀赋差异，农业产业集群形成的内在机制是合作需求，农业产业集群形成的市场决定力量是为了获得规模经济，而且农业产业集群的形成具有路径依赖性。二是农业茶叶集群发展的影响因素。张宏升 (2007)[⑦] 分析了农业产业集群形成和发展的三个因素，即基础、主体和市场，并对内蒙

① Hopper, W. D. Allocation Efficiency in Traditional Indian Agriculture. Journal of Farm Economics, 1965, 47 (3): 611–624.

② Nerlove, M. The Dynamics of Supply: Estimations of Farmer's Response to Price. Baltimore: Johns Hopkins University Press, 1958: 1–368.

③ Krishna, R. Farm Supply Response in Indian – Pakistan: A Case Study of the Punjap Region. Economic Journal, 1963, 73 (1): 21–28.

④ 朱启荣、李宁、朱昌好：《中国主产棉区棉花生产布局变化的经济因素分析》，《新疆农垦经济》2005 年第 1 期。

⑤ 钟甫宁、刘顺飞：《中国水稻生产布局变动分析》，《中国农村经济》2007 年第 9 期。

⑥ 宋玉兰、陈彤：《农业产业集群的形成机制探析》，《新疆农业科学》2005 年第 11 期。

⑦ 张宏升：《我国农业产业集聚影响因素分析》，《价格月刊》2007 年第 9 期。

古奶业产业、新疆棉花产业集聚的形成机理和因素进行了实证分析。三是农业产业集群发展战略及建设。陶怀颖（2006）[1] 对我国农业产业集群发展战略，以及我国农业产业集群建设的思路、目标和途径进行了研究。四是对我国有关省份的具体农产品集群状况进行分析。宋燕平、王艳荣（2008）[2] 利用区位熵 LQ 系数和产业地理集中指数对安徽省茶叶产业 2002—2006 年的集聚情况进行效益分析，并得出结论：安徽省茶叶产业具有明显的产业集聚现象，并通过回归分析模型验证了茶叶产业的集聚水平与茶叶产业的发展高度正相关。

四　农业产业结构演进动因的相关研究回顾

农业产业结构演进的动因方面研究中存在着需求变动、投入变动（资源配置）、分工和专业化推动与政策调整等观点。

（一）需求是农业产业结构演进最根本的动力

代表性文献有：卢峰（1997）[3] 认为，农业食品出口需求的增长，改变了我国农产品贸易模式，因此，需要调整农产品贸易政策，以实现农产品出口结构的优化，实现比较优势。齐舒畅（1988）[4] 等运用投入产出分析法研究了需求变动和技术进步对农业增长的贡献。刘旗、张冬平（2005）[5] 分析了农产品最终需求对河南农业经济的拉动作用。

（二）从投入角度分析农业产业结构的演进

顾焕章、宋俊东（1991）[6]，冯海发[7]（1990）等学者利用经济增

---

① 陶怀颖：《我国农业产业区域集群形成机制与发展战略研究》，博士学位论文，中国农业科学院，2006 年。

② 宋燕平、王艳荣：《茶产业集聚的实证研究》，《茶叶科学》2008 年第 5 期。

③ 卢峰：《比较优势与食物贸易结构——我国食物政策调整的第三种选择》，《经济研究》1997 年第 2 期。

④ 齐舒畅：《中国 1987 年投入产出表对进出口的处理方法》，《统计研究》1988 年第 12 期。

⑤ 刘旗、张冬平：《农民收入的市场贡献分析》，《河南农业大学学报》2005 年第 4 期。

⑥ 顾焕章、宋俊东：《中国农业增长的源泉与技术进步》，《农业技术经济》1991 年第 1 期。

⑦ 冯海发：《中国农业总要素生产率变动趋势及增长模式》，《经济研究》1990 年第 5 期。

长因素分析方法,研究了农业生产要素投入增长对农业产出增长的贡献。钟甫宁、谢正勤(2002)[①] 认为,农业产出增长不仅来自投入的增长,还来自投入结构的优化、技术的进步,农业增长与发展的动力已经由投入为主转变为全要素生产率的进步为主。如田维明(1998)[②] 利用随机前沿生产函数方法,测算了我国主要粮食作物生产的技术效率,主要的技术效率差异来源于地区差异、劳动力和化肥等生产要素的投入。顾海、孟令杰(2002)[③],李谷成(2009)[④] 分别使用非参数的曼奎斯特生产率指数方法,考察了中国不同阶段、各地区的农业 TFP 的变化及构成,均指出中国农业 TFP 增长较为显著,但农业技术效率状况改善的贡献很有限,各地区之间的全要素生产率增长差异较大。王兵等(2011)[⑤] 考察了农业劳动力要素质量改进的影响,缩小我国农业 TFP 的地区差距,首先提高中西部地区的农村人力资本。米建伟等(2009)[⑥] 认为,在财政支农方面,需要加强农业科研和水利等基础设施建设投资的支持力度,可以有效地促进农业 TFP 增长。但如果要素配置扭曲,则会降低农业 TFP。朱喜(2011)[⑦] 等指出,要素市场扭曲会导致农户个体对资本、劳动等生产要素配置扭曲,特别是我国金融市场扭曲,导致资本的不当配置,大大影响了农业 TFP 增长。而石慧、吴方卫(2011)[⑧] 认为,农村工业化与城市化可以为农村大量剩余劳动力的转移开辟新途径,这将优化农业的投入

[①] 钟甫宁、谢正勤:《生产资料市场化改革对农业结构调整的作用》,《华中农业大学学报》(社会科学版)2002 年第 1 期。

[②] 田维明:《中国粮食生产的技术效率》,中国农业出版社 1998 年版。

[③] 顾海、孟令杰:《中国农业 TFP 的增长及其构成》,《数量经济技术研究》2002 年第 10 期。

[④] 李谷成:《中国农业生产率增长的地区差距与收敛性分析》,《产业经济研究》2009 年第 2 期。

[⑤] 王兵、杨华、朱宁:《中国各省份农业效率和全要素生产率增长——基于 SBM 方向性距离函数的实证分析》,《南方经济》2011 年第 10 期。

[⑥] 米建伟、梁勤、马骅:《我国农业全要素生产率的变化及其与公共投资的关系——基于 1984—2002 年分省份面板数据的实证分析》,《农业技术经济》2009 年第 3 期。

[⑦] 朱喜:《要素配置扭曲与农业全要素生产率》,《经济研究》2011 年第 5 期。

[⑧] 石慧、吴方卫:《中国农业生产率地区差异的影响因素研究——基于空间计量的分析》,《世界经济文汇》2011 年第 3 期。

结构，也有利于农业 TFP 增长。

（三）分工专业化发展推动农业产业结构调整与优化

早在 1985 年，世界银行报告的研究指出，1981 年中国各地区经济作物生产专业化主要依据比较优势。Anderson，K.（1990）[①] 采用显示性比较优势指数，指出中国 1965—1987 年农业比较优势不断下降，轻工制造业的比较优势不断上升。蔡昉（1994）[②] 利用经济增长因素分解方法与比较优势指数分析方法，对改革前后我国农业经济实际增长源泉进行了实证分析，指出中国农业几十年发展主要依靠比较优势与专业化。陈武（1997）[③] 使用 1985—1992 年中国粮食、食物、农产品数据，运用显示性比较优势指数，指出中国农产品从较强比较优势变成弱比较优势；且粮食作物比较优势大幅度下降，经济作物比较优势，如油籽类、纤维类与茶叶等，则大幅度上升。李崇光和郭犹焕（1998）[④] 指出若考虑种植业产品品质因素时，大米和油菜籽两种产品都不具国际竞争力。李向红（1998）[⑤] 采用国内资源成本法，估计了 1987—1995 年中国水稻、小麦、玉米、大豆四种粮食产品的比较优势，指出中国粮食贸易结构应根据比较优势进行调整，具体来说大米应加大出口，而小麦、玉米和大豆则应进口。徐志刚（2001）[⑥] 研究了中国农业生产结构调整与比较优势的关系，运用国内资源成本方法和综合比较优势指数，研究了 1993—1998 年中国以及各省粮食作物、经济作物和饲养业产品的比较优势，并就实证分析结果来指导

① Anderson，K. Changing Comparative advantage in China：Effects on Food，Feed and Fibre Markets. OECD，1990.

② 蔡昉：《以农产品市场化为突破口深化农村改革》，《经济纵横》1994 年第 8 期。

③ 陈武：《比较优势与中国农业经济国际化》，中国人民大学出版社 1997 年版。

④ 李崇光、郭犹焕：《中国大米与油料比较优势分析》，《中国农村经济》1998 年第 6 期。

⑤ 李向红：《中国粮食比较优势的经验分析》，硕士学位论文，中国农业大学，1998 年。

⑥ 徐志刚：《比较优势与中国农业生产结构调整》，博士学位论文，南京农业大学，2001 年。

农产品贸易结构和农业生产结构调整。徐锐钊（2009）[①] 使用区位熵研究了中国油料作物区域专业化，并借此进行区域布局和分工调整。

上述研究主要侧重于国家整体层面上农业产业结构的演进，没有考虑我国农业产业结构调整的地区差异性，这导致农业产业结构产生不同程度的趋同性。因此，侧重于省市层面农业产业结构调整的地区差异性研究逐渐增多。张哲（2002）[②] 从农业区域分工入手，采用国内资源成本法，测度了西北五省农产品比较优势，陕西、甘肃和新疆地区专业化程度符合区域比较优势的要求，而宁夏和青海的专业化程度与区域比较优势出现了背离现象。如胡艳君等（2003）[③] 运用综合比较优势指数研究了山西省玉米、蔬菜瓜果、烟叶等作物的综合比较优势，山西省多数经济作物不具有规模优势，因此，山西省应加强专业化、规模化生产。潘泽江（2005）[④] 研究了湖北省优质水稻、双低油菜、柑橘和优质水产品产业带的形成机理和发展规律，以及如何建设特色农产品优势产业带的方法。以上多数以传统指数研究方法，而利用空间统计方法研究农业区域功能分析与区域分工日益受到重视，如朱俊林（2011）[⑤] 利用空间统计方法，研究湖北各地区的农业功能、空间结构与分区。

（四）农业相关政策与农业产业结构调整优化研究

国外农业发达国家通过调整农业生产政策以调整农业生产结构，进而调整农产品的供给。如美国和欧盟等发达国家和地区会使用转作、限耕、限售和休耕等政策调整农业生产。当然这些有益的政策我们可以借鉴，但我国农业发展有自己的特色，一些学者主要根据不同

---

① 徐锐钊：《比较优势、区位优势与我国油料作物区域专业化研究》，博士学位论文，浙江大学，2009 年。

② 张哲：《西北地区农业结构战略性调整中的区域分工研究》，博士学位论文，浙江大学，2002 年。

③ 胡艳君、乔娟：《比较优势与山西省种植业结构调整》，《中国农业资源与区划》2003 年第 3 期。

④ 潘泽江：《关于优势农产品产业带形成机理的理论分析》，《农村经济》2005 年第 10 期。

⑤ 朱俊林：《基于空间统计的湖北省农业功能分析与分区研究》，博士学位论文，华中农业大学，2011 年。

时期农业发展与国内经济发展水平，提出了一系列的政策建议。

首先，农业产业结构调整优化的政策调整原因分析。蔡昉 (1992)[①] 认为，中国农业持续增长必须发挥各地区的比较优势，这需要通过改变农业保护政策，特别是阻碍农业生产要素流动的政策。叶兴庆 (1999)[②] 指出，农业品质结构、组织结构、市场结构和区域结构四方面从浅到深的调整，必须在四个方面都需要制定政策，并进行整合。李成贵 (1999)[③] 指出为了满足农产品需求结构不断提升的要求，政府不仅要调整总量结构关系、加大农村基础设施建设以及农业服务业发展外，还应主要以价格信号的诱导机制作为主要调整手段。

其次，农业产业结构调整优化的具体政策。多数研究从价格和购销体制等政策因素来说明政策对农业生产结构调整的影响。林毅夫 (2000)[④] 构建了一个两时期的理论模型，认为政府的收购价格弱化了市场价格的作用。王小鲁 (2001)[⑤] 的实证研究表明，政府不能及时对粮食需求和供给做出反应，政府粮食收购价格加大了粮食生产的波动。王德文和黄季焜 (2001)[⑥] 也得出了相似的结论。2001 年加入 WTO 后，关于政策如何支持我国农业产业发展的研究日益增多。已有研究表明市场化改革为导向的农业政策可以稳定农业生产，如李成贵 (2002)[⑦] 分析了加入 WTO 大米政策的变化后，指出大米市场流通中应从局部地区市场化向全国市场化过渡，这需要中国进一步减少流通环节的行政垄断和控制。

最后，评价农业产业结构调整的政策绩效。这部分主要研究农业政策的经济后果，如杨雄年 (2005)[⑧] 构建了农业投入、农业产业结

---

① 蔡昉：《区域比较优势与农业持续增长的源泉》，《中国农村经济》1992 年第 11 期。

② 叶兴庆：《论新一轮农业结构调整》，《中国农村经济》1999 年第 11 期。

③ 李成贵：《中国农业结构的形成、演变与调整》，《中国农村经济》1999 年第 5 期。

④ 林毅夫：《再论制度、技术与中国农业发展》，北京大学出版社 2000 年版。

⑤ 王小鲁：《中国粮食市场的波动与政府干预》，《经济学》（季刊）2001 年第 1 期。

⑥ 王德文、黄季焜：《双轨制度下中国农户粮食供给反应分析》，《经济研究》2001 年第 12 期。

⑦ 李成贵：《中国大米政策分析》，《中国农村经济》2002 年第 9 期。

⑧ 杨雄年：《中国西部地区农业产业升级转化过程中政策绩效研究》，博士学位论文，西北农林科技大学，2005 年。

构、农业区域、农业产业关联、农业市场化和国际化与农业组织政策的 6 大政策体系，并利用综合评价方法，评价了西部地区农业产业升级转化过程中的政策绩效。当然这部分研究还很不成熟，毕竟政策并不是很容易被量化的。

五　农业产业链与农业产业结构调整研究

产业结构调整与优化也表现为产业链的逐渐合理化。研究产业结构也必须重视产业链结构，从组织微观决策机制出发来考察产业结构变动的机理。因此，对于产业链结构、行为的研究是产业结构调整优化的一个重要领域。此种研究观点对于农业产业链促进农业产业结构调整优化提供了新的研究视角。产业规模小问题一直困扰着中国农业的发展，从产业链角度可以有效地提高农户生产决策、参与利益分配、分散农业风险的能力。

（一）产业链成因研究

第一，产业关联理论主要分析了不同经济部门之间的技术经济联系，主要研究对象是宏观社会经济活动。为了深入研究产业链的内涵、特性及其功能效应，产业关联理论的支撑是非常重要的。

第二，社会分工及其专业的发展促进了产业链的形成。邵昶、吴金明（2007）[①] 指出分工的深化与市场交易程度的提高促使产业链初步形成，反过来产业链的形成又促使分工进一步深化，交易更加频繁，彼此互相促进。

第三，交易费用理论是产业链形成的理论支撑。科斯、威廉姆森、阿罗与诺斯等学者均对交易费用进行了理论研究。交易费用是导致市场失灵的重要原因，而节省交易费用是企业横向联结、纵向扩张的主要原因。而产业链的形成也利于节省交易费用，把一个企业所不能完成的经济活动纳入到产业链中，可以有效节省交易费用。

第四，产业链的基础是供应链。供应链从微观层面考察企业间的关联关系，该理论认为在经济全球化和知识经济背景下，竞争性企业

---

① 邵昶、吴金明：《产业链形成机制研究——"4＋4＋4"模型》，《中国工业经济》2007 年第 4 期。

要想获得竞争优势，必须从企业特点与环境特点出发，将非核心业务外包，致力于核心业务的经营和管理，打造和培育核心竞争力。供应链可以带来协同效应和价值链整合效应等，对产业链形成具有极其重要的指导作用和借鉴意义。

第五，价值链理论对产业链形成起到关键的导向和影响作用。价值链与产业链之间具有本质的联系，价值链是产业链环节的价值增值过程。

（二）农业产业链内涵研究

第一，产业链内涵方面的研究。根据产业经济技术关联关系的定义。简新华（2002）[①]，杨公朴、夏大慰（2002）[②]，卢明华、李国平（2004）[③] 等学者从产业的关联关系角度定义产业链，指出产业链是由产业前后的经济技术的关联关系组成，由供给与需求、投入与产出的经济技术关系决定。龚勤林（2004）[④] 不仅指出产业链反映了产业部门间的经济技术的关联关系，还指出产业链中的各个产业部门具备"空间"关系，产业链式是由供给与需求、投入与产出、空间关系决定的。周新生（2006）[⑤] 指出，产业链的实质是由产业间技术经济关联起来的，这种关系可以是上中下游企业之间的物理形态产品链，也可以是以产业核心技术为主的技术链，或者是某一业务链，如物流链、信息链、价值链。无论何种形态产业链，其本质应以价值为纽带而构成的链。基于生产工艺流程的产业链定义，郁义鸿（2005）[⑥]，都晓岩、卢宁（2006）[⑦] 指出，产业链是从最初的生产资料到最终产

① 简新华：《产业经济学》，武汉大学出版社 2002 年版。
② 杨公朴、夏大慰：《现代产业经济学》，上海财经大学出版社 2002 年版。
③ 卢明华、李国平：《全球电子信息产业价值链及对我国的启示》，《北京大学学报》（哲学社会科学版）2004 年第 4 期。
④ 龚勤林：《论行业链构建与统筹发展》，《经济学家》2004 年第 3 期。
⑤ 周新生：《产业链与产业链打造》，《广东社会科学》2006 年第 4 期。
⑥ 郁义鸿：《产业链类型与产业链效率基准》，《中国工业经济》2005 年第 11 期。
⑦ 都晓岩、卢宁：《论提高我国渔业经济效益的途径——一种产业链视角下的分析》，《中国海洋大学学报》（社会科学版）2006 年第 3 期。

品所构成的整个生产链条，反映的是产业链间的内在关联。汪先永等（2006）① 认为，产业链是一种生产过程，包括研究开发、生产加工与产品销售等。基于供应链角度，从企业间的供给与需求的关系定义产业链，周路明（2001）② 指出，产业链构成的基础是产业内部分工和供需关系，分为垂直的供需链和横向的协作链。刘刚（2005）③ 认为，产业链是指不同产业中企业之间的供给与需求关系，是一种由不同产业的企业构成的空间组织形式。贺轩、员智凯（2006）④ 也认为产业链既是企业之间的关系也是由产业内部分工和供需关系决定的，任何产业都能形成一条产业链，当然这些产业链也能交织在一起，构成产业链网。基于价值链角度的产业链定义，依据波特的价值链理论，张铁男、罗晓梅（2005）⑤ 认为，产业链中存在产业上下游的物流、信息流和相互价值流的交互，产业链反映着价值的增值和转移，是价值增值活动。芮明杰、刘明宇（2006）⑥ 指出产业链是一种价值增值活动，从原料到最终消费品的所有阶段。卜庆军等（2006）⑦ 认为，产业链的价值是应满足最终顾客需求，由供应企业价值链、加工企业价值链以及消费者价值链等多个环节的价值链构成的共生价值系统。曹群（2009）⑧ 指出，产业链是一条价值链、供应链与知识链缠绕而行的立体链条。基于战略联盟角度的定义，李心芹等（2004）⑨

---

① 汪先永、刘冬、贺灿飞、胡雪峰：《北京产业链与产业结构调整》，《北京工商大学学报》（社会科学版）2006 年第 2 期。

② 周路明：《关注高科技"产业链"》，《深圳特区科技》2001 年第 11 期。

③ 刘刚：《基于产业链的知识与创新结构研究》，《商业经济与管理》2005 年第 11 期。

④ 贺轩、员智凯：《高新技术产业价值链及其价值指标》，《西安邮电学院学报》2006 年第 2 期。

⑤ 张铁男、罗晓梅：《产业链分析及其战略环节的确定研究》，《工业技术经济》2005 年第 6 期。

⑥ 芮明杰、刘明宇：《论产业链整合》，复旦大学出版社 2006 年版。

⑦ 卜庆军、古赞歌、孙晓春：《基于企业核心竞争力的产业链整合模式研究》，《企业经济》2006 年第 2 期。

⑧ 曹群：《基于产业链整合的产业集群创新机理研究》，博士学位论文，哈尔滨工业大学，2009 年。

⑨ 李心芹、李仕明、兰永：《产业链结构类型研究》，《电子科技大学学报》（社会科学版）2004 年第 4 期。

认为，产业链是具有经济技术关系相联结企业构成的价值增值功能的战略关系链。蒋国俊、蒋明新（2004）[①]，刘贵富、赵英才（2006）[②]均指出产业链是以核心企业为主，与相关企业组成的一种战略联盟关系链。

第二，在农业产业链产业关系方面的研究。赵绪福、王雅鹏（2004）[③] 指出，产业链的实质是产业之间的供给与需求、投入与产出的关系。而王凯（2004）[④] 指出，从宏观上看，农业产业链是农业各个产业之间及其每个产业内部的链接关系。从微观上看，农业产业链在育种、种植、加工、物流、销售、消费的过程中，体现各个环节的物质联系、价值联系、信息联系与组织联系。

第三，在农业产业链与农业产业化关系方面的研究。赵绪福、王雅鹏（2004）[⑤] 认为农业产业链侧重于产业之间的技术经济关系，而产业化则侧重于农业一体化过程。一方面，推进农业产业化，可以有效整合农业产业链，延伸和拓展产业链，提高产业链竞争力；另一方面，产业链是产业化的前提与基础，只有形成产业链才能有效促进产业化。曹明华（2004）[⑥] 从产品价值链的角度分析了农业产业化的发展，并提出农业产业化的目的是产品价值增值，而产品价值链形成的前提是农业生产要素的合约，最后分析了农业产业化经营的微观基础，龙头企业与农户的经济关系。金红梅（2010）[⑦] 总结了农业产业化和农业产业链的区别与联系，并就农业产业链的发展提出了几个建

---

① 蒋国俊、蒋明新：《产业链理论及稳定机制研究》，《重庆大学学报》（社会科学版）2004 年第 1 期。

② 刘贵富、赵英才：《产业链：内涵、特性及其表现形式》，《财经理论与实践》2006 年第 3 期。

③ 赵绪福、王雅鹏：《农业产业链、产业化、产业体系的区别与联系》，《农村经济》2004 年第 6 期。

④ 王凯：《中国农业产业链的组织形式研究》，《现代农村经济》2004 年第 11 期。

⑤ 赵绪福、王雅鹏：《从产业化经营的需要看中国农业产业链的构建》，《湛江师范学院学报》2004 年第 4 期。

⑥ 曹明华：《产品价值链：农业产业化的一个分析视角》，《贵州财经学院学报》2004 年第 5 期。

⑦ 金红梅：《关于农业产业化和农业产业链理论与实践的思考》，《山西农经》2010 年第 1 期。

议：农业产业链的发展要以农业企业化经营为基础；在注重公平交易的基础上进行有效的价值链条构建；农业产业链条的发展要注重各个层次区域经济的发展。

（三）农业产业链组织研究

产业链组织作为农业产业链的运行载体，也是产业链环中相关主体利益冲突与合作的载体，农业产业链通过合适的组织形式和利益联结机制，加强关联主体之间的协调关系，从而实现资源优化配置和产业竞争力的提升。关于农业产业链组织的研究主要包括：

第一，关于农业产业链组织类型的研究。王凯、颜加勇（2004）[1]指出，根据参与主体和运行机制不同，可以将农业产业链组织形式分为公司企业模式（或农工商综合体）、合作社模式、合同生产模式；根据农业产业链主体带动的不同，农业产业链分为龙头企业带动型（以公司＋基地＋农户）、中介组织带动型（以合作经济组织＋农户）、专业市场带动型（以生产者与专业市场经营组织间通过合同形成较稳定的购销关系为典型形态）、其他类型（农业综合企业、农业服务体系、科研教育等事业单位为契约关系为农户提供社会化服务所形成的组织形式）。

第二，关于农业产业链组织利益分配机制研究。对于农业产业链组织利益分配机制研究，我们应以供应链利益分配为基础。目前，关于供应链利益分配方面，国内外学者提出了不同形式的合同（Cachon，2004[2]；Ding and Chen，2008[3]；Coltman et al.，2009[4]）来实现利益分配。马士华、王鹏（2005）[5]指出，应通过合适的产品转移定价来实现合理的

① 王凯、颜加勇：《中国农业产业链的组织形式研究》，《现代经济探讨》2004 年第 11 期。

② Cachon, G. The allocation of inventory risk in a supply chain: Push, pull, and advance – purchase discount contracts. Management Science, 2004, Vol. 50, No. 2, pp. 222 – 238.

③ Ding, D., Chen, J. Coordinating a three level supply chain with flexible return policies. O-mega, 2008, Vol. 36, No. 5, pp. 865 – 876.

④ Coltman, T., Bru, K., Perm – Ajchariyawong, N., et al. Supply chain contract evolution. European Management Journal, 2009. Vol. 27, No. 6, pp. 388 – 401.

⑤ 马士华、王鹏：《基于 Shapley 值法的供应链合作伙伴间收益分配机制》，《工业工程与管理》2005 年第 4 期。

利益分配。但相对于工业制造业而言，农产品生产与销售易受到季节和天气的影响，因此在农产品供应链协调方面必须考虑季节性和天气等不确定性因素。但斌和陈军（2008）[1] 考察了价值损耗对生鲜农产品供应链协调的影响。杨金海（2009）[2] 根据委托—代理理论，分析了农产品供应链协调信息共享的监督与激励机制。在农产品收益共享合同中收益分享系数的确定，通过考虑风险的影响修正 Shapley 值，从而确定最终各成员收益分享比例（赵霞、吴方卫，2009）。[3] 张满园、张学鹏（2009）[4] 指出，由于各主体的目标不同，农业产业链上政府与农户、企业与农户的博弈所产生劣的博弈结果成为制约农业产业链延伸和拓展的主要障碍。分析认为，农业合作社作为广大农户自愿联合的互助性经济组织，有助于协调农业产业链三个主体的目标，解决"小农户"与"大市场"的矛盾，有效带动农业产业链的延伸。

（四）农业产业链整合与优化研究

农业产业链整合是以核心企业为龙头，通过合适的组织形式和利益联结机制，加强产业链关联主体之间的沟通与协调，建立有效的协同行为，从而实现资源优化配置和产业竞争力的提升。赵绪福（2006）[5] 分析了产业链优化的两个方面：产业链结构的高度化与产业链各环节关联关系的协调化。顾丽琴（2007）[6] 分析了农业产业价值链的拓展。桂寿平、张霞（2006）[7] 分析了农业产业链和 U 形价值

① 但斌、陈军：《基于价值损耗的生鲜农产品供应链协调》，《中国管理科学》2008 年第 5 期。

② 杨金海：《农产品供应链协调机制问题初探——基于委托—代理理论的视角》，《农村经济与科技》2009 年第 5 期。

③ 赵霞、吴方卫：《随机产出与需求下农产品供应链协调的收益共享合同研究》，《中国管理科学》2009 年第 5 期。

④ 张满园、张学鹏：《基于博弈视角的农业产业链延伸主体选择》，《安徽农业科学》2009 年第 1 期。

⑤ 赵绪福：《农业产业链优化的内涵、途径和原则》，《中南民族大学学报》（社会科学版）2006 年第 6 期。

⑥ 顾丽琴：《农业产业价值链带给我们的思考》，《农业考古》2007 年第 6 期。

⑦ 桂寿平、张霞：《农业产业链和 U 形价值链协同管理探讨》，《改革与战略》2006 年第 10 期。

链的协同管理。汪金剑（2010）① 对战略性农产品产业链割裂的影响因素进行了分析。

（五）农业产业链应用与实践研究

关于农业产业链的区域研究。崔俊敏（2009）② 以河南省黄淮4市为例分析了农业产业链、产业集群与粮食主产区农民增收问题。周建华、洪凯（2009）③ 以广东省水产星火产业带建设为例，强调围绕农业产业链和价值链的关键环节，推动以市场导向、政府主导、产学研结合为特征的农业技术体制创新，以技术集成为主要手段，是一条适合我国国情的农业技术发展道路。陈静、秦向阳、肖碧林（2011）④ 通过对山东寿光蔬菜产业链、辽宁辉山农产品加工产业链、北京通州观赏鱼产业链三个典型农业产业链构建实例的分析，归纳得出生产部门延伸、加工部门推进、服务部门引领三种农业产业链构建模式。

由于各种农业产品不同特性，其农业产业链有所不同。一些学者分别从不同农业产品的角度，开始构建、整合与优化不同农产品的产业链。乔颖丽等（2010）⑤ 使用调查数据，从生产成本、交易费用和市场需求几个方面分析了农户蔬菜产业链模式选择的影响因素。王凯、颜加勇（2003）⑥ 研究了农业产业链管理在棉花产业中的应用。

① 汪金剑：《弥合战略性农产品产业链割裂及角逐国际定价权研究》，硕士学位论文，浙江大学，2010年。
② 崔俊敏：《农业产业链、产业集群与粮食主产区农民增收——以河南省黄淮4市为例》，《河南农业科学》2009年第4期。
③ 周建华、洪凯：《基于农业价值链的我国农业技术创新政策研究》，《经济纵横》2009年第1期。
④ 陈静、秦向阳、肖碧林：《基于典型案例的我国农业产业链构建模式研究》，《农村经济》2011年第8期。
⑤ 乔颖丽、孙芳、刘金花、李源生：《蔬菜产业链模式选择影响因素实证分析——基于冀西北地区实地调查》，《农业经济与管理》2010年第2期。
⑥ 王凯、颜加勇：《农业产业链管理在棉花产业中的应用》，《现代经济探讨》2003年第6期。

游振华（2010）① 对种子产业链进行了研究。黄祖辉等（2008）② 分析了梨果产业链每一条价值链的增值比例、成本构成和利润分配，得出了以下研究结论：梨果产业链源头农户增值少，中间环节经营者增值多；农民合作社在帮助小农户获得增值收益方面发挥了积极作用；大部分小农户处于生产成本较高、收益较低的尴尬境地。刘立英（2010）③ 对茶叶产业链进行了研究。

六 相关评述

关于农业产业结构调整研究中多数以整个大农业为研究对象，或者就粮食作物，或者以具体某种作物作为研究对象，但研究的理论依据、研究的方法以及研究的结论均有差异。各研究中以经济作物产业结构作为研究对象，且是落后地区的经济作物产业结构调整优化的研究甚少，现有零散的研究成果中以问题和对策类的研究为主，以及部分省份的具体农作物进行研究，尤其对西部地区经济作物产业结构调整优化的研究不足。这些不仅缺乏系统、深入的研究，而且缺乏经济作物产业结构调整优化的基础理论研究。此外，大部分研究是根据经济结构分析框架来研究的，很少从产业链角度，用经济作物产业链整合与优化的方法来研究经济作物产业结构的调整与优化。经济作物产业能够有效地调整农业产业结构、转移农村富余劳动力，促进农民增收，实现脱贫致富；有效解决"三农"问题，缩小城乡差距。因而，本书借鉴其他产业结构研究成果，以产业链及其相关理论为指导，对西部地区经济作物产业结构调整展开深入系统的研究，在理论和实践上，均有重要突破和重要价值。

---

① 游振华：《种子产业链企业合作绩效影响因素实证研究》，硕士学位论文，华中农业大学，2010 年。

② 黄祖辉、张静、陈志钢：《中国梨果产业价值链分析》，《中国农村经济》2008 年第 7 期。

③ 刘立英：《基于模块网状产业链的恩施茶叶产业化发展研究》，硕士学位论文，湖北民族学院，2010 年。

第三节 主要研究内容及结构

一 研究的主要内容

主要内容分为十章，第一章为导论。第二、三章分别阐述了经济作物产业结构调整优化的基础理论，以及产业链运行机理，还包括产业链的关键环节与增值分析，产业链的纵向价值转移、产业链分工协调机制以及产业链中的物流、信息流和价值流"三流"协调发展等。第四章分析了西部经济作物产业结构现状及存在的问题。第五章紧接着第四章的现状与问题，分析了经济作物产业结构调整的影响因素。第六章进一步在第四、五章经济作物种植结构分析的基础上，考察了经济作物产业结构的协调性问题。第七、八、九章，以西部茶叶、中药材、棉花等经济作物为案例展开实践研究，以确保研究设计的科学性、研究成果的实用性。第十章是经济作物产业结构调整优化的政策导向。

具体而言，第二章阐述了经济作物产业结构调整优化的理论基础。第一节为相关概念的界定，为后文的分析界定研究范围；第二节分析了产业结构的时序和空间演变规律，也总结了农业产业结构演变规律；第三节为本书的相关理论，给出了理论启示要点；第四节为本书的农业产业链基本理论，为分析提供基础和依据。

第三章指出了农业产业链是本书的线索，本章从产业链价值增值、纵向价值转移、模块化分工协调以及"三流"整合等角度深入分析了经济作物产业链的运行机理，为经济作物产业结构的高度化、协调化发展提供了新的分析角度。

第四章综合运用描述性统计方法、产业结构评价指标、空间统计分析的研究方法，对西部地区1991—2011年的经济作物产业结构演进进行分析，并探讨其生产布局的集聚格局，对西部经济作物产业结构作出基本判断。本章第一节分析西部农村产业发展特征；第二节分析西部经济作物产业结构的时序演变趋势；第三节分析经济作物生产布局演变趋势；第四节对经济作物生产结构进行基本判断；第五节结合上述分析结果，剖析目前西部地区经济作物产业结构存在的问题。

第五章分析了西部经济作物产业结构调整优化的主要因素，为下面的实证研究提供分析基础。上文从区域优势理论，利用综合比较优势指数等方法定量地研究了西部经济作物产业结构演变状况，这对西部经济作物生产布局以及区域专业化的研究还远远不够，尤其没有考虑产业结构调整的空间影响效应。本章首先从定性方面阐述了自然禀赋、经济状况、区位条件、市场因素、科技进步、政策等因素的影响，并进一步考虑西部主要经济作物的生产布局情况，以及影响因素对经济作物生产布局的作用状况。本章以经济作物播种面积构造专业化程度的衡量指标——区位熵研究西部主要经济作物的生产布局情况，并据此使用空间计量经济学模型，研究经济作物产业布局的影响因素。

第六章，本章遵循经济作物产业链分析方法和运行规律，基于产业链理论，深入分析了经济作物产业结构的协调性。第一、二节，分析了西部经济作物加工业和流通环节的现状及存在的问题。第三节，用数据包络分析方法研究了加工业与物流业协调发展程度，不仅为产业链协调性、整合度研究提供了研究方法，而且对考察西部经济作物加工业与物流业的发展协调性，对于西部物流业发展具有重要的实践意义。

第七、八、九章为实践研究。这三章按照产业链分析方法，分析了茶产业、中药材产业、棉花产业的种植结构、加工环节、流通环节的现状，并利用区位熵、集中系数、比较优势系数等指标，以及 DEA 分析方法，寻找制约茶产业、中药材产业、棉花产业发展的"瓶颈"与竞争力优势，以期能为西部经济作物产业结构调整优化提供建议。

第十章为政策体系。本章构建了经济作物产业结构调整优化、提升产业效益的政策保障体系，即引导性政策、支持性政策与发展性政策，为经济作物产业结构调整优化提供政策保障。

二 研究逻辑路径

按照"资料处理和分析→理论研究→对策研究→实证研究"的总

体研究思路，以产业价值链理论为指导，针对西部地区经济作物产业结构现状，从产业价值链角度，前瞻性地提出经济作物产业调整优化的对策建议，探求经济作物产业效益最大化，最后对西部地区主要经济作物产业进行实证研究，以确保本书研究成果的科学性和实用性。

三 研究的方法论及工具

本书运用文献检索法收集各类相关文献资料和国内外已有研究成果，为课题研究提供理论借鉴。

从产业链环节分析的视角，采用定性分析和定量分析相结合的研究方法，运用统计分析方法、空间面板计量经济学、数据包络分析，研究经济作物产业结构时序演进、生产布局、全要素生产率、产业结构的协调性评价，以及影响产业结构调整因素的影响程度与方向。

四 重点与难点

详细分析经济作物产业链运行规律，构建经济作物产业结构调整优化理论，是本书研究的难点；依此理论研究西部地区经济作物产业发展现状，调整西部经济作物产业生产布局，评价现有经济作物产业链协调水平，并前瞻性地提出对策建议，是本书研究的重点。

第二章　经济作物产业结构调整优化的理论基础

　　农业产业结构调整优化一直是国内外学术界关注的重要问题之一，并对此进行了大量的理论研究，取得了丰富的研究成果。本章对这些研究成果进行梳理，旨在借鉴。本章分为四节：第一节为相关概念界定，为后文的分析界定研究范围；第二节分析了产业结构的时序和空间演变规律，也总结了农业产业结构演变规律；第三节为本书的相关理论，给出了理论启示要点；第四节为本书的农业产业链基本理论，为分析提供基础和依据。

第一节　相关概念界定

一　产业结构

（一）产业结构含义

　　产业结构是指一个区域各产业之间的组合状态、技术经济联系和比例关系，包括投入结构、产值结构、就业结构、需求结构、技术结构、所有制结构等（杨旺舟，2012[①]）。按照产业发展的层次顺序及其与自然界的关系，产业结构可以划分为第一产业、第二产业和第三产业。其中第一产业是与人类第一个初级生产阶段相对应的农业和畜牧业；第二产业是对原材料进行加工并提供物质资料的以制造业为主

---

　　① 杨旺舟：《区域产业结构分析与调整对策——以云南省为例》，科学出版社 2012 年版。

的产业；第三产业是除第一、第二产业外，以非物质产品为主要特征的服务业。第一、第二、第三产业结构的划分是应用最为普遍的产业分类法。

产业结构的具体内容可以从以下两个方面进行考察：一是从"量"的角度研究和分析一定时期或一段时期内产业间联系的数量比例关系，从而形成产业关联理论；二是从"质"的角度动态揭示产业间技术经济联系的变化趋势，产业结构演变规律与效益，从而形成产业结构演进理论。

（二）农业产业结构及分类

在第一、二、三产业分类法中，一般把第一产业当作农业产业。根据产业结构定义，农业产业结构也表示为特定区域农业内部各生产部门在其经济活动中形成的经济技术关联以及变化规律（董凤丽、吕杰，2012[①]）。对于当代农业，由于产业融合日益加快，农业与工业、服务业的联系不断加强，农业产业结构内涵也在不断扩展，这体现在农产品加工业与农业纵向联系，农业与涉农服务业的横向联系，农业、加工业与服务业等纵横交错的网络联系。因此，农业产业结构已成为一个包含农业、农产品加工业、涉农服务业为一体的产业体系结构。

在农业产业结构具体的分析中，不仅包括农林牧渔及其服务业之间的经济技术联系，称为一级结构，还包括各产业内部各类农产品之间的关系，也称为二级结构，如种植业包括粮食和经济作物产业。如果进一步划分，二级结构又可以划分成三级结构，具体指农产品结构，比如粮食作物可以划分为小麦作物、玉米作物等，经济作物可以划分为油料作物、麻类作物等。这些是农业产业结构的一般划分，如果把农业、农产品加工业以及涉农服务业看作一个整体，本书把这种结构称为产业链结构。本书界定经济作物产业结构既包括具体经济作物产品的三级结构，也包括经济作物产业链结构，即在产业链结构

---

① 董凤丽、吕杰：《沈阳经济区农业产业结构演进及效益评价》，中国农业出版社2012年版。

中，考察主要经济作物产品结构。

（三）经济作物产业结构

经济作物隶属于农业产业结构中二级分类的种植业。种植业主要包含粮食作物与经济作物两大类。粮食作物包括谷类作物、薯类作物等。粮食作物的生产不仅可以为人类提供食品，而且还可以为大部分轻工业提供原料。经济作物是具有某种特定经济用途的农作物，也称为技术作物。按照其用途，经济作物可以分为油料作物（花生、油菜、芝麻、向日葵等）、糖料作物（甘蔗、甜菜等）、纤维作物（棉花、麻类、蚕桑等）、嗜好性作物（烟叶）、饮料作物（茶叶、咖啡、可可等）、植物类药用作物。

由于研究对象是西部地区的经济作物，以及资料收集的限制，本书研究对象主要着眼于西部地区已有的主要经济作物，即按照《中国农业年鉴》的划分，认定西部地区的经济作物主要有棉花、油料、麻类、烟叶、茶叶、糖料与植物性药材等。

二 产业链

产业链具有不同内涵，包括产业、企业间的技术经济关联属性，生产工艺流程属性，价值属性，还有企业间联盟关系等，这些都说明了产业链体现了产业间或者企业间的一种关系。即使产业链的组织属性也不例外，这种组织也是由产业或者企业间的某种关系或者多重关系组成的线性、非线性，单链条、多链条，一维的、多维的，相互交织在一起形成的关系网络。因此，产业链的实质包括以下属性：产业链最表层的属性是供需关系；产业链的中层属性是以产品、技术、资本或知识联系的；产业链的最深层次属性是价值属性，包括价值增值、传递和利益分配。

三 农业产业链概念

现代农业不再局限于传统的农业部门，而是扩展到了第二产业与第三产业部门，是一个与农业加工、运输、销售、服务相结合的产业群体。为了保持现代农业再生产的连续性，农业产前、产中和产后各个环节必须保持合理的比例关系。农业产业链是产业链的一种特殊形式，同样具备产业链的各种属性。一条比较完整的农业产业链，包含农产品的育种、种植、加工、运输与销售等环节和流程，以及与之相关的各种服务环节。

四　产业结构调整

产业结构调整是指由于投入结构、技术进步、消费结构、产业政策等发生变动，导致产业间不匹配、发展不协调、布局不合理，导致原有结构不适应新的发展要求，为此，通过市场机制对产业结构进行自动调整，或者通过政府对产业体系中的各产业实行鼓励、引导、扶持、转移、改造、限制、淘汰等区别对待政策和措施，改变资源在产业之间的配置，以实现产业的协同和高效发展。

农业产业结构调整是指通过研究区域农业产业结构生产布局、各产业之间的经济技术关系及其变动，揭示农业产业发展的规律，探寻农业产业结构存在的问题，并以政策干预等措施，对农业产业内部各部门，以及农业与工业、服务业之间的关系进行调整的过程。当前农业产业结构调整既包括纵向调整也包括横向调整。农业产业结构调整使农业产业结构形成农产品生产、加工和流通的一体化产业体系。构建以农产品加工为主体的产业链结构，产前、产中、产后紧密连接，第一、第二、第三产业相互融合，形成立体式的农业产业结构，具有多产业的融合、产业链延伸、产业链价值溢出的调整特征。

因此，本书在经济作物产业结构调整的研究中，主要有以下几个方面：一是定量化研究西部地区经济作物产业结构生产布局结构及其变迁过程，深入分析西部地区经济作物生产布局现存的问题、影响因素，以及如何进行区位调整。二是从理论上考察经济作物种植与加工、销售等环节的经济技术联系。三是研究经济作物产业的价值转移规律。四是研究经济作物产业布局以及生产效率。五是研究经济作物产业结构的指导政策调整。

五　产业结构优化

（一）产业结构合理化与高度化

产业结构调整与优化，彼此相互依赖，紧密联系。产业结构调整是手段，产业结构优化是目的和任务。产业结构优化是指产业之间的经济技术联系、数量比例关系、产业发展与资源环境关系由不协调向协调的合理化转变过程，由低层次不断向高层次演变的高级化过程。产业结构优化是一个动态过程，是在各区域发展阶段上与资源环境基础、技术水平、人口规模、区域经济关系等相适应的产业发展状态。合理化和高级化是衡量产业结构优化的两个标志。其实质是实现产业结构与资源供给结构、技术结构、需求结构和就业结构相适应，达到资源优化配置与高效利用。产业结构合理化决定资源在各个产业之间和区域之间能否优化配置，使其得到充分、合理的利用，各产业之间能否协调发展从而获得较好的结构经济效益，以及产业经济发展能否与人口、资源、环境的发展相协调。产业结构高度化则决定产业能否充分吸收新科技成果而实现技术进步与创新，使配置到各个产业部门的资源能得到高效利用，带来更多产出。

合理化与高度化密切相连，合理化是产业结构优化的基础和前提，高度化推动产业结构在更高层次上实现合理化。产业结构合理化的本质是协调，即产业之间有较强的关联水平和相互转换能力。合理化主要体现在：产业之间、产业内部各部门之间数量比例合理、投入产出均衡，能获得较好的结构效益；供给结构和需求结构相适应，没有明显的过剩和短缺现象，供给和需求结构适应程度越高，则产业结构越合理；产业结构与资源结构相协调，资源配置效率高，能有效利用人力、物力、自然资源，实现人口、资源与环境的可持续发展；能充分吸收引进转化科技成果，促进科技进步，有利于产业结构向高级化演进。产业结构高度化主要表现为：产业结构比例高度化（服务化）、产值结构高度化（高附加值）、劳动力结构高度化（人力资本水平高）、产品结构高度化（高加工度化）、资产结构高度化（资本密集化）、技术结构高度化（技术集约化）、工业结构软性化（高知识）。

（二）农业产业结构优化

按照产业结构优化的一般含义，合理化和高度化这两个内涵也体现在农业产业结构优化中。根据判断产业结构是否合理的一般标准，并结合农业生产的特点，其主要依据有以下几个方面：一是保持和改善生态环境，提高农业和自然环境之间的物质和能量的转换率，增加农业的产出，一般使用农业生产与环境是否协调作为判断标准。二是提高农业资源的开发利用，一般使用土地资源、水资源等利用率、劳动力的利用率、资本利用率等来衡量。三是满足社会需要的程度，一般包括收入需求弹性、农产品的人均消费水平等指标。四是经济效益的高低，主要评价指标包括人均收入、各要素生产率、全要素生产率等。五是农业各部门协调发展，使用粮经饲比例、农林牧渔各产值比率、产前产中产后产值比率等指标衡量产业结构优化程度。

（三）产业价值链优化的含义

产业价值链是一种特殊的经济系统，其优化具有特定的内涵和具体内容。一般来说，产业价值链优化包括两方面的内容。

一是产业价值链结构的高度化，即产业价值链的延伸和产业价值链的提升。其中产业价值链的延伸既有向前延伸也有向后延伸，还有中间环节的增加（或称产业价值链的分化）。而产业价值链的提升主要指产业价值链整体素质的提高，体现在产业价值链资本密集程度、技术层次、知识含量与价值水平的不断提高。

二是产业价值链环之间的协调化即产业价值链的整合。整合是将各环节有机地联合在一起，协调互动，产生协同效应和聚合质量。通过物流、信息流与价值流的要素整合，通过农户、经济合作组织与企业的组织整合，通过区域内与区域外的时空整合，形成合理的利益调节机制、风险分担机制，从而实现产业价值链的优化。

第二节　产业结构的演变规律

关于产业结构调整优化的理论基本上来自国外，这些理论已经为人们呈现了较为完整的产业结构调整的框架，揭示了产业结构演变的客观规律。产业结构的新古典主义经济理论观点认为，由于市场机制可以有效地调节价格以维持均衡，所有部门的要素报酬率都将等于要素的边际成本，结构变动对经济的增长效应微乎其微。而结构主义观点认为，对于发展中国家，市场机制是完善的，价格变动对资源配置的作用大打折扣，经济不能自动恢复均衡，产生了资源配置不合理的局面。那么在发展中国家，政府应通过政策干预经济，并进行经济结构的重大调整。随后，由于政策干预产生了经济结构失衡等问题，结构主义经济发展理论也受到了新的挑战。因此，以结构调整和市场机制共同作用的混合观点受到了重视。

一 产业结构的时序演变规律

产业结构演变理论主要探究国民经济三次产业的变动规律，而在此基础上却鲜有针对经济作物产业结构优化调整问题的系统研究。因此，本书以一般产业结构理论作为经济作物产业结构调整与优化的理论基础。

威廉·配第指出，世界各国国民收入水平差异与发展阶段的不同，关键在于产业结构的不同，产业结构的演进主要体现在劳动力不断从农业部门向工商部门转移。亚当·斯密则从资本投向角度论述了产业结构的演进。考虑到资本的风险性，在投资利润相等的情况下，资本为了规避风险追求利润而投向农业领域。农业发展到一定程度后，资本才投向工商部门。克拉克提出，随着人均国民收入的提高，劳动力逐步由第一产业向第二、三产业移动。但克拉克理论背后隐含着在各产业之间劳动力流动不存在约束。产业结构的演变不仅是劳动力的移动，还是产业的空间变化，即伴随着城市化进程。城市是第二、三产业的产业载体，没有产业的空间布局就没有产业结构的优化。以克拉克的研究为基础，库兹涅茨指出，在经济发展过程中，农业部门国民收入相对比重呈下降趋势，而工业、服务业部门则呈上升趋势。钱纳里的"世界标准模型"，全面描述了产业结构变动规律。在人均 GNP 达到 400 美元时，第二产业的总产值占 GNP 的比率将会超过第一产业，而不断发展。钱纳里从 24 个工业化大国抽象出了大国结构，并与"标准结构"比较，大国可以在收入水平较低时进行产业结构的变革。此外，德国经济学家霍夫曼深入地分析了工业化过程中工业部门结构演变的规律。霍夫曼指出工业发展的第一阶段，消费品工业占主要地位；第二阶段消费品工业增长慢于资本品工业；第三阶段资本品工业继续快速增长，资本品与消费品工业基本平衡；第四阶段资本品工业占主要地位。但霍夫曼工业化经验法则忽略了各国工业发展的不同阶段、工业与其他产业之间的关联。

二 产业结构的空间演变规律

产业结构的时序演变与空间生产布局变动是同时发生的。这里将其分开，只是强调产业结构区域协调关系。产业结构的空间演变是指产业间的相互联系和比例关系在区域间的布局。不同区域的经济发展水平决定了不同区域具有不同的主导产业，以及相配套的产业，经济发展水平与产业结构互相影响。

佩鲁开创了"增长极理论"，增长极理论的核心是经济中的企业在经济空间中是相互联系的，即支配地位的企业推动效应和支配型企业与其他企业或与周围地区之间的连锁效应。经济的增长首先出现在增长极上，通过扩散效应带动周围地区增长，最终达到经济整体增长。一方面，在经济中起支配作用的是领头企业，其发展速度高于其他企业。领头企业作为创新的主体，可以有效推动其他企业的发展。另一方面，领头企业和被推动性企业可以通过企业间的横向和纵向联系，共同带动区域经济发展。但增长的极化效应可能造成地区间的两极分化，扩大贫富差距，形成二元经济。

随后，区域经济学家把弗农的产品生命周期理论引入区域产业结构调整中，形成了梯度推移理论。梯度推移理论指出一个区域的经济发展不仅取决于主导产业，而且取决于该产业所处的生命周期阶段。处于创新阶段的主导产业不仅实力雄厚，而且发展前景良好，则具有主导产业的地区称为高梯度地区；反之，称为低梯度地区。高梯度地区创新活动多，产业增长迅速，回报率高，能够吸引大量优质资源。高梯度地区一些资源已不能满足创新发展，不符合生命周期阶段要求时，这些资源将由高梯度地区向低梯度地区转移。这种转移可以是局部范围内扩展，也可以是大范围扩展。局部范围是创新地区的创新活动转移到与其紧密联系的地区，一般由中心城市向外扩散。也就是说，当市场对新产品需求增大时，中心城市的生产不能满足需要，邻近城市会成为中心城市产业转移的目的地，从而扩大产业规模。即使邻近城市技术水平、管理水平、协作条件不具备时，也可以通过中心城市的创新溢出，从而解决问题。大范围扩展则指创新地区的创新活动会向全国更广大地区扩展，距离已不成为转移去向的主要因素，而是接受创新活动能力的差距。接受能力较高的地区将成为创新活动的主要转移地区，随着创新活动或新产品的不断成熟，接受能力较低的地区将成为主要转移地区，以这种顺序转移的规律甚至还会向乡镇、农村转移。

三　农业产业结构演变规律

农产品的需求结构、科技创新和贸易结构等变化，推动了农业结构不断变动。农业结构演变规律可以概括为：一是农业产业在国民经济中的份额下降，第二、三产业的 GDP 份额则越来越大。发达国家农业的 GDP 份额均较低，如日本约为 2.5%、美国已不到 3%，而我国也从 1980 年的 30.1% 下降到 2000 年的 16.4%，再下降到 2011 年的 10%。二是种植业转向粮食作物、经济作物与饲料作物共同发展的结构。随着人均收入的提高，人们会减少食品需求，而具有更高收入需求弹性的经济作物产品、农产品加工业等需求增加。另外，粮食作物生产技术进步，提高粮食生产能力，这为种植业结构转变提供了可能性。三是种植业份额下降，畜牧业份额上升，后者的份额甚至高于前者，从种植业生产为主向种植业、畜牧业和林业等共同发展的结构转变。四是从事多种产业经营的农户比重上升。如日本兼业化农户占 68%，美国、澳大利亚、德国等国也超过了 50%。五是农工商一体化趋势加快，不同形式的农业产业专业化组织把农产品的生产、加工和销售有机结合起来，有力地加快了农业产业一体化进程。六是农业发展更加专业化、集约化，行业分工越来越细，产业化程度越来越高。如美国农场平均规模已经达到 435 英亩，烟草和棉花农场基本上实现了大规模的机械化。此外，美国棉花农场专业化比例为 79.6%，园艺作物农场为 98.5%，蔬菜农场为 87.3%。

第三节　产业结构调整优化的相关理论

一　主导产业选择理论

罗斯托的《经济成长阶段》一书首先提出主导产业概念，不仅在理论上赋予了主导产业的选择理论是产业结构调整基准理论的地位，而且在实践中更是成为政府选择主导产业的指导性方法。罗斯托指出，在主导增长部门中革新创造的可能或利用新的有利可图的或至今尚未开发的资源的可能，将造成很高的增长率并带动这一经济中其他方面的扩充力量。① 一般认为主导产业对产业结构调整起着导向性和带动性作用。

一般来说，主导产业选择标准有需求收入弹性标准、生产率上升标准和产业关联度标准。其中，需求收入弹性标准主要根据产业各发展阶段的需求收入弹性进行判断。即需求结构的变动将使产业结构由收入弹性较低商品的第一产业向收入弹性较高商品的第二产业转换，最后向着第三产业转化，实现产业结构高度化。对于农业内部来说，粮食作物的需求弹性较低，而经济作物、精加工的农产品等收入需求弹性高，因此，农业产业结构也会向提供农产品加工的产业转换。

生产率上升标准取决于供给结构。由于各产业的生产特点和技术上的差异，生产率也存在着一定差异。一般来说，农业的劳动生产率低、工业的劳动生产率高，在农业内部，农业产业链的种植生产环节劳动生产率低，而种子环节、农产品加工或涉农服务环节劳动生产率高。因此，发达国家一般把生产率高的产业作为主导产业和重点产业。

产业关联度标准是根据产业各部门之间不同方向的依存程度而提出的。目前，农业与工业、服务业日趋融合，产前种植、产中加工、

---

① 罗斯托：《经济成长阶段》，商务印书馆 1962 年版。

产后服务的现代农业产业一体化，一直是发达国家农业产业结构优化的目标。选择产业关联度标准需要同导向机制结合起来。对于农业来说，需要考虑能带动农业大力发展的部门作为地区的重点产业或主导产业。前向关联高，可以选择制种或研发部门作为主导产业；后向关联高则可以选择农产品加工和涉农服务业作为主导产业。

需求收入弹性基准的研究方法，一般根据统计数据，计算某产品的需求收入弹性，其计算公式为 $E = (\Delta Q/Q)/(\Delta Y/Y)$，其中 $\Delta Q/Q$ 表示该产品的需求变动率，$\Delta Y/Y$ 表示人均国民收入变动率。随着人均收入的提高，多层次和多样化的需求日益增多，这将导致消费需求带动产业结构升级。日本经济学家筱原指出人均收入与食品需求收入弹性呈反向变动。人均收入为 200 美元，食品的需求收入弹性为 0.9；人均收入为 1000 美元时，食品的需求收入弹性为 0.5；当超过 1 万美元时，食品的需求收入弹性只有 0.1。此外，不同类型的食品，其收入需求弹性的变化趋势不同，这就决定了不同农产品的不同生产结构，决定了不同农产品的增长趋势。

生产率上升基准的研究方法，一般通过全要素生产率指标考察，通过非参数的 DEA—曼奎斯特指数法、随机前沿面方法考察产业全要素生产率的变动。本书也采用全要素生产率指标来衡量西部经济作物产业结构调整优化的基本标准。具体分析方法在下文中给出。

产业关联效应大小的研究方法，一般根据投入产出表进行分析。主要计算指数为直接消耗系数、生产依存度系数、生产制约度系数、影响力系数、感应度系数、综合关联度系数。其中，直接消耗系数表明产业部门之间的技术联系，系数越大技术联系越大；生产依存度系数表明某一部门对该产业其他部门的生产依存度和直接影响度，系数大于 1 表明生产依存度和直接影响度高于社会平均水平；生产制约度系数大于 1 表明某一部门对该产业各部门生产制约程度高于社会平均水平；影响力系数越大，表明该部门对后向部门的拉动作用越大；感应度系数越大，表明该部门对前向部门的拉动作用越大；而综合关联度系数越大表明产业部门对国民经济的拉动和支撑作用越大。但产业关联度标准一般只适应于农业的第一层次结构，如陈永红（2001）① 利用投入产出方法，考察了重庆市农业结构变动的产业关联原因与效应。产业关联度标准通常使用投入产出分析方法，这需要投入产出表。但对于本书来说，因为没有对经济作物的投入产出表进行分析，我们不能使用该方法来判断经济作物产业结构是否高度化。此外针对我国农业发展的特殊性，王广森（1990）② 在其专著《结构变革与农村发展》中，提出了乡镇企业主导产业选择的两个准则，即就业容量基准和农业关联基准。

二　区域分工理论

分工理论，最早是针对国际分工和贸易而提出的，后来被用作解释区域分工与合作的理论基础。该理论为区域产业分工、区域优势产业选择提供理论指导。主要有以下几个经典理论：

（一）绝对优势理论

亚当·斯密从工场手工业看到了分工的利益，认为每个生产者为了自己的利益，应该集中生产在社会上有利的产品，然后用销售所得，去购买其需要的物品。因此，如果每个国家均按此原则进行专业化生产，然后进行贸易，各国的资源得到有效配置，则对相关国家都有利。那么绝对优势主要来源于各国拥有的资源优势如自然地理、气候、土壤条件等人力无法控制的因素，也可能来源于生产特定产品的生产技术、技能以及资本积累所形成的资源优势。

（二）比较优势理论

绝对优势理论无法解释当一国在各种产品生产上都有优势，而另一国居于劣势时，两国仍可以进行贸易的现象。为此，李嘉图对亚当·斯密的绝对优势理论进行了扩展，形成比较优势理论。李嘉图比较优势理论的核心思想是：一国若专门生产自己相对优势较大的产品，通过国际贸易，换取自己不具有相对优势的产品，这样就可以获得利益。

---

① 陈永红：《西部地区农业结构调整问题研究》，博士学位论文，西南财经大学，2001 年。

② 王广森：《结构变革与农村发展》，中国财政经济出版社 1990 年版。

由于资本和劳动力在国家间不能完全自由地流动，不应用绝对成本的大小作为国际分工和贸易的基础，而应依据比较成本的差异开展国际分工和贸易。因此，各国的专业化生产应依据相对比较优势，扩大生产增加出口，通过国际贸易达到提高资源配置的效率。

（三）要素禀赋理论

比较优势指出各国比较优势的差异是贸易的基础，但没有解释产生优势差异的原因。埃利·赫克歇尔提出了要素禀赋理论。他认为，产生比较成本差异必须具有两个国家生产要素禀赋不同和不同产品在生产过程中所使用的要素比例不同两个条件，否则不能产生贸易。其基本思想是，国家之间生产要素禀赋差异是导致彼此储蓄分工和发生贸易的主要原因。每个国家的比较优势来源于要素禀赋优势，进而出口自身有要素禀赋优势的产品，进口相对稀缺生产要素的产品。

各个国家拥有的自然资源成为最初解释要素禀赋理论的关键方面。由于地理位置、气候、资源等方面的差异，各个区域选择了专门从事不同产品的生产格局。各个区域有没有自然资源，以及蕴藏着多少自然资源，这些差异导致了不同的生产分工。虽然自然资源禀赋论可以解释建立在自然资源条件下产品的国际分工，但由于科技的进步，有些资源缺乏的国家并没有因此发展缓慢。

首先，一般一个国家的产业具有比较优势，则这个产业具有较强的竞争力，则有利于出口。目前，发达国家致力于发展农业产业中高附加值的环节，坚持把制种、研发、农产品加工、农产品流通作为带头产业和重点产业进行扶持，在贸易结构上以发展农业制成品出口为主，在投资结构上以控制研发、流通为重点，提高农业产业的资本密集化、技术集约化，以实现农业产业合理化与高度化。其次，由于农业与自然资源密切关联，以自然资源禀赋与相对比较优势的理论运用在农业产业结构调整中，可以指导西部地区识别优势产业、主导产业，指导西部农业专业化生产，发挥比较优势，仍具有理论研究价值和现实指导意义。最后，一般在研究中，考察农业产业结构变动、生产层面比较优势的测定方法应用较为广泛的主要有国内资源成本法和综合比较优势指标法。前者主要分析生产上潜在的比较优势，后者主要通过生产的结果，包括相对生产规模和相对生产效率以反推生产上的比较优势。

三　区域产业布局理论

产业布局在静态上看是指形成产业的各部门、各要素、各链环在空间上的分布态势和地域上的组合。在动态上，产业布局则表现为各种资源、各生产要素甚至各产业和各企业为选择最佳区位而形成的在空间地域上的流动、转移或重新组合的配置与再配置过程。

（一）农业区位理论

农业区位论由德国农业经济学家杜能提出。该理论认为，农业土地类型和土地经营集约化程度，不仅取决于土地的自然状况，也取决于农业生产到消费的距离。在什么地方种植何种作物最有利，取决于农业生产成本、农产品的市场价格和农产品运费三个因素。随着市场距离增大，运费增高，农产品的收益下降。这样形成了以城市为中心，由内向外分布的六个农业地带。继杜能之后，布林克曼从集约度和经营方式出发来研究农业区位布局。集约度受到交通位置、自然状况、经济发展水平和经营者能力的影响。他设定所有的生产费用作为距离的函数，阐述了交通运输条件对农业区位形成的影响。此后，韦伯对工业区位理论进行了详细的论述，着重从交通运输成本、劳动力成本和集聚因素等方面，考察工业区位的选择。韦伯的工业区位论对研究农业区位布局及形成原因具有重要的借鉴价值。除此之外，阿伦索引入区位边际均衡和区位边际收益等空间经济学理论，提出竞标地租观点，并制出竞价地租函数曲线表示地价与距离的关系。由于农业、工业、商业等经济活动的竞争能力的差异，对农业布局及农业相对其他行业布局做出了恰当的解释。

（二）空间经济学理论

空间经济学研究资源在空间的配置和经济活动的空间区位问题。

Krugman （ 1991a①， 1991b② ）、Fujita 和 Krugman 以 及 Venables （1999）③、Fujita 和 Krugman （2004）④ 等创立了空间经济学理论，该理论研究经济活动的空间分布规律，解释现实中存在的不同规模、不同形式的生产空间集中机制，研究产业及其集聚效应下所形成的特定区域的经济行为，解释产业在地理空间上的集聚和扩散行为及其内在机制和决定因素。空间经济学试图将古典学派的区位理论综合成一个系统的空间结构，并指出决定空间结构及其差异的主要因素是要素集聚、运输费用等。空间经济学采用了规模收益递增—不完全竞争模型的建模方法，重新对空间经济结构与变化过程进行考察。近年来，随着空间统计技术和空间计量经济学方法的发展，农业产业空间转移问题的研究有了开创性进展。如 Florax 等 （2003）⑤ 运用空间统计技术及空间误差和滞后模型分析了西南尼日尔地区不同土壤变异在农业的应用。Munroe 等 （2004）⑥、Cho 和 Newman （2005）⑦ 运用空间经济分析方法，分别研究了土地利用对农业发展的影响。在国内，陆文聪等 （2007⑧，2008⑨） 运用空间滞后模型分析了粮食作物生产布局的

① Krugman, P. Increasing Returns and Economic Geography. Journal of Political Economy, 1991a, 99 （3）: 36 – 78.

② Krugman, P. Geography and trade. Cambridge MA: MIT Press, 1991b: 21 – 89.

③ Fujita, M. & Krugman, P. & Venables, A. The Spatial Economy: Cities, Regions and International Trade. Cambridge: MIT Press, 1999: 30 – 52.

④ Fujita, M. & Krugman, P. The new Economic Geography: Past, Present and the Future. Papers in Regional Science, 2004, 83 （2）: 139 – 164.

⑤ Florax, R., Folmer, H. & Rey, S. J. Specification searches in spatial econometrics the relevance of Hendry's methodology. Regional Science and Urban Economics, 2003, 33 （5）: 557 – 580.

⑥ Munroe, D. K., Southworth, J. & Tucker, C. M. Modeling spatially and temporally complex land – cover change: The case of Western Honduras. The Professional Geographer, 2004, 1 （56）: 554 – 559.

⑦ Cho, S. H. & Newman, D. H. Spatial analysis of rural land development. Forest Policy Economics, 2005, 7 （5）: 732 – 744.

⑧ 陆文聪、梅燕：《中国粮食生产区域格局变化及其成因实证分析——基于空间计量经济学模型》，《中国农业大学学报》2007 年第 3 期。

⑨ 陆文聪、梅燕、李元龙：《中国粮食生产的区域变化：人地关系、非农就业与劳动报酬的影响效应》，《中国人口科学》2008 年第 3 期。

成因。潘竟虎、石培基（2008）① 运用探索性空间数据和 GIS 技术，分析了甘肃省县域尺度人均粮食空间格局变化特征及粮食生产与经济发展的空间匹配格局，并利用空间计量经济模型分析了粮食生产布局变化的驱动机制。田维波（2012）② 利用区域重量、区域重心和区域匀质系数等指标对中国农业空间结构进行统计分析，认为中国农业发展在空间上存在差异，区域重心西北、东北转移，但这种转移速度各不相同，华中、西北部地区稳定，其他地区不稳定。接着利用空间计量经济学模型，考察了农业空间结构演变的影响因素。

农业区位理论依据比较优势理论对农作物进行布局，形成农业区域专业化生产和农业商品生产基地；空间经济学理论主要从区域空间结构角度，研究区域内农业发展问题，通过空间统计技术或空间计量模型，定量研究农业空间结构的演变趋势以及演变的规律，拓宽了农业生产布局研究的视野和思路，更有利于回归模型的解释。因此，分品种、分区域研究经济作物的区域结构，生产布局成因，农业区位理论与空间经济学理论都有很大的借鉴价值。

四 产业集群理论

亚当·斯密和阿林·杨格的理论指出，分工和专业化生产是产业集群形成的基础。马歇尔的外部经济理论是第一个较为系统地研究产业集群现象的经济理论。产业集群与外部规模经济之间存在密切联系，同一产业内企业或存在关联的企业在特定地方集中，可以有效提高生产要素的使用效率，并提高企业的效率。经济地理学派的克鲁格曼等代表人物，从经济活动在空间上集聚来研究产业集群现象。克鲁格曼提出了新空间经济理论，核心探讨了规模经济、空间结构和经济增长之间的关系，进一步发展了产业集群的思想。

迈克尔·波特提出了关于产业集群著名的钻石模型，这就是一个国家的特色产业能够持续创新和升级，从而获得国家竞争优势。产业

---

① 潘竟虎、石培基：《甘肃省人均粮食时空格局变化特征及驱动机制分析》，《农业系统科学与综合研究》2008 年第 4 期。
② 田维波：《我国农业发展的空间结构演化及其影响因素研究》，博士学位论文，西南大学，2012 年。

集群能够提高企业的竞争力，集群不仅能降低交易成本、提高效率，而且能改进激励方式，创造出信息、专业化制度、声誉等集体财富，更重要的是，集群能够改善创新条件，加速生产率增长，也更有利于新企业的形成。[①]

从产业集群的发展来看，产业集群的主体是业务上相互联系的一群企业，而产业链的主体也是相互联系的企业。在经济全球化的趋势下，产业链环节上企业之间的竞争导致企业向成本较低的优势区域积聚。产业集群既可以是产业链环节上相同企业的集聚，也可以是部分环节的集聚，甚至是多个产业链集聚。相关企业、环节和产业链以各种经济技术联系，实现有机结合，呈现链状的网络结构。

五　系统论

系统论是研究系统整体及其构成要素的相互关系，说明系统的结构、功能、行为和动态变化的理论和系统分析方法。系统论的创始人 L. V. Bertalanffy 认为，系统是相互关联要素的集合，即系统是处于相互联系中并与环境发生相互关系的各组成部分的复合体。系统结构是系统内部各要素、子系统间关联方式和相互作用秩序；系统功能是系统与外部环境之间实现物质、能量和信息交换的秩序和能力，是系统结构的外在表现。结构是功能的基础，功能是结构的外在表现，一定的结构具有一定的功能。结构决定功能，功能反作用于结构。

一般来说，系统具有整体性、层次性、开放性和动态性等特征。而产业结构体系也是一个复杂的系统，产业结构决定了产业系统的功能。因此，可以通过调整产业结构，改善产业系统功能。研究产业发展应依据产业系统的整体性、层次性、开放性和动态性，研究其要素、结构和功能的特征，要素、子系统和环境之间的相互作用机制，以及产业结构和功能的变化趋势、规律和原因，为产业结构调整提供科学依据。系统论一般采用数学规划方法，构建区域产业结构调整优化的多目标优化模型，结合其他辅助模型，构建环境、经济与社会综合效益，体现市场需求导向和区域资源禀赋的结构调整优化模型。对

---

① 花永剑：《农业产业集群研究综述》，《企业活力》2010 年第 12 期。

于经济作物产业结构调整优化问题，本书借鉴系统论思想，通过研究经济作物产业链系统结构和功能的特征、变化趋势、规律、影响因素等问题，为产业链整合与优化提供科学依据，进而指导经济作物产业结构的调整与优化。

六　可持续发展理论

20 世纪 60 年代以来，随着工业的迅速发展，资源与环境问题变得越来越突出，人类开始寻求新的发展模式。1983 年，联合国成立了世界环境与发展委员会，1987 年正式提出可持续发展的概念：既满足当代人的需求，又不危害后代人需求的发展。可持续发展包括生态持续、经济持续和社会持续三个方面，其中，生态持续是前提，经济发展是基础，社会持续发展是目的。可持续发展的核心是发展，但不是传统的以牺牲资源和环境为代价的经济发展，而是人口、经济、社会及环境相互协调的发展，是既考虑当前人类的需要，又要考虑后代利益的发展。

可持续发展理论为产业结构调整优化提供了理论基础，是产业结构调整优化的目标。产业结构调整要以环境、经济、社会协调发展为手段，产业结构优化应把环境、经济与社会的协调性作为评价的一个标准。可持续发展水平可以通过构建综合评价模型，选择资源环境子系统、经济子系统、社会子系统，进一步选择相应的指标体系，通过模糊评价方法、数据包络分析方法、因子分析或主成分分析方法等构建综合评价指数，可以比较合理地评价区域可持续发展水平。

第四节　农业产业链理论

一　农业产业链演变动因：农业分工深化

分工是社会生产力发展的重要源泉，分工与交易相互作用促进了企业和市场等经济组织形式的产生和演进。农业产业内部的分工深化，是推进农业产业链优化升级的重要力量。经济体制改革推进了我国农业市场化、国际化发展和农业分工深化，跨区域的农业投资和产业布局促进了市场分工与农业产业链延伸、拓展，这意味着农业迂回生产环节的增多、价值链的分解、物流链的延伸、知识链的溢出和空间链的拓展。为了降低农业产业链各环节的交易成本，分工和专业化发展又需要产业链环上关联主体间的协作，因此，基于分工深化的产业链整合已成为现代农业发展的客观趋势。

（一）农业分工深化与农业产业链形成的内在逻辑

首先，市场范围扩张是农业分工深化的必要条件。商品交换是推动社会分工深化的重要力量。商品交换促进市场范围的扩张，商品交换越发达，市场范围越大。市场范围扩大到一定程度时，产品或服务的需求才能扩张，并产生专业化的生产者，社会分工才能越细化，专业化程度就越高。因此，市场范围的扩张是分工深化的必要条件。市场是由所有人是否参加分工的决策决定的，即由分工水平决定的，其中最重要的分工形式是生产迂回程度的加强及新行业的出现。产业间分工使迂回生产链加长，也使市场规模扩大，而扩大的市场反过来促进分工的深化。

产业革命后，工业部门的先进技术在农业领域得到了广泛应用，引发了农业革命，大大提高了农业生产率。农业分工和专业化的发展在市场扩张和技术进步中得以实现。市场交易中，单位费用低的生产者与单位费用高的生产者进行交换是有利的，于是就形成了区域优势为基础的区域分工和专业化生产。在国际和国内农产品贸易的双轮需求驱动下，美国农业生产的区域专业化得到了快速发展。1860—1897年，美国农业生产的区域分工逐步形成，南部集中生产烟草与饲料作物，东北部集中生产水果、蔬菜和奶制品。目前，美国农场的平均规模已达到176公顷，农场规模的扩大促进了专业化程度的提高，棉花农场专业化比例为79.6%，大田作物农场专业化比例为81.1%，果树农场专业化比例为96.3%。区域分工加深了地区经济的差异化，又强化了地区间的贸易往来，扩大了市场的范围。

其次，农业分工深化的基础：交易费用的节约。随着市场范围扩大，分工程度有可能提高，也有可能降低。也就是说，市场范围的扩大只是分工深化的必要条件而非充分条件。一般来说，专业化程度越高，交易费用越大，而生产成本越小。专业化带来了生产成本下降，但也带来了交易成本的增加，当前者大于后者时，才能提高专业化程度。

当前，我国农产品从地头到消费者中间经过代理、批发、贩售、零售等多个流通环节，涉及产地中间商、产地批发商、销地批发商、零售商等多个利益主体。流通环节越多，农产品损耗就越大，盈利空间也就越小。因此，农业分工的深化和专业化的发展，需要不断地改善交易技术，缩短流通环节与流通时间，提高交易效率，这样才能推进农业分工的深化。

最后，模块化分工。随着分工不断深化，产业链不断纵向延伸与横向拓展，产业链协调难度不断提高，这需要寻找更好的分工方式，以协调产业链，于是模块化分工随之产生。模块化是经济系统演进的结构性表现，即比较优势—规模经济—专业化分工经济—模块化经济。模块化是分工经济更为深厚的基础。模块化是分工进一步发展的更高阶段，是市场需求层次上的高级分工形式。

（二）农业分工深化与农业产业链延伸

农业是以自然条件为基础进行物质生产的部门，农业内部分工首先表现为农业生产地域分工，即不同地区根据自然禀赋发展优势农业，并在地区内和地区间进行商品交换。故各地农业中的商品性生产乃是农业生产地域分工的标志。随着农产品市场交易规模和市场空间范围的扩大，区域农业内部分工不断深化，不仅促进了农业的区域分工和专业化，而且形成特色优势农产品生产区域；另外又促进了农业生产服务专业化和工艺专业化，农业产业链环中不断演化出新的部门和行业，形成更加紧密的分工与合作关系。随着农业产业技术的发展，知识的不断创新与溢出，促进了农业生产的模块化。模块化生产又使得农业产业链的产品链、价值链和知识链以网状结构交织在一起。农业产业链呈现纵向延伸、横向拓展以及两者交织在一起的网络结构趋势，并可以分解为不同维度的若干形态，具有不同的内容和特征。

1. 分工深化促进迂回生产的发展

市场范围的延伸与拓展、农业效率的提高，促进了农业分工的深化，表现为区域专业化和生产服务专业化，对应着水平分工和垂直分工的发展。杨格指出，迂回生产方式是产业内部分工的最大特点。生产中的迂回程度反映在产业层次的层次数和产业的广度，当产业链环节中专业部门的纵向分工越深，横向分工越广，迂回程度越高，分工越深化。农业产业链上游、中游、下游的环节越来越多，部门越来越专业，生产工具与技术越来越复杂，而且紧密联系，使分工越来越细化，从而促进迂回生产的发展。

2. 分工促进协作方式的多样化

农业分工深化的发展，可以分解为相互关联的增值环节，同时频繁的、稳定的商品交换关系，将加强关联主体之间的信任和合作，也使产业链关联主体之间的协作日益加强。分工使产业链环节联系越来越紧密，形成了环节主体的多种协作关系、内部一体化关系、市场交易关系、契约一体化关系。相对于农业产业链，农业生产自身的特征，内部一体化很难在农业中形成，因此，农业分工促使了农业产业链的市场交易关系和契约一体化关系。

3. 分工促进价值增值和服务功能的分解

随着市场需求的增加、市场范围的扩大、技术的不断进步、社会分工的不断深化，产业价值链的增值环节变得越来越多，结构变得更复杂。由于农业产业价值链各环节的经济活动很少能由一家企业来完成，所以产业价值链开始分解，一些新的增值环节开始出现，并建立新的竞争优势。其意义在于引导企业参与价值链的价值形成、价值增值与价值分配过程，并培育自己的竞争优势，把不具有优势和低端价值的环节分离出去，共同提高整个价值链的竞争优势。

4. 分工促进农业产业集群

农业生产与自然环境紧密相连，各个地区具有的自然资源禀赋，使得各地农业生产具有地域特色，形成了各种特色农产品生产、加工行业，这也促使了农业生产、再生产活动呈现明显的区域集群状态。随着农产品市场范围的扩大，需求拉动促进了区域农业产业分工的深化和细化，于是围绕特色农产品的生产资料供给，农产品生产、加工、营销等配套专业化服务组织及相关支撑机构日益产生。产业链上各要素单元的流动与整合使相关企业的整体价值大于单个企业增值的价值之和，逐渐向具有核心竞争力的产业集群发展。

5. 分工促进农业产业横向集成化

模块化生产是从生产工艺分工到功能分工的巨大变化，是从农业生产供给向农产品需求转变的阶段。这种变化会导致农业产业价值链发生相应的变化，其本质是满足消费者的多样化、个性化的需求，产业链向着多功能需求阶段发展。

随着各地特色优势农业生产的集聚，我国各地区农业比较优势越来越明显，优势农产品生产布局逐步形成。传统单一的农业生产正向现代农业转变，不断变革着农业产业结构与生产方式。原来简单的农业生产已不能满足城乡居民的消费需求，从而引起了农业产后分工的日益深化。

6. 国际分工与农业产业链延伸、扩展

分工不仅在国内进行，也在全球范围内进行。随着国际分工的深化，使得产业链可以延伸到国外，从而获得更大价值。农业国际化包括农产品国际贸易、农业生产国际化和农业投资国际化三个层次。农产品国际贸易使各个国家根据本国资源禀赋的特点，生产各自具有比较优势的产品，从而使世界各国农业呈现出区域专业化的分工格局。区域专业化的分工格局又带动农业生产要素的国际化，如农业机械、农业工具、农药、化肥等生产资料和种子、技术专利、农业初级产品的国际贸易等，从而使农业分工主要以水平分工为主发展为水平分工与垂直分工并存的格局。

农业跨国投资也是农业国际分工的主要推动因素，进而促进农业产业链的延伸。根据资本追逐利润的特性，资本将在产业链上的不同环节上追逐利润，特别是在价值环节较高的种子环节，以及农产品加工、农业服务环节等，同时也决定了资本在不同国家或地区市场追逐利润，当然由于跨国企业的跨国投资技术溢出效应，将有利于被投资企业、被投资地区技术进步，这些促进了产业链环节的深化、扩展，提高农业资源配置的效率。

二 农业产业链的演变模型与演变规律

根据农业分工从低层次向高层次的深化，农业产业链发展也是从低级向高级演变的过程，如图 2 – 1 所示。

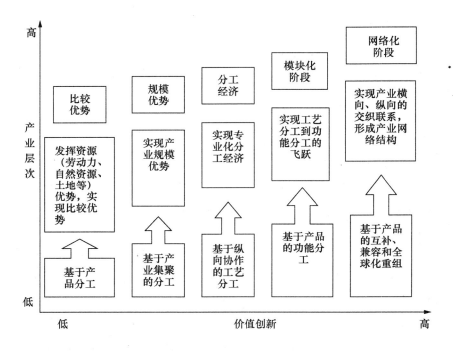

图 2 – 1　农业产业链的演变模型

（一）比较优势阶段

由于农业是与自然环境、气候、地理等因素紧密相结合的产业，它是按照各地的气候、自然条件进行区域专业分工的，各地区形成了特色农产品生产和加工行业，农业区域分工和分业分工的深化推动了专业化进程。各地区农业也不再千篇一律，它们发挥各地资源（劳动力、自然资源、土地等）优势，形成比较优势，并按照比较优势进行专业化生产，从而形成了区域化生产的格局。

（二）规模优势阶段

农业生产要素的分散性以及地理特性，农业组织规模呈现过度分散化，在发散的组织下很难形成竞争优势，这就需要农业分工的进一步深化。通过产业空间集聚，形成具有规模的经济，从而获得竞争优势。过度的分散化增加了运输成本，以及地方的保护主义，对规模经济的实现造成了障碍。产业组织的分散化，会使有限资源过于分散，企业规模趋小，生产成本居高不下。规模小阻碍了农业科研的投入，无法获得差异化优势。产业组织的分散化，割裂了产业联系，使得企业被分割在不同的区域空间，缺乏紧密的联系，无法享受外部经济。此外，产业组织的分散化，可能造成过度竞争，增加了外部的不经济。基于产业集聚的分工，可以有效利用专业生产要素市场和产品市场，实现产业的规模优势，并使集聚企业获得更多的外部经济。

（三）专业化分工经济阶段

随着收入的提高，人们对农产品需求变得多样化，具有资源禀赋的比较优势已不是获得竞争优势的唯一决定性的因素，依据市场的需求变动，不断推动服务的专业化、产品的多样化，才能不断获得竞争优势。专业化分工一般分为两种：一是横向水平分工，形成了规模经济；二是纵向协作分工，形成了纵向集成化，实现要素的整合与协调。

（四）模块化阶段

模块化生产的根本动因是降低系统的生产成本与系统的风险，并使上下游模块产生协同效应。模块化生产具有以下相对优势。一是形成多元柔性的组织结构。模块供应商可以不断适应环境的变化，满足市场的不同需求。二是形成多向网络治理关系。在模块化生产方式下，基于合同契约的单向治理关系向多个模块供应商的网络治理关系转变。三是形成模块化组织，突破空间限制，实现更大范围内的产业链的整合。四是增强抗风险能力。模块化的集成促进产业链形成立体式模块网络关系，产业链前后相互依赖关系，从而化解资产专用性风险。

（五）网络化阶段

随着经济全球化、信息技术的快速发展，纵向分工方式逐步被网络分工方式替代。纵向垂直的产业链呈现出网状结构，这样的产业价值链不是线性的关系，而是更为复杂的非线性网络关系。在知识经济的时代，农业产业价值链也会逐渐形成模块化网络组织，为农业的知识流动和技术创新提供了网络平台，带动农业网络组织升级，降低农业产业链风险，增强网络化农业产业链的竞争优势。

第三章　基于产业链运行机理的经济作物产业结构调整理论

第二章综述了相关基本理论，并指出农业产业链是本书的线索，因此本章从经济作物产业链运行规律中，构建经济作物产业结构调整优化理论，为以后的研究提供更扎实的理论基础。

第一节　经济作物产业链价值增值促进产业结构高度化效应

一　农业产业链价值增值分析

价值增值是价值活动过程中实现价值的增量变化，表现为效用价值和耗费价值的差额。价值增值一般体现在经济组织自身价值增值和经济组织之间相互协作实现的价值增值。前一个方面反映了产业链各个环节中的经济组织在自己的价值活动过程中，利用自身优势从而实现价值增值，这也可称为内部的价值增值。后一个方面反映了产业链各环节的经济技术关系产生活动价值增值，如具有不同优势的企业形成的战略联盟关系，从而实现了规模效应、乘数效应、溢出效应，进一步实现了整个联盟的价值增值。

产业链的各个环节都有各自的价值创造与增值方式，但各个环节之间也存在着价值传递通道。因此，当产业链形成后，各个环节必须通过各种经济技术关系或价值关系，打通价值传递通道，通过联结点把各价值链衔接起来，从而形成价值传递顺畅的产业链。产业价值链通过整合，协调各环节的价值活动，持续地对产业链进行设计和再设计，以不断实现产业链的价值增值。

二 经济作物产业链种植环节的价值增值

经济作物种植是产业链中最主要的环节，但从农业产业链发展规律而言，种植环节也有价值增值潜力小、利润低的特点。挖掘种植环节价值增值潜力，提高利润，保证农民收入的增长，经济作物种植环节的价值增值体现在以下几个方面：规模化、专业化生产，高品质、多样化的产品，种植风险的降低，劳动生产率的提高，生产决策的科学性等。

种植环节的价值增值方式有：第一，生产布局合理，促进区域规模化与专业化的生产。第二，加快提高技术创新与引进的力度，提高劳动生产率，降低成本，提高效益。第三，调整农产品结构与品质结构，提高种植环节的附加值。第四，加大政府支农政策力度，降低农民种植风险。第五，提高人力资本水平，促进生产决策的科学性。

三 经济作物产业链加工环节的价值增值

经济作物加工业发展水平是提升经济作物整体产业链效益的关键环节。按照产品加工程度和产业链条长度，经济作物可以通过初加工、工业化加工来实现产品的增值。所有的加工都与市场需求的总量、需求价值化水平以及市场竞争者对市场份额的分割程度密切相关。符合了上述要求，所有的加工方式，都可以实现增值的目的。违背了上述任何一个市场的要求，即使投资再大、产业价值链条再长，也不可能在市场上实现增值。经济作物产品加工增值方式见图 3 - 1。

经济作物增值的方式有三种途径。一是对产品质量分级、品牌化包装以及按照不同市场需求的品牌化分装。这样的增值方式主要依靠经营观念的转变和对市场多样化需求的准确把握，不需要太多的投资即可达到目的。二是依据传统文化、习俗和技艺的作坊式加工。纯粹的传统作坊需要转变为符合现代卫生与食品标准的作坊，这样既可以保留传统的文化，又可以实现增值。文化作坊指的是符合现代标准，又有文化与传统价值的技艺性加工增值的方式。三是工业化加工，也就是本书的含义。这种加工有 4 个增值梯次：①一般工业化加工。投资少，规模小的中小型企业，缺乏产品与市场的联系，增值效应小。

②特色资源的加工。无论是依据产品自身的特色还是市场专业化的特色，所组织起来的加工，都会实现增值的目的。③规模化工业加工。属于依靠市场占有率和产能的两项规模获得相对垄断利润的增值方式。④高技术加工。无论是技术方法、材料科技还是消费方式创新的高技术企业，都会享有科技增值的效益，同时也享有科技领先的竞争优势。

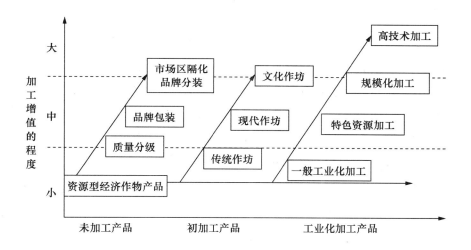

图 3 - 1　经济作物产品加工增值方式

四　经济作物产业链流通环节的价值增值

农产品从生产领域向消费领域的转移，实现了农产品与货币两种价值形态的转变。农产品产业链通过协议或契约将各个环节上的获得链接在一起，使各个流通主体专注于价值链中具有比较优势的活动，从而实现价值增值。同时，各个流通主体将各自的优势活动或核心能力置于整个产业链之中，通过价值链整合与协调获得产业链竞争优势。

流通可以解决生产与消费的内在矛盾，实现价值。众所周知，农产品的需求刚性和供给弹性较低使农产品生产及消费的矛盾尖锐地反映在农产品流通领域，若无运转良好的、能起缓冲器和减压阀作用的农产品流通体系,这一矛盾会进一步对农产品生产和市场稳定造成不良影响。在供不应求的买方市场结构下,流通渠道通过货币的价值手段,体现着消费者的需求和价值取向的选择,并以此引导和拉动产业的发展,同时,也将来自农村的农产品源源不断地流向城乡的消费市场。

经济作物流通可以通过农产品批发市场实现价值增值。批发市场可以通过专业化的服务促进经济作物专业化分工;批发市场的信息服务可以有效整合采购、物流配送和生产基地等环节,有效地组织科技、经济与生产的联合;批发市场可以选择和培育一批规范经营的大户经纪人,通过项目合作、参股协助等方式,实现各方的价值增值。

经济作物的国际市场流通提高了价值增值的能力。由于经济作物一般都是大宗商品,需要较高的加工程度,因此,经济作物的市场范围更广。在这个市场等级中,国际市场的盈利幅度最大,盈利能力也最高。如果说对外贸易是产业链国际化的先导,那么我国农产品在海外市场的品牌化份额占有将是产业链国际化的质变期,而农业企业通过海外投资与合作的跨国经营则是产业链国际竞争力提高的重要标志。

五 经济作物产业链消费环节的价值增值

经济作物的生产和加工,其目的是为了消费,即最终消费品的使用。从产业链角度看,只有其最终产品得以消费,产业链整体价值才得以实现,因而消费是产业链的关键一环。但消费领域不同于生产和流通领域,它有自身的规律特征。

消费环节的职能是最终实现价值。按照"需求决定价值、需求决定方式、需求决定产业和需求决定政策"以及"供给能力和品质决定生活质量"的现代市场经济理念。在消费环节,经济作物要满足消费者需求,得到消费者评价,提高忠诚度,确立品牌,这就需要经济作物产业链的主体提高市场营销能力。市场营销能力主要体现在:寻找产品的目标消费者;满足目标消费者的需求;赢得目标消费者的认可;在目标消费者心目中创立品牌、树立形象,并赢得消费者的持续购买,促使产品在消费市场上获得一定的份额。

六　经济作物产业链服务环节的价值增值

经济作物产业链的农业服务与一般农产品服务一样，如果农业服务体系与现代农业不相适应，将制约着产业链整体价值的实现，产业链竞争力的提升，产业结构的优化。现代农业服务体系的建立也将推动农民进入农业产业链的高端，参与农业产业链的利润分配，共享农业产业链利润。现代农业服务体系是集信息服务、技术服务、流通服务、金融服务与产品质量安全保障服务等于一体的服务体系。完整的服务体系可以为产业链提供以下价值增值：

第一，激发农民生产积极性、提高劳动生产率。农业产业价值链的一体化服务体系，可以有效加强生产主体之间的联系程度，激发广大农民从农业生产向价值链各环节延伸的积极性，提高劳动生产率。

第二，有效解决农业产业价值链中的"多、小、少、低"的困难。农业合作社等服务组织，可以把独立的农业生产集中起来，形成集中优势；可以有效地向农业生产提供资金支持，解决资金投入不足的问题；可以缓解农业生产风险低、成本高、利润小的矛盾。

第三，推动农民分享农产品产后价值链利润。现代农业服务体系促进了产、加、销一体化，大幅度提高了农业产值。农业服务一体化体系，有效地克服了农民在农业价值分配的边缘化状态，形成了风险分担、利益共享的产业链价值分配机制。

第四，降低了交易费用，解决信息不对称程度。农业服务一体化体系，为农户收集信息、获取与利用信息提供了服务平台，有效地节约了交易费用。此外，现代农业服务体系使农业信息在产业价值链的运行中流动更加顺畅，降低了各环节信息的不确定性。

第二节　经济作物产业链的纵向价值转移

一　经济作物产业链的纵向协作形成机制分析

经济作物产业链具有产业链条长、宽度厚；育种环节、加工销售环节价值高，种植环节价值低；受出口贸易影响大，价格波动剧烈；

易受政策调整影响等特征。为克服以上困难，客观上要求加强各环节的纵向协作。本节主要以种植与加工两个环节为例，总结经济作物产业链纵向一体化的形成机制。

目前，经济作物产业链还没有完全纵向一体化的组织，其纵向协作关系主要以合同为联系。根据合同双方的责任不同，合同可以分为销售与生产合同，销售合同中农户在生产过程中自主决策，承担生产风险，并对农产品的质量、数量、交易时间、价格和地点负责。而生产合同不仅对价格等条件进行约定，还为农户提供生产资料等投入品。因而，生产合同对农户的控制力度与范围比销售合同高，农产品面对的生产与市场风险是由合同的双方共同分担。通过生产合同，不仅减轻了农户生产与市场销售的压力，提高生产经济作物的数量、质量，而且降低了加工企业产品来源的风险，保障了经济作物产品的供应渠道。农户与收购加工企业由于对价值的追求、风险规避的渴望，通过纵向协作试图增加效益，成为纵向协作的驱动力。而价格、技术、产品与服务等信息成为实现纵向协作的载体，形成了传导作用。此外，农产品管理制度、市场竞争结构的变化促进了经济作物产业链纵向协作。

（一）纵向合作形成的动力机制

第一，风险规避。目前经济作物不仅面临着种植时的自然风险、销售价格波动幅度剧烈的风险，而且还面临着合同风险等。自然灾害、病虫害是经济作物产量减产的较大威胁，而农药污染是经济作物产品质量安全的主要风险。目前，大多数经济作物面临着价格波动剧烈的风险，如棉花、油料作物、糖料作物等价格均存在"过山车式"的价格波动。此外，有些经济作物也存在长途运输损耗的渠道风险。而且，由于农户与加工企业的信息和力量不对称，常常会遭受合同违约的风险。因此，风险规避是农户与加工企业建立稳定的纵向协作关系的动力。对于收购加工企业来说，同样面临市场价格波动风险，以及经济作物产品质量不稳定而引起的收购渠道风险等。大部分经济作物产品的市场价格受到了国际市场的很大影响，市场价格变幻莫测。此外，农户多以自身利益最大化为目的，把产品卖给出价高的收购者，这加剧了价格的波动。因此，收购加工企业为了获得稳定的经济作物原料，价格相对稳定，同样也有纵向协作的积极性。农户与收购加工企业对风险的规避，成为纵向协作关系形成的原动力。

第二，价值增加。价值增加是纵向协作的能动力。通过纵向协作，农户和收购加工企业均可享受到交易费用降低的好处，同时，提高了资源的转换效率，最大限度地产生了增值。其实，农户参与纵向协作最看重的就是能够增加收入。

（二）纵向协作形成的传导机制

传导是由信息来完成的，而信息的载体是多种多样的。对于经济作物产业链纵向协作关系的传导机制来说，信息传导的载体主要有经济作物产品的生产数量和质量信息、价格信息、生产技术信息、生产服务信息等。这些信息通过反馈，分工与协作，合理配置资源。通过信息的流动了解双方生产经营状况，通过信息的流动可以使双方了解市场行情，调整经济作物生产或收购经营策略，通过信息的流动可以有效提高合作的示范效用，促使未参加合作的农户积极纵向协作。在传导机制中，市场价格信息起到了绝对的主导作用，双方通过价格信息安排各自的经济活动，配置资源，从而获得较高的利润。因此，这需要参与主体对经济作物产品市场价格做出合理的判断，保障双方都有利，并合理分配产业链的利润，促进合作顺利。

（三）纵向协作形成的促进机制

为了促成纵向协作，需要通过产业政策优化市场结构、产品结构，提高市场绩效。经济作物（如棉花、油料、糖料、烟草等）价格制度和流通制度等政策变迁，影响着纵向协作关系的变化。由于农户本身知识的不足，只能被动接受政策。农户按照既定制度与政策及其变化，不断调整与优化其生产活动来适应市场需求的变化。此外，农户还依靠市场交易、社会化服务体系以及不同的分工来完成经济作物产业价值链环节的不同作业。而对于加工企业来说，其对政策的分析具有更大的优势。产业政策主要通过促进市场竞争，稳定农产品的市场价格，促进加工企业为农户提供更高的收购价格，更好的优质服务，保护农户利益，以信誉赢得信任。

二 经济作物产业链纵向价值转移分析

在经济作物产业链的种植环节中农业生产规模普遍偏小、普遍分散、机械化程度相对较低，农户几乎没有对经济作物产品市场价格的控制力，加上农业生产资料价格上涨，如果国家没有补贴，种植环节的利润是很低的。种植环节的利润由于农业生产资料价格的上涨，种子企业的垄断，而转向育种环节；由于农产品的精深加工满足了不同的个性需求，而转向精深加工环节；由于物流、科技、咨询、销售等服务可以延长产品的生命周期，创造更多的价值，从而转向服务环节。

（一）价值从种植环节向精深加工环节转移

精深加工改变了农产品的物理与化学特征，可以更大限度地满足市场需求，提高农产品的价值，拓展农产品的增长空间。然而，我国农产品深加工产业比较落后，由此造成我国农产品附加值低。在我国，由于农户与加工企业缺乏紧密的利益共享、风险分担机制，双方缺少明确责任，导致农产品交易的短暂性与松散性，这使农户在产业链分享利润的比例较低，较大的利润流向了加工与流通环节。

（二）价值从种植环节向服务环节转移

在经济作物产业链中，种植环节已成为一种典型的低利润区，利润已从种植环节向销售、技术咨询、收购与物流等服务环节转移。服务环节同样能够创造价值，因为服务是持续性的，服务质量的好坏，直接影响顾客对产品的依赖性和忠诚度，直接决定了利润的多寡。对于农产品来说，如果为农产品生产提供更多更好的服务，农户倾向于签订长期的服务协议，特别是生产技术服务、市场销售服务等。其中，农产品销售服务更是一种稀缺资源，需要长期的整合后才能形成稳定的销售渠道。因此，当农产品销售企业或流通企业为农产品销售投入了大量的专用性资产后，形成了强大的销售网络，将降低销售的成本，提高农产品的市场集中度，增加获得利润的可能性。

（三）价值从种植环节向研发环节转移

价值活动可分为基本活动和辅助活动，企业一般在这两类价值范围内竞争。但随着分工的深化，企业的竞争更趋向于创新，创新在不断获得价值的源泉，而创新又决定于研发，因为它可以使企业由低端价值向高端价值转移。创新是难以在短期复制，是独一无二的生产要素，可以长期使企业占据价值链高端。对于农产品生产来说，使用的生产要素一般是资本与劳动力，较容易获得，其竞争优势来源于更低的劳动成本以及更多的资本存量，竞争激励，农产品生产利润空间不断受到挤压。但对于农产品生产资料的供应环节，特别是种子环节，需要不断地研发以满足农户生产的需要，通过创新可以形成高度的垄断性，使种子环节处在经济作物产业链的高端位置。

（四）价值由实体环节转向虚拟环节

在科技迅速发展的推动下，要走向现代化农业，其中一条途径就是实现农业服务的现代化。服务经济和体验经济是一种非物质经济，是一种价值更高的虚拟经济方式。一种产品不仅要满足于消费者对产品物理特性的需求，而且要满足于该产品的品牌价值、体验价值等，对消费者来讲，对产品的忠诚来自虚拟价值。对于农业产业链来说，虚拟农业产业链的构成要素主要是知识、文化、技术等反映在农业经济活动上，体现出农产品的民族文化、自然生态等无形的价值。虚拟农业产业链与民族文化的融合性、渗透性，运用知识和技术，产生出新的价值。通过虚拟农业产业链的知识文化与技术要素的创新，满足了人们多元文化的需求，也创造了更高的价值。

第三节　经济作物产业链的模块化分工协调

一　农业产业链模块化组织形成的原因

（一）市场需求的变化是模块化生产组织形成的外部动力

目前，农业产业链的组织模式，比较典型的是以"公司"为核心，加上农户或农民合作社的一体化组织，通过农业企业与农户签订规范化的农产品远期交易合同，形成农业企业和分散农户的产业链纵向合作关系。核心厂商对农产品进行模块化分工，不同的厂商进行不同的环节，从而满足市场需求多样性和层次性的变化。市场需求的变化促使了产业链中价值转移到育种、销售等阶段，这也使原来不是核心的模块，成功提升为产业链各环节的重要模块，也促使农产品加工企业、农产品流通企业、农民合作社等为核心的模块化组织的形成。

（二）技术创新是模块化产业组织形成的内部动力

创新是价值增值的动力，价值也总是向具有创新的模块流动。农业的技术创新，降低了农业生产的成本，提高了农业生产资料的效率，促进了资源的合理配置；其技术创新增加农产品品种的多样化，从而不断满足市场多样性的需求，促使了农业产业规模的不断扩张，农业生产能力不断提高；农业的技术创新促进了农业产业成长升级，这种质的跃迁是农业产业成长的本质所在。农业产业链技术创新能力的提高，是由农业生产资料与农业加工的技术创新共同完成的。每一次创新都会导致农业产业链的优化重组，一些新的模块出现，而另一些模块逐渐消失。每一次创新，使得农业产业链中各种模块的功能不断升级，结构不断优化。

（三）全球价值链的分工促使农业产业链模块化组织形成

农业产业全球价值链的分工将农产品价值链分解后水平布局在不同比较优势的国家或地区，形成了一种模块化跨国网络分工组织模式，通过农产品价值链的不同环节的模块功能性生产与服务，跨国主导企业整合了全球优势要素，把生产分工以模块化方式扩展到各国产业分工体系内部，促使了农业产业全球价值链模块化分工网络为载体的产业联动发展和结构分化过程。

农业产业全球价值链的控制权逐步转移到产业链的两端，因此，技术研发和市场营销两个位于农产品产业链的高端环节，成为农业跨国企业争夺的重要目标。发达国家的农业跨国企业通过控制价值高端环节，分离出价值低端环节，重新布局和整合，形成高端价值国内化、低端价值国外化的模块化网络组织模式，从而使分布在不同国家或地区的价值环节之间建立起一种高度依存的关系。

二 模块化组织协调机制

农业产业链作为产业价值链环节中相关主体利益冲突和合作的载

体，采取何种制度安排和治理机制，以实现人、财、物、信息、技术
等要素资源的有效配置，形成有效的激励和约束机制，是农业产业链
分工协调的重要内容。从组织链的角度，通过策略联盟的治理、龙头
企业的协调、农业产业集群促使农业产业结构的优化，建立合适的组
织方式和利益联结机制，加强关联主体之间的沟通与协调，形成有效
的协同行为，从而实现资源优化配置和产业竞争力的提升。

（一）农业产业链的纵向治理策略

当前在我国农业产业链运行中，个体农户、合作组织、批发市
场、农产品加工企业、零售商等各种农业产业组织之间形成了复杂的
网络结构。根据农业产业链关联主体不同的组织和利益联结方式，把
个体农户、农产品加工企业与批发商（零售商或外国进口商）等相关
主体治理结构划分为市场型、契约型（包括双方治理和三方治理）、
一体化和混合型产业链治理结构。

尽管农产品加工等企业自身的规模、实力存在差异，但在经营过
程中都需采用资产专用性强的机械设备，面临交易频率高的原料采
购，以及农民机会主义、有限理性引发的诸多不确定性等，他们基于
交易成本最小化或利润最大化的原则，总是力图建立相对稳定的组织
联结机制，形成了符合企业实际的多元化治理机制。农产品加工企业
与农户进行合作经营时，自身不种植或仅少量种植农产品，主要采取
订单农业解决原料供给问题，实现"农户＋加工企业＋批发商（零售
商或外国进口商）"或"农户＋基地＋加工企业＋批发商（零售商或
外国进口商）"的契约一体化运营方式。这种契约型的组织形式，不
仅把农户与加工企业、销售商连接起来，也把农户联合起来，按照风
险共担、利益共享的运行机制，使个体农户小生产与大市场相联系，
从而促进了农业产业化和产业结构升级。但在"农户＋加工企业"的
产业链组织结构中，完善农户与企业契约关系是产业价值链分工协调
的重点和难点。首先，以利益风险机制转移为突破口，完善双方治理
型契约结构。其次，由双方治理型向三方治理型契约结构演进，如
"企业＋合作社＋农户"与"企业＋大户＋农户"等组织形式。合作
社或大户主要起了协调农户与企业利益关系的职能。再次，由准市场

的契约关系向混合型治理结构演进。无论是"农户＋加工企业"还是"企业＋合作社＋农户"和"企业＋大户＋农户",都是契约维系型的组织模式,难以克服契约的不完备性、违约风险。有些加工企业正试图采取"农户＋基地＋加工企业＋零售商"混合型治理结构,在不同产业链环上采取不同的治理结构,同时采用产权链和契约链来稳定和规范组织交易行为和利益关系。最后,用纵向一体化代替准市场的契约关系。这种类型将农产品生产、加工和营销都直接集中于一个企业内部,免去了许多中间环节,降低了各环节的交易成本,加快了投入加工和投入市场的速度。

(二) 农业产业链的横向联盟策略

农业产业链上农产品育种、生产、加工和销售等诸多环节中,分别由种子公司、农户、加工企业和流通组织承担相应的职能。加强农业产业链条上纵向合作,有利于增强契约的稳定性,降低交易成本,提高产业链的运行效率。但是,提高产业链纵向合作,离不开农业产业链条上育种、生产、加工和销售等环节中的横向联盟,农民合作组织代替单家独户的个体农民与市场打交道,有利于发挥规模经济效益,降低产业链环主体之间的交易成本。

1. 培育农民专业经济合作组织为载体的生产者联盟

首先,培育农民专业经济合作组织可以有效降低交易费用。由于单一农户的购销批量小、交易次数多,于是交易费用多,包括信息搜寻费用、交易签约费用和交易履约费用等。作为农民利益共同体的农民专业经济合作组织,具有较高的组织化程度,可以为农户扩大市场,降低交易次数,提高交易效率。同时,单个农户还可以获得合作组织在产前的生产资料供应、产中的技术和信息服务等,可以专注于农业生产,提高生产效率。合作组织可以为农户提供谈判服务,处理市场纠纷,从而提高农户与企业的谈判能力,增强农户参与交易的力量。

其次,培育合作组织是促进农业产业链模块化协调分工的重要载体。针对个体农户在生产资料采购和初级农产品销售中的弱势地位,加强产业链中农民的横向联合就显得十分重要。要在农业投资密集区，围绕区域专业化、市场化程度较高、规模大且专业农户多的产品如茶叶、油料、烟草、中药材、棉花等，大力培养专业性农民经济合作组织，形成"企业＋经济合作组织＋农户"结合方式，增强契约型产业价值链的稳定性，降低企业与农民的谈判成本。农民自己的合作组织在种子等生产资料供应价格和农产品销售价格方面与企业进行集中谈判，从而形成对生产者、消费者、经销商、加工企业均有利的公开、公正、公平的农产品交易规则，在个体农户与加工企业之间建立契约制度。同时，农民经济合作组织通过龙头企业的生产技术辅导，有利于提升田间管理，建立生产管理、分级包装等标准化作物流程；通过实施联盟单一报价机制，分级分类，提升品牌优质农产品价格，形成质量与价格之间的良性循环。

最后，完善治理机制是提升经济合作组织运行效率的关键。目前，农民经济合作组织主要有两类：一类是专业协会，另一类是农民专业合作社，其中包括少量的股份制合作社。但由于农民自身的社会意识、文化程度的局限，经济合作组织很难构建合理的制度规范；农民专业合作社产权依然模糊，难以形成有效的产权激励。因而农民专业经济合作组织存在诸多制度缺陷：第一，组织管理机制不完善，如宁夏泾源米岗中药材协会，虽然设有监事会、理事会，但它是由6位种植大户控制的专业协会。协会的权力分配不合理，组织治理机制不健全，普通会员不能有效行使监督、决策权力，利益得不到体现。第二，经济合作组织的利益分配机制不够规范。经济合作组织一般按照交易额返还利润和按股份分红的分配制度，有的过分突出交易额返还，有的过分突出按股分红，这都使合作特性被削弱。第三，经济合作组织的市场化服务功能较弱。由于经济合作组织规模小、资金有限，人才短缺，对内部成员服务与对外经营实行双重体制，使经济合作组织不能有效贯彻为社员服务的宗旨，服务功能弱化。

2. 培养产业链品牌为载体的农产品产销联盟

农业产业链协调成功与否取决于整个产业链的效益，而产业链的效益取决于"品牌＋标准＋规模"的经营体制。其中品牌售后终端是产品实现利润增值的主要手段，没有终端产品的品牌溢价，就没有整个链条价值的提升，风险就无法避免。农产品产业链品牌是基于产业链协同作用下的整链品牌，基于工农各自比较优势构建起来的农业产业链品牌是对原有链条各自品牌的一个提升。这是由产业链各核心价值链集成的产业链整体价值的重要表征。农业产业链品牌至少包括以下含义：农业产业链品牌是以核心企业的最终农产品品牌为主要载体。品牌作为农产品的自然属性和文化内涵的集合，是农产品营销的重要载体，因而农产品直接影响着农业产业链品牌的竞争力。农业产业链品牌是依靠产业链核心企业品牌影响力作用而整合形成的。一个完整的、自成体系的农业产业链总是通过核心企业的影响力、带动力，凝聚产前、产后诸环节的实力，通过纵向兼并、重组和横向联盟等方式，发挥其品牌的影响力而逐步形成的。培养农产品品牌，建立农产品产销联盟，以龙头企业为经营主体，可以有效提高农产品的附加值，促进农业和农村经济的可持续发展。培养农产品品牌也是实现市场价值的重要保证，只有农产品品牌形成与发展才能满足市场需求的不断变化。培养产业链品牌还是农产品在国内外市场立足的根本，能抵御国外农产品的市场冲击。

（三）以核心企业为主的协同管理

1. 以核心企业为主的农业产业链协同管理

农业产业链协同管理是指核心企业对各环节进行协调与要素整合。通过协同管理可以识别出战略性高附加值环节，从而获得价值链的增值和市场竞争力。如果农产品生产地区还不能控制战略性高附加值环节，必须通过合作，加大资金与技术的投入，加大创新力度，最终转化为核心优势。对于农业产业链，其价值分配也呈现出"微笑曲线"，农资企业、育种、物流、消费等环节属于高附加值环节，加工环节次之，生产环节位于最底端。通过不断识别价值链的高附加值环节，对价值链上的附加值进行合理分配，促进整个农业产业链的协调发展，以提升农业产业链竞争力。

2. 以农产品加工企业为核心的价值链协同管理

一般来说，农产品加工企业在农业产业链中处于比较优势地位，而农户由于分散经营，组织化程度低，处于相对弱势地位。但农产品加工企业可以利用控制能力，通过契约等形式组织农户专业化生产，形成了以农产品加工企业为核心的农业产业链系统。农产品加工企业具有较强的市场统治力量，不仅可以满足稳定的农产品供给，也可以为农户提供生产标准和技术支持。以农产品加工企业为核心的价值链协同管理是通过加工企业对产业链的整合，带动上下游环节的协调，最终形成统一的价值链管理系统。价值链管理系统的运行机制包括利益分配机制、统一的战略管理机制以及价值链绩效评估机制，通过契约等把加工企业与农户或农民经济专业合作组织联系起来，并规定双方的权利和义务。在价值链协调管理过程中，加工企业可以对价值链系统中的业务流程进行重组，通过信息化建设提高协同管理效率；加工企业还可以通过对核心业务的开发，来提高竞争能力，降低交易成本。

3. 以农产品物流为核心的价值链协同管理

对于大宗农产品（如棉花），通过建立农产品物流配送中心，可以有效连接价值链上下游环节，形成农产品供应的流通渠道，满足消费者日益增长的多样性消费需求。农产品物流配送中心构建加工、贸易、物流一体化流通渠道，可以有效地减少流通环节，提高流通速度，降低流通成本。农产品物流配送中心一般以大城市为载体，组织实施农产品物流，并向农村等广大地区扩散。农产品物流配送中心可以由农产品批发市场或零售市场发展起来，采用先进的信息化手段，通过对农产品物流的整合，完成连接生产、加工与销售的核心环节。

（四）产业集群促使农业产业结构的优化

在价值链分工中重要的一点就是各企业要确定自己企业价值链的区位，从而降低外生交易成本，而产业集群可以较好地促进企业间的合作，降低外生交易成本，成为价值链区位选择的主要方式。

农业产业集群有利于农业产业链的协调，从规模上看，农业产业集群的规模更大，专业化分工更深、更细，有利于产业链厚度和宽度的拓展；从形态上看，农业产业集群的产业链呈模块化网络状，有利于产业链的模块化分工协调。产业集群形成了模块化分工和集中化为特征的"网络结构"，提升区域农业产业组织的协调能力。模块化分工的农业生产、加工、营销等中小企业集中在一起具有群体效应，降低了管理费用和经营成本。模块化网络结构可以使农业产业链上下游企业以及同行企业之间形成相互竞争、相互学习的机制。网络结构是由一批对竞争起着重要作用的、相互联系的产业和企业模块化集合而成的，各企业间模仿学习，共同研发并提供相关的服务。网络结构符合未来产业组织结构的发展趋势，具有较强的生命力。网络结构改变了农业企业彼此孤立分散的状态，便于集中统一管理，把过去那种直接对抗、竞争的关系，在一定程度上改为能够统一和协作，克服在经营管理上"小而全"的缺点，增强产业价值链的竞争能力。

第四节　经济作物产业链的"三流"整合

一　"三流"协同发展

产业链是一个包括组织链、物流链、价值链的复合体系，产业链前后关联环节之间包含着价值流、物流和信息流的有机整体。经济作物产业链各环节上要素资源整合和相互间的拉力和推力作用，是以产业链各个环节物流、信息流和价值链的协同发展为前提的。"三流"中的任何一个方面，由其他专业化组织予以执行，从而农业产业组织结构发生了重大变化。农业产业价值链整合，需要研究农产品物流服务的信息沟通机制，农产品贸易的路径选择，农产品物流合作的组织模式和农产品贸易的金融服务配套体系等，研究如何引入供应链管理，针对不同的农产品属性，设计物流管理系统，实现农产品的物流、信息流和价值流的畅通。

经济作物产业链整合的重要目标导向是稳定产业链各环节的合作关系，实现农产品价值链管理。价值链管理是指在长期内为满足特定的市场需求和实现链环上各参与主体利益共享而进行的战略性联盟的组织活动，它是通过对价值链中各成员的物流、信息流和价值流进行计划、协调与控制，以最小的成本为消费者提供最大的价值与最好的服务，从而提高价值链运行效率与经济效益的动态过程。价值链管理无论是采取市场交易、战略联盟，还是采取纵向一体化等不同形式协调价值链环上的参与者，从不同维度看，农业产业链环之间的技术经济联系都表现出物流、信息流和价值流的统一。经济作物产业链整合需要按照产业链"三流"运动的规律，构建符合现代农业发展趋势的物流、信息流和价值流服务体系，实现农业产业链条上的信息共享、物流顺畅、价值增值与利益合理分配。

二　经济作物产业链整合与物流体系构建

经济作物产业链各环节通过一系列物流及信息传递，组成一个有机整体，构成了经济作物物流运作系统。物流系统的有效运行需要一个主体起主导作用，才能达到系统应有的作用。

（一）"企业 + 农户"模式

此模式分为"加工企业 + 农户"与"流通企业 + 农户"两类。农民与企业通过签订合同的方式组织生产，根据合同确定农民的生产，解决了农产品的销售问题，降低了农民生产的风险，也提高了生产效率。对于企业来说，可以获得稳定的产品来源，减少交易环节，提高了物流效率（如图 3 - 2 所示）。

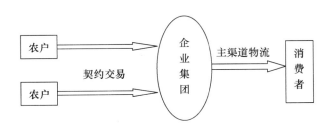

图 3 - 2　"企业 + 农户"模式

（二）农业生产合作组织模式

在此模式下，农民在农业生产合作组织的带动下，进入农产品市场，再通过物流配送到消费者。因此，农业生产合作组织模式可以解决农户获得信息困难的问题，农户可以形成合力提高谈判能力。农民通过农业合作组织参与市场竞争，产品可以从农户直接通过主渠道物流进入市场，减少了交易环节，降低了物流成本。我国西部地区农业合作组织化程度低，缺乏独立产权的经济组织，制约了农业生产合作组织模式的推广（如图3-3所示）。

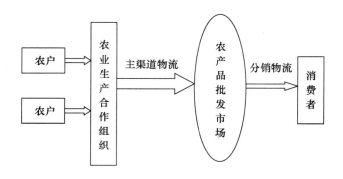

图3-3　农业生产合作组织模式

（三）农产品物流园模式

农产品物流活动集约化、一体化是农产品物流的发展趋势。而农产品物流园集中了农产品的物流、资金流、信息流并进行协同管理，完善了批发市场的集散功能，实现了农产品物流活动的集约化、一体化。

农产品物流园区本质上是具有综合物流功能的空间集聚体，可以提供多种物流服务以及物流设施，并把不同类型的农产品物流企业集中于农产品物流园区，以获得规模效应与集聚效应，从而形成整体优势，并得到优势互补。但在建立农产品物流园区时，对资金、技术、管理等方面的协调都提出了极高的要求，在一定程度上制约着农产品物流园区模式的推广（如图3-4所示）。

（四）经济作物物流组织模式选择——以广西糖业为例

食糖物流是指甘蔗的生产物流及食糖的销售物流。首先是甘蔗的生产物流，蔗农把甘蔗卖给糖厂，而不是自己榨取蔗糖。而糖厂与蔗农以契约形式，按照订单收购甘蔗原料，蔗农按政府定价出售给糖厂。其次是食糖的销售物流，糖厂所产的蔗糖，通过销售渠道，主要供应给居民食用糖和工业用糖。

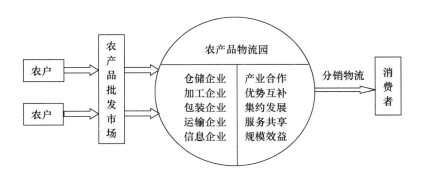

图 3 - 4　农产品物流园区模式

广西糖业物流体系主要是依托食糖批发市场发展起来的。广西糖业主要以双批发市场作为现行的物流模式。蔗农与糖厂通过契约规定收购条件，而蔗农以此作为生产的基础。糖厂将加工后的食糖，先经过产地批发市场再到销地批发市场，然后再经过分销渠道供应给消费者或工业企业。具体流程如图 3 -5 所示。

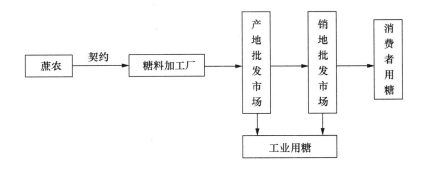

图 3 -5　广西食糖现行流通模式

目前，广西现行的糖业物流体系以批发市场模式为主，但批发市场是由众多的批发企业构成，物流规模小，物流环节多，物流效率低。首先，糖业物流环节多，从图 3 -5 来看，从蔗农生产原料到消费者用糖或工业用糖，需要经过 4 个环节，导致物流成本过高，物流效率低。其次，以批发市场为主的糖业物流运行机制，糖业批发市场与糖料加工厂、蔗农等之间缺乏物流信息的共享。目前，广西三大食糖批发市场依托电子商务构建了各自的物流配送系统，但信息服务水平不高，物流信息不能有效整合，存在重复建设的问题。

鉴于以批发市场为主的食糖物流发展模式存在的问题，需要对广西食糖物流运作模式进行重构，才能有效提升广西食糖物流发展水平。把糖厂与产地批发市场组成糖业集团，构建蔗农—糖业集团—销地批发市场—消费者的物流体系。蔗农与糖业集团以契约联系起来，减少了产地批发市场这一环节，提高了物流效率，降低了物流成本。糖业集团拥有强大资金实力和管理能力，完善的物流配送体系，随着糖业集团实力的不断增强，对各个环节的整合，企业化物流发展模式将成为食糖物流发展的趋势。近年来，随着糖厂资产重组与企业改制，竞争力较强的糖业集团逐步发展起来，在广西政府的支持下，原有 95 家糖企中的 67 家组建了 15 家大型糖业企业集团。日处理糖料能力达到了 30 万吨，增大了企业规模，也实现了区域的集中，优化了糖业的产业结构（如图 3 - 6 所示）。

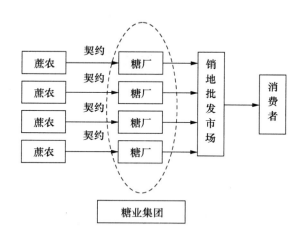

图 3 - 6　基于糖业集团的糖料作物物流发展模式

三　经济作物产业链整合与信息共享机制

农业产业链信息流是指整个农业产业链上的信息流动。它表现了一种虚拟形态，总是伴随着物流的运作而不断产生，在物流活动的范围内与物流进行着反向的流动。信息流是农业产业链稳定运行中价值流、物流的先导。加快经济作物产业链整合，利用现代信息技术，整合物流、信息流、价值流，建立农民、加工企业、流通企业与消费者等信息共享机制，提升农业产业链运行效率。

　　信息链作为一种虚拟形态，是物流链和价值链的先导。经济作物产业链的虚拟整合，可以克服产业价值链中信息流的"长鞭效应"，降低信息不对称程度。通过网络平台和信息技术将加工、流通企业与农民联系起来，使处于不同关系界面的企业能够通过模拟现实中的商务过程进行有关的合作，实现双方或多方之间的功能和能力互补，以形成整体上的优势。

　　（一）加强经济作物产业链全过程的标准化建设

　　西部地区需要学习国外以及国内发达地区农业标准化发展模式，围绕着国家标准、行业标准、地方标准和企业标准，以及农业服务的化工、水利、机械、环保和农村能源等方面的标准，主要包括农业基础标准、种子和种苗标准、产品标准、方法标准、环境保护标准、卫生标准、农业工程标准和工程构件标准8项内容。并在有条件的地区建设标准化示范区，重点构建农业标准体系、配套实施体系、检验与监测标准体系、认证体系和推广服务体系，提高示范区产地环境的清洁无害化水平、生产操作的规范化水平、产品的质量安全水平、品牌培育意识水平和对农民的辐射带动促进水平，为农业信息网络体系建设提供基础。

　　（二）构建以核心企业为中心的产业链信息管理平台

　　产业链的信息管理应当加强建设以信息流管理为基础的供应链管理，围绕核心企业，连接产品生产与流通过程中的原材料供应商、生产商、批发商、零售商以及最终消费者的供需网络。由于农产品销售范围广，产销时间空间距离远，西部农业产业链的信息管理应以供应链理论为指导，建立以核心企业为中心、产供销一体化的农业信息流、物流供应管理体系，是降低物流成本，提升企业竞争力的重要内容。

（三）构建基于电子商务的农业企业内部信息支撑平台

建立农业产业链环上关联主体之间的电子商务平台，加快信息化建设，形成电子商务下的农业产业链物流信息支持体系。首先建立农产品信息公用知识平台，健全农产品信息的收集、加工和更新机制，为农产品的种植生产活动提供决策服务。其次建立农产品数据库的信息集成，协调农产品关键数据，对产业价值链进行有效控制，不仅有利于改善当前农产品流通中的信息传递滞缓、效率低下的局面，也能促使传统农业向现代农业的转变。

（四）培育以第三方信息流中心为载体的产业链信息共享平台

第三方信息流集成的有效方法和策略是企业内部与外部的信息由专业化信息管理部门完成，为产业链环节的信息获取、收集与整理提供支持。

它通过协调产业链环上企业之间的信息流获取方法和提供信息流的支持服务，把企业的信息流业务外包给专业化的信息流管理部门来完成。产业链环节的各个企业外包给第三方信息流承包者，有利于促进产业链分工深化，各个关联主体才能够将时间和精力放在自己的主管业务上，提高农业产业链运作的效率，降低运营成本。由于行业公共信息具有公共产品的性质，加之西部地区农业核心企业规模普遍偏小，因此，由行业协会或政府部门协调与指导，构建第三方信息流中心，为产业链提供农产品信息服务，减少信息扭曲与时滞，降低产业链的运作成本与市场风险，满足消费者的需求。

第五节　经济作物产业链协同管理

从价值维度看，产业链运行过程是一个价值创造和价值实现过程的统一；产业链越长，价值增值的环节就越多。产业链理论是企业价值链理论的深化。产业链则是由处于产业链中各个企业价值链整合而成，代表着产业链多维属性中的价值属性，产业链描述了各个企业在产业链中传递、转移和创造价值的过程，为产业链的关联主体提供了经营战略并发现自身比较优势所在，由此取得利润最大化。企业的价值链之间会产生协同效应，其主要途径是整合、衔接各企业的价值链，在产业链的价值组织形式下发现和创造出更多的价值。一个完整的价值链代表了产业链的价值属性，是一系列创造价值活动的综合，是与物流、信息流等紧密相连的有机统一体。

农业产业链是产业链中的具体形式。目前，经济作物产业链已经从价值链低端生产环节向高端的加工、研发、销售和服务等环节延伸拓展，加强产业链协调管理、优化价值链分工和利润分配，是经济作物产业链整合的重要内容。

一　确立"风险共担、利益共享"产供销利益协调原则

产业链整合是多元主体在共同利益上的联合，其本质是经济利益一体化，其基本原则是"风险共担、利益共享"。多元主体共担风险是它们共同的义务，也是利益共享的前提。"利益共享"即合理分配农产品加工运销增值的交易利益，关键是要建立有效的利益联结机制。只有当核心企业充分利用资金、技术、信息、品牌、规模和管理优势，实现产业链诸环节的资源优化配置，所产生的产业化经营效率，明显高于单个农户经营的边际生产率时，个体农户就会自觉融入产业链中。要优化当前产业链，要使生产环节、加工环节和销售环节形成长期稳定的契约关系，加强产加销之间的联系，建立起产业链环上多元主体的利益纽带，实现产业链条的无缝对接。

二　建立稳定的产业价值分配机制

农产品具有生产周期长、成熟期集中的特点，农民在生产过程中需要承担生产风险、市场风险与时间风险，相比之下产业链下游风险要小得多。一般而言，利润分配与承担的风险应成正比，承担风险越大，利益分配越多。在农业产业链分配机制中，应考虑风险因素，调整成员之间的价值分配，以保证农民能从价值链获得更多的利益。

三　推动产业链升级，拓展价值增值空间

农产品如何实现价值增值是现代农业发展的关键，一是在农产品中增加新的要素，包括科技要素、创意要素。二是增加农产品的品牌价值。我国农业长期处于初级生产阶段，深加工程度低，技术含量低，品牌价值低。通过农业产业链管理，实现对产业链全程的质量控制，提高品牌价值，推动产业链升级，拓展价值增值空间，促进农产品国际竞争力的提高。

四　加快融入全球价值链

加快经济作物产业链融入全球价值链，在全球化的背景下实现农业产业链升级，加强全球价值链中由低端环节向高端环节的攀升，包括产品升级、过程升级、功能升级和跨产业升级。推动经济作物产业链升级，就是要提升农产品附加值，增强核心企业在全球价值链中的话语权，提升与国外大型农业企业的谈判能力，提升农产品生产、加工环节等整个产业链中的增值比例，实现利益分配的动态优化。

第四章　西部经济作物产业结构
现状及存在的问题

本章综合运用描述性统计方法、综合比较优势指标、稳定性指标、同构性指标以及成本收益指标等研究方法，对西部地区1991—2011年的经济作物产业结构演进进行分析，并探讨其生产布局的集聚格局，对西部经济作物产业结构做出基本判断。本章第一节分析西部农村产业发展特征；第二节分析西部经济作物产业结构的时序演变趋势；第三节分析经济作物生产布局演变趋势；第四节对经济作物生产结构进行基本判断；第五节结合上述分析结果，剖析目前西部地区经济作物产业结构存在的问题。

第一节　西部地区农村产业发展特征

一　西部地区农村三次产业结构总体特征

库兹涅茨提出第一产业产值比重下降，第二、第三产业产值比重上升的产业结构演进特征，这是产业结构分析的基本方法。

从空间结构来看，表4－1显示，西部地区农业产业水平具有较大的差异，依旧没有摆脱西部是中国农村发展较为落后地区的现状。在排除西藏外的西部11个省区中，四川农村经济发展水平较高，无论是农村的第一产业，还是第二产业与第三产业，所占西部总产值的份额排在西部诸省区前列；其第二产业和第三产业的产值比重为

65.98%和7.40%，产业发展比较快。西藏①、青海和宁夏的农村产业发展相对落后。从西部地区农村三次产业产值的比重来看，新疆、青海、广西等主要以第一产业为主，第一产业比重分别为71.43%、61.06%、51.51%，第二、三产业发展缓慢。重庆是唯一一个第一产业不仅低于第二产业，而且也低于第三产业的地区，第二、三产业发展较快；其余地区的第二产业比重大于第一产业，而第三产业发展较慢。

表4-1　　　　　　2010年西部农村三次产业产值空间结构　单位：亿元,%

地区	第一产业	比例	第二产业	比例	第三产业	比例
西部	15137.40	31.85	28044	59.01	4344.7	9.14
内蒙古	1570.6	35.07	2165.1	48.34	743	16.59
广西	2377.2	51.51	1909.9	41.39	327.7	7.10
重庆	913.1	12.72	5352	74.53	916	12.76
四川	3689.8	26.62	9147	65.98	1026	7.40
贵州	875.2	27.78	1953	61.98	322.7	10.24
云南	1706.2	37.93	2460	54.69	332.2	7.38
西藏	93.4	—	—	—	—	—
陕西	1337.2	28.70	2979	63.93	343.7	7.38
甘肃	876.3	40.29	1060	48.73	238.8	10.98
青海	157.3	61.06	87.9	34.12	12.4	4.81
宁夏	243.5	33.04	439.7	59.67	53.7	7.29
新疆	1297.6	71.43	490.5	27.00	28.5	1.57

注："—"表示无数据。表中数据经过四舍五入处理。

资料来源：2011年《中国农业年鉴》。

西部地区农村的农业发展与东中部差距在缩小，但近几年来发展缓慢。从表4-2可以看出，西部地区农村的农林牧渔总产值占全国比例从19.0%增加到2011年的26.0%，增长7个百分点，东部地区

① 缺乏西藏地区的第二产业和第三产业的数据。

则下降 7.4 个百分点, 中部变化稳定, 这说明西部地区在中国农业发展中已处于重要地位。但从 2006 年开始, 一直到 2011 年, 西部地区占全国农林牧渔总产值的比例几乎变化不大, 这说明中国三大地区的农林牧渔基本上处于比较均衡的状态。

表 4 - 2　　　　西部与东、中部地区农业总产值比较　　单位: 亿元,%

		2000 年	2002 年	2004 年	2006 年	2008 年	2010 年	2011 年
农业总产值	东部	12125.9	12394.32	12299.01	18388	21269	26045.3	32856.5
	中部	8409.2	8655.06	15285.09	13656.4	21872	25621.2	27352.8
	西部	4795.1	6341.38	8654.89	10380.1	14860.3	17653.1	21094.5
占全国比例	东部	47.8	45.2	33.9	43.3	37.7	37.6	40.4
	中部	33.2	31.6	42.1	32.2	36.7	36.9	33.6
	西部	19.0	13.2	23.8	24.5	25.6	25.5	26.0

注: 表中数据经过四舍五入处理。

资料来源: 2001—2012 年《中国统计年鉴》。

二　西部地区农林牧渔结构特征

从表 4 - 3 可以看出, 1992—2011 年, 2000 年以前, 西部农业结构中的农业均超过了 60%, 到了 2000 年以后, 尽管农业所占的比重开始下降, 但也超过了 50%, 还是以农业为主, 牧业和渔业有所上升, 林业变化稳定, 西部地区农林牧渔已经走向多元化产业发展轨道。

三　西部地区农村非农产业特征

随着西部大开发战略的实施, 西部地区不仅农业不断发展, 而且非农产业的发展也越来越快, 占据着重要的位置。从西部地区非农产业内部来看, 除了工业产值占非农业产值的比重上升外, 其余均在下降, 特别是第三产业 (如表 4 - 4 所示)。这一方面说明, 西部地区的农业加工业发展较快, 但服务业发展规模以及发展速度均存在较大的问题。由于服务业不能跟上工业的发展, 这可能造成工业发展的后劲不足, 最终影响农村工业的发展。西部农村非农产业发展水平及增长速度均比全国平均水平低。2010 年, 西部农村非农产业总产值仅占全

表 4 - 3 　　　　　　　西部地区农林牧渔结构变化　　　　单位：亿元,%

年份	农林牧渔产值	农业	比重	林业	比重	牧业	比重	渔业	比重
1992	1644.1	1047.1	63.6	80.8	4.9	502.1	30.5	14.2	0.6
1994	2254.8	1437.2	63.7	105.8	4.5	683.7	30.3	28.1	1.3
1996	3946.9	2506.8	63.5	144.7	3.7	1155.5	29.3	49.9	1.3
1998	4797.7	3037.6	64.1	159.8	3.3	1496.2	31.2	68.3	1.4
2000	4795.1	2692.8	56.2	183.5	3.8	1477.4	30.8	81.2	1.7
2002	6341.4	3677.2	58.0	269.1	4.2	2190.7	34.5	204.5	3.2
2004	8654.9	4582.1	52.9	365.5	4.2	3239.6	37.4	267.0	3.1
2006	10380.1	5487.3	52.9	460.1	4.4	3865.5	37.2	325.7	3.1
2008	14860.3	7467.0	50.2	642.0	4.3	5886.0	39.6	405.0	2.7
2010	17653.1	10020.5	56.8	722.60	4.1	5843.0	33.1	512.5	2.9
2011	21094.5	11669.0	55.3	884.6	4.2	7287.6	34.5	621.6	2.9

注：表中数据经过四舍五入处理。

资料来源：2012 年《中国农村统计年鉴》。

表 4 - 4 　　　　　　　西部农村非农产业产值与结构　　　　单位：亿元,%

年份	2002	2004	2006	2008	2010
工业	8368.4	10981	15431	21553	26857.99
占非农业产值的比重	51	54.8	59.2	76	77.9
建筑业	2220.3	2390	2882.2	2672.8	3277.49
占非农业产值的比重	13.5	11.9	11.1	9.4	9.5
交通运输业	1804.1	1915.9	2165.6	796.1	834.78
占非农业产值的比重	11	9.6	8.3	2.8	2.4
批发零售业	2302.2	2763.7	3203.4	2045.4	2000.49
占非农业产值的比重	14	13.8	12.3	7.2	5.8
住宿及餐饮业	1234.3	1330	1586.2	811.9	947.95
占非农业产值的比重	7.5	6.6	6.1	2.9	2.7
社会服务业	490.6	664.2	814.5	462.7	545.43
占非农业产值的比重	3	3.3	3.1	1.6	1.6

注：表中数据经过四舍五入处理。

资料来源：2011 年《中国农业年鉴》。

国 9.6%，其中具有比较优势的行业为建筑业、交通运输业和住宿餐饮业。而西部地区的旅游业十分丰富，特色突出，与旅游业相关的服务业将成为西部地区农村的资源优势。

四　西部地区农村收入结构分析

人均收入水平及收入结构是衡量农村产业结构合理的重要标志。农民收入来源结构，仍以家庭经营收入为主，家庭经营收入占总收入比例超过了 50%，而全国的水平低于 50%。在西部地区内部结构中，重庆、四川和陕西三省的家庭经营收入所占比例要低于其他各省，均低于 50%；最高的为新疆，其次为内蒙古和云南两省，均超过了60%。这反过来说明，西部地区农村还是以农业为主，产业结构还不合理。西部地区落后的农村经济，制约了产业结构的升级（如表4－5所示）。

表 4－5　　　　　　　　　**2011 年西部农村人均收入与结构**　　　　　单位：元

	纯收入	工资收入	家庭经营收入	财产性收入	转移性收入
全国	6977.3	2963.4	3222.0	228.6	563.3
西部	5220.9	1770.0	2784.6	138.0	528.4
内蒙古	6641.6	1310.9	4217.5	337.6	775.6
广西	5231.3	1820.4	3007.9	41.2	361.8
重庆	6480.4	2894.5	2748.3	139.7	698.0
四川	6128.6	2652.5	2761.7	140.4	574.0
贵州	4145.4	1713.5	1980.2	59.5	392.1
云南	4722.0	1138.6	2966.2	219.0	398.3
西藏	4904.3	1008.0	3142.6	113.6	640.0
陕西	5027.9	2395.5	2017.2	165.3	450.0
甘肃	3909.4	1562.0	1866.8	82.5	398.2
青海	4608.5	1775.4	2088.8	93.7	650.6
宁夏	5410.0	2164.2	2730.4	116.4	398.9
新疆	5442.2	804.7	3887.2	147.1	603.1

注：表中数据经过四舍五入处理。

资料来源：2012 年《中国统计年鉴》。

第二节　西部经济作物产业结构
时序演变趋势

改革开放以来，西部经济作物产业结构，在一系列相关因素的影响下，播种面积、产量以及产值发生了明显的变化。本节主要对油料作物、麻类作物、棉花作物、糖类作物、茶叶作物、烟叶作物与中药材作物等进行分析，同时也对油料作物中的花生、油菜籽等作物进行细分，考察播种面积、产量以及产值结构变化规律。

一　经济作物产值变化分析

本节从产值角度考察西部地区整体经济作物产业结构，并与东部和中部地区进行比较，从中发现西部经济作物产值变动状况。首先从产品结构来说，油料、棉花、糖类、烟草与中药材 5 大类经济作物，无论是绝对值，还是比例上，相对于东中部来说，西部增长较快。图 4 - 1 显示，西部经济作物产值变动状况，波动性增长特征明显。一方面，进入 21 世纪以来，随着国家对区域政策的调整，在西部大开发背景下，西部经济发展迅速，大大改善了西部农业发展的经济环境。2006 年免征农业税，自"十五"以来，国家多次大力支持农民种植经济效益高、附加值高的经济作物作为调整农业产业结构的重要手段。这些举措大大激励了农民生产的积极性，西部经济作物总产值大幅增加，糖类作物产值从 2001 年的 114.25 亿元增长到 2011 年的304.48 亿元，增长 166%，特别是中药材总产值，2011 年是 2004 年的 2.8 倍，其他经济作物也有不同程度的增长。由于 2008 年的经济危机，导致了 2009 年部分经济作物总产值略微下降，使西部经济作物产值呈波动性增长特征。

从西部与东中部比较来看，由于经济作物受到地区自然状况，以及自身特点的影响，西部糖类、烟草、中药材等经济作物产值占全国比重具有绝对优势。油料作物在全国范围内所占比重较低，但也稳步上升。棉花已经从 21 世纪初较低的比重，上升到 2011 年较高的比重，实现了西部成为我国棉花最重要产地的转变。甘蔗主要集中于广西，内蒙古又是甜菜的主要产地，糖料作物占全国比重一直超过50%，随着进一步的集中，近年来糖料作物总产值所占比例稳步上升，东中部则逐渐下降。对于烟草和中药材来说，西部所占比例变动

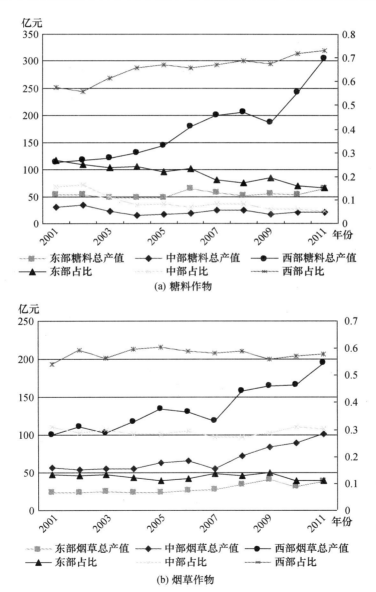

(a) 糖料作物

(b) 烟草作物

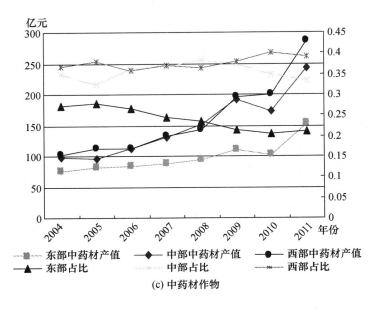

(c) 中药材作物

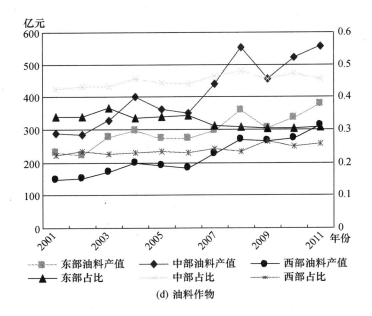

(d) 油料作物

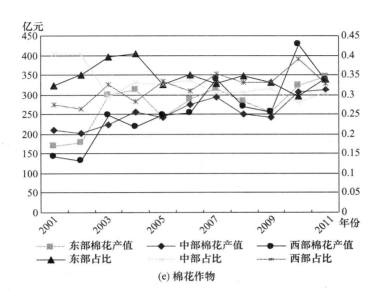

图 4 − 1　2001—2011 年西部地区与东中部地区主要经济作物总产值、
占全国比重的变化情况①

比较稳定，分别处于 60% 和 40% 上下波动。由于棉花价格波动性较大，且受到国家棉花补贴等政策的影响，棉花产值的变动性明显，特别是受到经济危机的影响，棉花价格大幅下跌。此外，服装出口的下降，棉花下游产业如纺纱等加工需求降低，棉花产值下降较大。作为全国棉花最大的生产地区，新疆棉花产值由于受经济危机的影响，从2001 年的 445.2 亿元下降到 372 亿元，这不仅仅是产量的下降，而且是由于市场需求方面的影响。

　　从产值变动角度分析，西部大开发之后，经济作物产业结构的演进基本与一般规律相吻合：由于经济作物生长的特点，经济作物会趋于向优势区域集中，并发挥相对比较优势。

――――――――――

　　①　图中数据均来源于 2001—2011 年《中国农村统计年鉴》，由于数据获得的困难，中药材只选取了 2004—2011 年数据，其产值为可比价格。对于糖类、油料、烟草和棉花等经济作物，为了可比性，我们使用了 2001 年的农业产值价格指数基期价格，其中剔除了价格因素的影响。

二 经济作物播种面积结构变化

经济作物播种面积变动也是产业结构演进的一种表现形式，其直接影响了经济作物生产的数量及产值。为了更好地分析西部经济作物生产的整体历程，本节首先分析了中国种植业的生产变动及区域变迁状况，其次在此条件下深入地研究西部整体经济作物播种面积变动，并通过横向比较，总结西部经济作物产业整体演变特征。

（一）西部经济作物播种面积比重变化

纵观中国农作物生产的整体历程，虽然一直上升，但呈现先下降后上升的特征，波动性地增长。特别是近年来，随着播种技术、水利设施以及农业规模化种植的推广，政策支持力度加大，有效地激励了农民的积极性，农作物种植播种面积在"十五"后有显著增长。但全国农作物生产结构发生了明显的变化，全国经济作物播种面积占农作物总播种面积的比例不断上升，从1978年的19.66%上升到2003年的34.77%，之后虽有下降但也稳定在30%以上。此外，就经济作物在全国的生产布局来看，也发生了明显的变化。东中西部经济作物播种面积发生了明显的逆向变化；东中部经济作物由于不断的城镇化过程，同时为了满足粮食安全的要求，经济作物播种面积不断下降，其间只有个别时期有所上升，但西部播种面积比重却在不断上升，到2007年西部地区不仅超过了东部，也超过了中部8省。21世纪以来，以发展经济作物为重点的农作物结构调整成为新世纪农业结构调整的首要对象，农业发展区域规划以及政策的支持，经济作物重心逐步向资源禀赋相对优势的西部地区推移。同时，由于新疆、云南、广西、贵州等地区分别是特色农业的集中地，更有利于发挥规模优势，随着新科技的推广，特别是播种技术、耕作技术、收割技术等的推广，以及市场对农产品需求的多样化，西部不少地区以种植经济作物为主，很少种植粮食作物（如图4-2所示）。

综上所述，西部与东中部经济作物的变化拐点在2000年以后出现，西部经济作物播种面积呈现了持续增加的态势。

（二）主要经济作物播种面积结构变化

西部主要经济作物有油料作物、糖类作物、麻类作物、纤维作物

（棉花）、饮料作物（茶叶）和中药材作物等几大类。从绝对总量来看，只有麻类作物的播种面积有所下降，其他经济作物均出现了波动性上升的趋势。

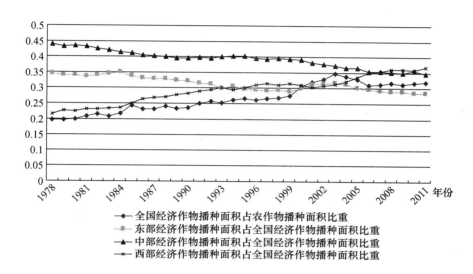

图 4 - 2　1978—2011 年西部与东中部经济作物播种面积比重情况

资料来源：1978—2008 年的数据来源于《新中国农业 60 年统计资料》，2009—2011 年的数据来源于《中国统计年鉴》（2010 年、2011 年、2012 年），所有数据都经过计算整理。

　　烟草作物在 20 世纪的 80 年代和 90 年代，出现了迅速增加的趋势，但在 1998 年后出现了较大幅度下降，在这之后又呈现稳定增加。由于多年的高速发展，烟草种植规模不断扩大，产量迅速增加，而国家收购计划远没有达到生产的产量，烟叶大量积压，库存剧增，导致了烟草产业链种植、加工、经营环节大量亏损。为了消化库存，确保烟草行业的健康发展，政府通过政策压缩种植面积，导致 1998 年烟草播种面积大量萎缩。

　　麻类作物播种面积出现了下降的趋势，从其波动情况来看，可以把麻类作物的生产分为两个周期，1978—1999 年的第一周期与2000—2011 年的第二周期，第一周期呈现先下降后上升再下降的波动特征，在 1985 年出现了大丰收，又连续下降 10 年。由于生产丰收，麻类作物价格一跌再跌，又缺乏相应的宏观政策调控，使麻类作物种植面积不断下降。而第二周期则是呈现先上升又下降的趋势，随着市场对麻纤作物需求的增加，麻类纺织工业得到了较大发展，对麻类原材料的需求增长调动了麻类种植业的发展积极性，西部麻类作物播种面积也随之上升，新疆地区有较快的发展，云南等地区也有一定的增加，并在2005年达到了顶峰，但由于麻类作物生长忌连种的特征，2006年和2009年出现了大面积停止种植的现象。2007年的经济危机导致市场对原材料需求的下降，进一步加剧了种植面积的持续下降。基本上也符合全国麻类作物生产的波动特征。

棉花作物播种面积呈现先下降后波动性上升的趋势，从1978年的695.8千公顷上升到2011年的1758.21千公顷，增加了1062.41千公顷。从油料作物播种面积的变动来看，油料作物生产循着"增长—波动—增长"的轨迹向前增长。油料作物增长迅速，从1978年的1878.2千公顷上升到4483.83千公顷，达到了138.78%的增幅。茶叶作物与中药材作物播种面积呈现稳定增加的趋势，进入21世纪之后，随着市场对原材料需求的增加，两种经济作物出现了加速发展的态势。

从相对比重来看，油料作物播种面积增加迅速，但东中部也在增加，西部油料作物占全国的比重变化较稳定。烟草、糖料两类经济作物所占比重均出现了较大比例的增加，至2011年，两者占全国比重分别为63.7%和79.6%，基本上集中在西南的云南、贵州与广西等省区。茶叶、棉花、麻类与中药材等作物所占比重也出现了波动性上升，虽然，麻类作物播种面积有所下降，但在全国比重仍占据着重要地位。

三　主要经济作物产量结构变化

从1978—2011年的30多年的发展历程来看，经济作物易受到市场需求、政策等因素的影响，使经济作物产生了波动性的特征，而技术上的进步则有利于经济作物产量的增加[①]。

────────────

① 由于存在数据量纲的问题，本书对各数据进行了自然对数处理。图4－4、图4－5和图4－6的数据来源如下：1978—2008年的数据来源于《新中国农业60年统计资料》，2009—2011年的数据来源于《中国统计年鉴》（2010年、2011年、2012年），所有数据都经过本书计算整理。

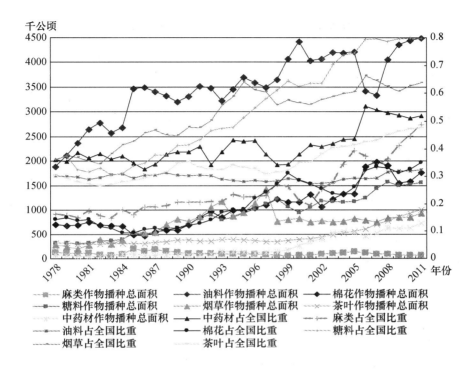

图 4 – 3 1978—2011 年西部主要经济作物播种面积及其比重情况

资料来源：1978—2008 年的数据来源于《新中国农业 60 年统计资料》，2009—2011 年的数据来源于《中国统计年鉴》（2010 年、2011 年、2012 年），所有数据都经过计算整理。

西部经济作物产量变化如图 4 – 4 所示，除了麻类产量变动与播种面积变动趋势类似，呈现两阶段周期性波动，但总体是下降的，其他经济作物都呈波动性增长。甘蔗作物增长迅速，从 1978—1981 年的 808.95 万吨增长到 2007—2011 年的 9501.7 万吨，增长了 10 倍多，其他作物如棉花、甜菜、茶叶、烟叶、油料、花生、油菜籽与芝麻等作物都大幅度增加。

进一步综合考察西部经济作物的变动趋势，把 1978 年的各种经济作物的产量基数定为 1，从而计算历年的相对指数（如图 4 – 5 所示），可以有效地解释各种经济作物变动幅度的大小及方向。甜菜、甘蔗与棉花作物变动幅度相对波动较大，其他作物保持了相对平稳的变动。

　　另外，从占全国比重来看，可以有效地分析各类经济作物在全国的地位。图4-6显示，除了油料作物的比重保持比较平稳的波动外，包括油菜籽、芝麻和花生，其他经济作物在全国的地位均呈现了一定的增长，特别是烟叶、甘蔗和甜菜作物的比重从1991年开始已经超过50%，成为全国烟草和糖类作物的重要生产基地。棉花、麻类、茶叶等经济作物也呈现了稳定的增长态势。

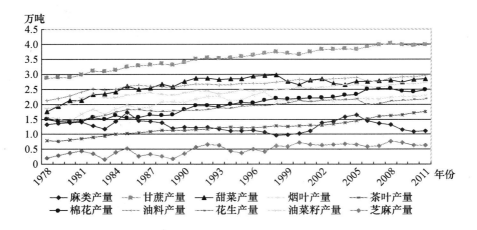

图4-4 1978—2011年西部主要经济作物产量变化情况

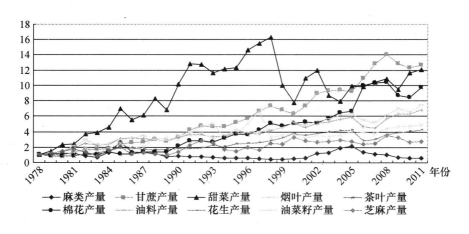

图4-5 1978—2011年西部主要经济作物产量指数变化情况

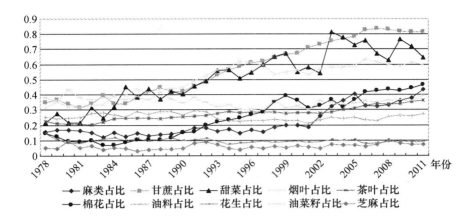

图 4 – 6　1978—2011 年西部主要经济作物产量比重变化情况

第三节　经济作物生产布局演变趋势

一　西南、西北两大地区经济作物生产布局变化情况

改革开放以来，在一系列相关因素的影响下，西部的西北和西南两大地区，由于自然环境的迥然不同，经济作物生长的特点发生了明显的变化。经过多年来优良品种的推广，耕作收割技术的提高，西南地区的糖类、烟草和茶叶等作物逐渐出现了集中的趋势，而西北则集中了棉花、中药材等经济作物①。

（一）麻类作物生产布局

由于受到市场需求、经济危机的冲击，西部麻类作物出现了下降的趋势。图 4 – 7 显示，从改革开放到 2000 年之前，西南麻类作物的播种面积和产量均大大高于西北地区。但 2000 年后，西部两大地区的差异有所降低，在 2008 年经济危机后，两者的差距又进一步拉开。

① 本节的数据来源如下：1978—2008 年的数据来源于《新中国农业 60 年统计资料》，2009—2011 年的数据来源于《中国统计年鉴》（2010 年、2011 年、2012 年），所有数据都经过计算整理。

图 4-8 显示，2000 年之前西南播种面积与产量占西部比重均有所下降，西北则稳步上升，经过 2001—2005 年稳定期，两个地区又开始逆向变动。

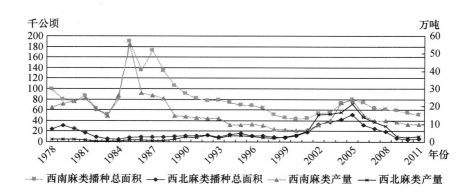

图 4-7　1978—2011 年西南—西北麻类作物生产布局变化情况

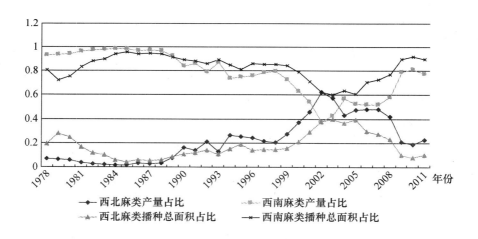

图 4-8　1978—2011 年西南—西北麻类作物生产比重情况

（二）油料作物生产布局

油料作物主要包括油菜籽、花生、芝麻等作物。图 4-9 显示出西部油料作物生产布局特征，西南、西北两大区域油料作物生产整体表现为增长的趋势，种植面积和产量呈波动式增长，但西南的种植面积和产量均高于西北地区。从图 4－10 可以发现，西北和西南区域产量上的差距较大，而播种面积上的差距较小。进一步从图 4－11 和图4－12 可以发现，西南的花生生产远超过了西北地区，而西南和西北油菜籽生产都有所增加，但西南超过了西北地区。

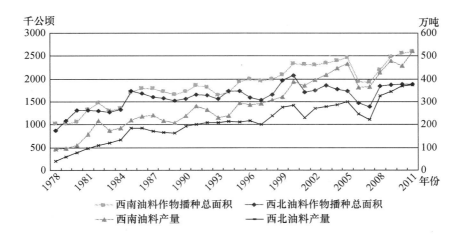

图 4－9　1978—2011 年西南—西北油料作物生产布局变化情况

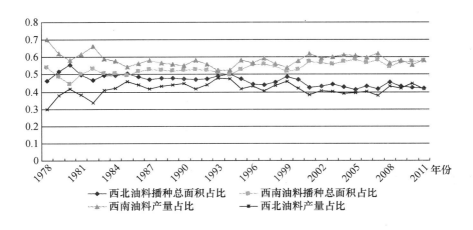

图 4－10　1978—2011 年西南—西北油料作物生产比重情况

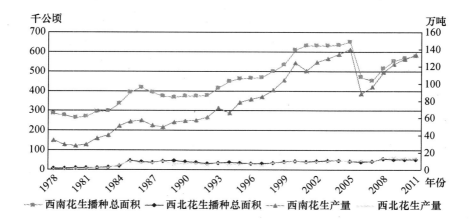

图 4 - 11   1978—2011 年西南—西北花生生产布局变化情况

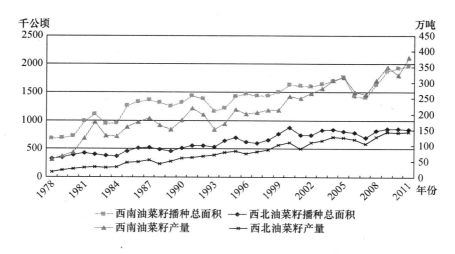

图 4 - 12   1978—2011 年西南—西北油菜籽生产布局变化情况

(三) 棉花生产布局

棉花是我国重要的原料作物,目前,已经形成了以新疆为生产基地的棉花生产格局。按 2010 年的生产产量,新疆的产量为 247.9 万吨,占全国的比重为 41.6%。图 4 - 13 显示,1978—1989 年,西北地区棉花播种面积与产量,一直保持在 500 千公顷和 50 万吨左右,发展比较稳定;在 1990 年后,西北地区棉花生产迅速增加,播种面积已经超过了 1500 千公顷，产量也达到了 300 万吨左右。而西南地区的棉花生产逐步萎缩，目前，只有零星的地区生产棉花。从图 4 - 14 可以看出，西北和西南地区棉花生产以喇叭状的形式不断扩大差距。

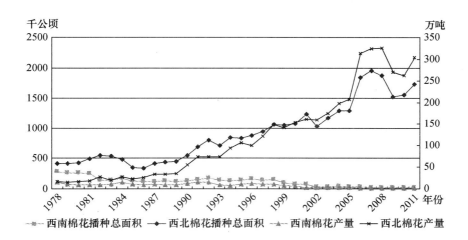

图 4 - 13　1978—2011 年西南—西北棉花生产布局变化情况

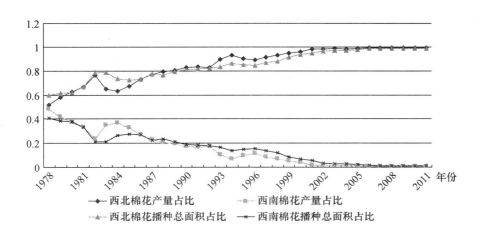

图 4 - 14　1978—2011 年西南—西北棉花生产比重情况

（四）糖料作物生产布局

西南甘蔗播种面积与产量稳步上升，2011 年已经达到了 1432.38 千公顷，比 1978 年增加了 7 倍左右，甘蔗产量也达到了 9311.84 万吨，是 1978 年的 12 倍多。甘蔗的生产受到市场食糖价格变动的影响，1991/1992 榨季由于食糖供过于求，食糖价格下降，1992 年后甘蔗播种面积和产量均有所下降，然而 1994—1995 年食糖价格大幅上涨，播种面积和产量也随之增加。然而 1999 年的寒流使广西甘蔗播种面积和产量锐减，在 2000 年已达到了此阶段的最低，但也提高了食糖的价格，2000 年后，甘蔗种植面积和产量逐年上升。2008 年的经济危机使市场需求下降，甘蔗播种面积和产量随之下降，后又有所增加。

而西北的甜菜播种面积和产量呈现了先上升后下降再上升的趋势。1999 年是西北甜菜生产的拐点，在此之前，西北甜菜生产增长，而之后出现了较大幅度的下降，2002 年后甜菜播种面积稳定变动，而产量出现了波动性增长。1997/1998 和 1998/1999 连续两个榨季的供过于求，亚洲金融危机导致国内外食糖消费萎缩，市场糖价暴跌，导致甜菜生产急剧下降。2000 年，国家对我国糖业进行了重大的结构调整，落后生产能力的企业被淘汰，2003 年对制糖企业进行产量控制，以及推进糖料生产的集约化经营，西南甘蔗生产能力大幅度增加，而西北甜菜受到结构调整的影响，在 1998—2004 年的几年中，甜菜生产出现了先下降后上升再下降的波动特征，直至 2005 年后才出现稳定上升的趋势（如图 4－15 所示）。

（五）茶叶生产布局

由于茶叶生长的特点，西北只有陕西、甘肃部分地区生产，其播种面积和产量 2004 年之前一直处于在 60 千公顷和 1 万吨以下，随之慢速上升；而西南地区是茶叶的重要生产基地，但在 2004 年之前，在茶叶播种面积不断波动的情况下，由于育种、播种、收割等技术的提高，产量稳步上升。随后，由于市场需求的增加，西南茶叶播种面积和产量迅速上升，分别达到了 904.21 千公顷和 55.52 万吨。

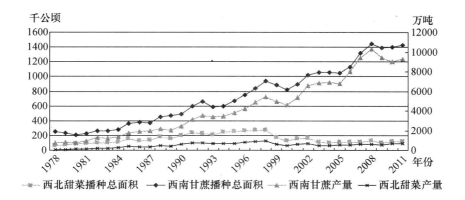

图 4 – 15 1978—2011 年西南—西北甘蔗、甜菜生产布局变化情况

（六）药材生产布局

从播种面积来看，1999 年之前两大地区药材播种面积基本一致，在 50 千公顷上下波动，但从 1999 年之后，两地区均出现了较大幅度的增长，西南地区从 1999 年的 76 千公顷上升到 2011 年的 360.1 千公顷，而西北则从 89.7 千公顷上升到 358.2 千公顷，但西北药材播种面积波动性较大。从两地区占西部比重来看，西南、西北药材生产出现了此消彼长的特征。

（七）烟草生产布局

西南地区是我国重要的烟草种植区域，其播种面积呈现了波动性增长的态势，在整个发展历程中，1997 年达到了播种面积的顶峰，随之 1998 年国家烟草专卖局及时调整烟叶生产指导方针和烟叶工作重点，西南烟叶面积出现了较大幅度的下降，之后西南烟叶生产走上了良性发展轨道，并稳步上升。而西北地区，则出现了先上升后下降的趋势。总之，西南地区烟叶种植面积要大大高于西北地区。

二 省域经济作物生产布局变化情况

西部经济作物发展迅速，已成为西部地区最具竞争优势和发展潜力的农业产业之一。经济作物规模不断扩大，在全国的地位进一步上升，区域化不仅基本形成，且从西部各省经济作物生产布局变化情况来看，其变化也非常明显。

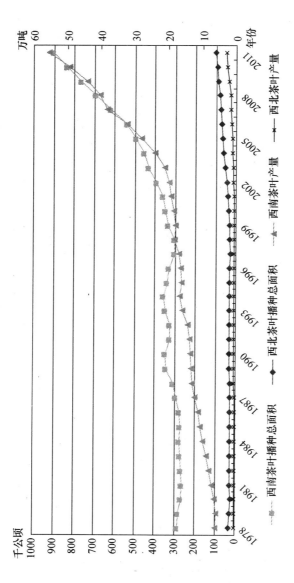

图 4 - 16 1978—2011 年西南—西北茶叶生产布局变化情况

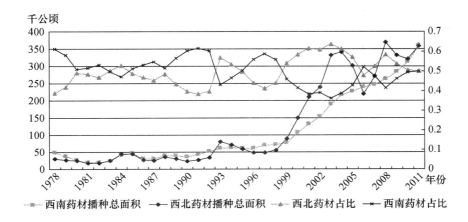

图 4 – 17　1978—2011 年西南—西北药材生产布局变化情况

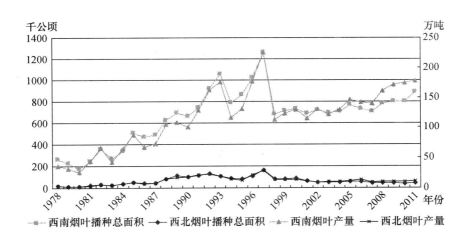

图 4 – 18　1978—2011 年西南—西北烟叶生产布局变化情况

　　首先，从产值结构考察。由于经济作物受到市场需求以及市场价格的影响，其产值也随之变动。2001—2011 年新疆的棉花产值基本持续居于西部乃至全国各省（区）之首。甘肃的棉花产值次于新疆位居西部第二，但新疆和甘肃棉花产值呈现波动性上升。而西部各地基本都或多或少种植油料作物，其中四川是西部重要的油菜籽种植基地，2011 年产值已经超过了 120 亿元，其次是内蒙古的油料产值共 42.63

亿元，贵州仅次于四川和内蒙古位居西部第三。对于中药材来说，四川、甘肃、陕西、广西、云南、贵州一直是西部中药材产值较高的地区，而近年来，重庆、西藏与青海等地中药材产值也逐步增加。云南烟叶产值一直占据着第一位，贵州也成为重要的烟叶生产基地，2011年产值达到了44.25亿元，四川位居云南和贵州之后，而重庆、陕西与广西也有一部分产值。糖类作物中，广西一直处于首位，且要远远高于其他地区，其次是云南，再次是新疆，贵州、四川和内蒙古也有部分产值（如表4-6所示）。

表4-6　　　　　西部各省（区）主要经济作物产值状况分析①

	棉花		油料		中药材		烟叶		糖类作物	
	2001年	2011年	2001年	2011年	2004年	2011年	2001年	2011年	2001年	2011年
重庆			7.05	18.08	4.3	13.3	5.38	8.20		
四川	3.18	1.42	42.16	120.62	22.2	52.9	7.64	26.33	5.44	4.74
贵州			15.18	24.50	4.6	19.3	22.55	44.25	2.62	6.24
云南			6.52	17.20	4.7	24.4	57.83	105.75	23.33	42.53
西藏			1.05	1.53	3.7	14.5				
广西			17.24	21.08	5.3	30.5	2.75	3.01	67.59	231.6
陕西	4.31	5.01	8.65	20.47	23.1	43.9	1.18	5.94		
甘肃	9.77	17.52	8.79	16.77	19.2	49.2				
青海			4.35	9.25	0.3	15.9				
新疆	125.5	311.4	1.84	4.53	4.4	12.4			9.42	13.25
宁夏			18.65	15.80	2.6	1.2				
内蒙古			18.20	42.63	7.7	7.9			4.06	4.62

① 表中数据均来源于2002—2012年《中国农村统计年鉴》，由于数据获得的困难，中药材只选取了2004—2011年数据，其产值为可比价格。对于糖类、油料、烟草和棉花等经济作物，为了可比性，我们使用2001年的农业产值价格指数基期价格，对当期产值剔除了价格因素的影响。空格处表示该省（区）经济作物产值为零或者太少而忽略不计。

　　其次，从经济作物产量结构考察。由于麻类作物易受到市场价格，以及收割技术不能有效突破的影响，西部主要省（区）麻类产量波动较大，在 2000 年之前，四川与广西均经过了先上升后下降的波动趋势，2000 年之后出现了稳定的变化情况。而 2000—2008 年，云南和新疆的麻类产业出现了较大的增长，随之又迅速下降。目前，四川是西部最大的麻类作物产量区域，但其他省（区）的麻类产量均下降不少，都没有超过 3 万吨。因此，西部多数地区转而种植经济效益和价格比较稳定的其他作物，麻类作物种植规模下降，导致了产量下降。西部地区甘蔗产量位居第一的是广西，已经成为全国甘蔗最大的生产基地，其次是云南，四川、贵州和重庆各地区也有零星种植，但规模远没有达到广西的地步。西部甜菜主要集中西北的甘肃、新疆和内蒙古，其中 1998 年之前，三省区甜菜产量呈现波动性上升，其中新疆和内蒙古互有高低，甘肃甜菜产量要低于新疆和内蒙古的甜菜产量。但 1998 年之后，内蒙古和甘肃甜菜产量下降迅速，经过 1998—2002 年的下降后保持稳定的态势，而新疆则继续保持波动性上升，并远远超过其他两省区。西部多数地区都有烟叶种植，但具有规模的只有云南、贵州、四川等地区，而重庆、广西、陕西、甘肃、内蒙古等地区的产量则远远低于这三个地区，但西部各地区烟叶产量波动特征相似，在 1998 年经过下降后，云南保持高速上升，而其他地区保持了稳定的态势，变动幅度不大。西部各地区茶叶产量变动基本上可以划分为两个阶段：2001 年之前，各地区稳步上升；2001 年之后云南和四川两省茶叶产量增长迅速，而其他地区则增长缓慢。其中 2001 年后，云南产量一直处于首位，第二是四川。西部棉花产量主要集中于新疆，其也是全国最大的棉花生产基地，第二是甘肃和陕西内部零星种植。西部各地区均有油料作物种植，但四川一直居于第一，第二是内蒙古，贵州居于第三，除了四川增长迅速外，其他地区油料作物产量变动比较稳定。

第四节　经济作物生产结构的基本判断

以上通过经济作物产值、产量和播种面积等指标进行了初步描述性分析，本节将运用一些评价指标，包括综合优势指数、结构稳定性指标、结构多样化指标、同构化指标，以及偏离—份额分析方法、结构的增长效应分析方法，对经济作物产业结构演进特征进行多角度动态分析，并通过与全国其他地区进行比较，对西部经济作物产业结构作出基本判断。

一　比较优势分析

不同区域之间某种产品，以及同一区域内不同种产品之间的比较优势可以用综合比较优势指数分析方法，其综合考虑了农业自然资源禀赋、社会经济条件、区位优势、市场需求、科学技术、政策制度等因素。一般来说，种植规模、单产水平是这些因素综合作用的结果。通过建立三个比较优势测度指标，规模、效率、效益和综合优势指数，对区域经济作物进行比较优势测度。

（一）计算公式

综合比较优势指数是效率优势、规模优势和效益优势等指数的几何平均。其中，效率优势指数在原指数的基础上剔除了所有作物的平均单产，从而从资源内涵生产率的角度反映作物的比较优势。规模优势指数从专业化的角度或集中程度，测度一个地区经济作物的规模优势，反映了自然资源禀赋、种植制度、市场需求等因素共同作用的结果，不仅反映分工的专业化水平，也测量了地区集中程度。而效益优势指数综合考虑了经济作物产品质量、生产成本、市场需求等多种因素，测度一个地区某种经济作物的经济效益状况。

（二）不考虑环境约束下西部主要经济作物比较优势分析

鉴于资料收集的困难性，本书选择油料作物、糖料作物、纤维作物中的棉花、嗜好作物中的烟叶作为研究对象，前四种经济作物所比较的时间长度为 2002—2011 年。在考虑规模优势时，把 4 种经济作物

表 4 - 7　　　　　　　　　　　比较优势计算公式及其说明

	计算公式	说明
效率优势指数	$EAI_{ij} = \dfrac{AP_{ij}}{AP_j}$	EAI_{ij} 为 i 区域 j 种经济作物的效率优势指数，AP_{ij} 为 i 区域 j 种经济作物单产，AP_j 为全国 j 种经济作物平均单产。$EAI_{ij} > 1$，表明与全国平均水平相比，i 区 j 种经济作物生产具有效率优势；反之处于劣势，EAI_{ij} 值越大，生产效率优势越明显
规模优势指数	$SAI_{ij} = \dfrac{GS_{ij}/GS_i}{GS_j/GS}$	SAI_{ij} 为规模优势，GS_{ij} 为 i 区域 j 中经济作物播种面积，GS_i 为 i 区域全部经济作物播种面积之和，GS_j 为全国 j 种经济作物播种面积，GS 为全国全部经济作物播种面积之和。$SAI_{ij} > 1$，表明与全国平均水平相比，i 区 j 种经济作物生产具有规模优势；反之处于劣势，SAI_{ij} 值越大，规模优势越明显
效益优势指数	$BAI_{ij} = \dfrac{NO_{ij}}{NO_j}$	BAI_{ij} 为 i 区域 j 种经济作物的效益优势指数，NO_{ij} 为 i 区域 j 种经济作物的产值，NO_j 为全国 j 种经济作物平均产值。在市场经济条件下，作物的种植更应注重经济效果。$BAI_{ij} > 1$，表明与全国平均水平相比，i 区 j 种经济作物具有经济效益优势；反之处于劣势，BAI_{ij} 值越大，效益优势越明显
综合比较优势指数	$AAI_{ij} = \sqrt[3]{SAI_{ij} BAI_{ij} EAI_{ij}}$	$AAI_{ij} > 1$，表明与全国平均水平相比，i 区 j 种经济作物具有综合比较优势；反之处于劣势，AAI_{ij} 值越大，综合比较优势越明显

的播种面积之和分别作为地区和全国的测度。考虑到某些年份，或者一些地区不种植某种经济作物，把这些区域删除，全部的原始数据来源于 2002—2012 年《中国统计年鉴》《中国农村统计年鉴》。

1. 油料作物

"十五"和"十一五"的十年，由于西部大开发政策支持，西部农业发展迅速。表 4 - 8 显示，西部油料作物综合比较优势呈现波动性特征，其中四川和西藏两区域的比较优势明显要高于西部其他地区，10 年来一直保持在 1 以上，虽然西藏油料作物比较优势有所下降。广西油料作物比较优势呈现了倒"U"形特征，整体上有所下降，重庆油料作物比较优势有所上升，目前与青海并列西部第五。贵州油料作物比较优势有所下降，2011 年位于西部倒数第三，云南油料作物比较优势一直较低，2011 年位于西部倒数第二，新疆近年来一直处于下降的趋势，从 2001 年的 0.81，居于西部第六位，下降到 2011 年的 0.57，居于西部最后一位。陕西、宁夏和内蒙古整体呈现上升的趋势，特别是宁夏，从 2001 年的 0.73，西部倒数第二，上升到 2011 年的 1.02，西部第三，是上升最快的地区。青海也呈现了倒"U"形特征，整体上有所上升，2002—2007 年，油料作物比较优势指数一直大于 1。甘肃省油料作物比较优势变化不大，比较稳定。

与全国平均相比，2011 年西部只有四川、西藏和宁夏 3 省或自治区的油料作物综合比较优势超过了 1，这说明油料作物具有综合比较优势，而陕西与全国持平，其他地区均小于 1，特别是新疆、云南、贵州和广西，这也表明这 4 个地区的油料作物相较于其他经济作物在全国并没有比较优势。其次，一直以来山东和河南是我国油料作物生产的大省，在种植规模、生产技术和市场需求方面，西部均无法超越。山东和河南两省油料作物综合比较优势分别是 1.40 和 1.34，远远超过西部最高的四川和西藏两个地区。最后，规模优势指数能反映出农作物的专业化程度或集中化程度，本书计算显示，除了广西、新疆和云南三个地区规模优势指数小于 1 外，专业化程度下降，其余地区在 2001—2011 年均大于 1，地区专业化程度呈现先上升后下降，但整体呈上升的趋势，油料作物专业化程度或集中程度在加强。其中青海、宁夏和西藏规模优势指数名列前三，专业化程度较高。

西部油料作物产业布局应作如下调整：四川、西藏、宁夏和陕西 4 省或自治区应加快进行专业化、规模化生产，重庆、甘肃、青海和内蒙古 4 省或自治区应巩固提高，而贵州、广西、云南和新疆 4 省或自治区应缩减生产。

表4－8　西部主要省（市、区）与其他省（市、区）油料作物
综合比较优势指数

地区＼年份	2002	2003	2004	2005	2006	2007	2008	2009	2010	2011
北京	1.58	1.36	1.19	1.45	1.48	1.42	1.30	1.39	1.38	1.43
天津	0.78	0.68	0.56	0.59	0.50	0.38	0.36	0.46	0.46	0.52
河北	1.15	1.18	1.08	1.10	1.06	1.05	1.05	1.00	1.09	1.11
山西	0.72	0.73	0.59	0.52	0.54	0.50	0.57	0.62	0.64	0.65
辽宁	1.13	1.20	1.11	1.15	1.57	1.56	1.54	1.08	1.33	1.33
吉林	1.35	1.20	0.99	1.11	1.14	0.92	1.22	1.15	1.15	1.23
黑龙江	0.73	0.68	0.81	0.93	1.06	1.07	0.88	0.87	0.89	0.85
上海	0.99	0.94	1.11	1.01	0.97	0.96	1.18	1.04	0.93	0.88
江苏	1.15	1.14	1.15	1.13	1.18	1.06	1.12	1.15	1.08	1.05
浙江	0.93	0.98	1.01	1.00	1.04	1.11	1.03	0.99	0.91	0.92
安徽	1.05	0.97	1.08	0.99	1.06	1.05	1.09	1.07	1.06	1.05
福建	1.12	1.10	1.05	1.10	1.10	1.05	0.98	1.06	1.02	1.08
江西	0.81	0.84	0.82	0.83	0.80	0.77	0.77	0.79	0.80	0.78
山东	1.35	1.47	1.39	1.46	1.41	1.38	1.40	1.44	1.41	1.40
河南	1.24	1.02	1.15	1.20	1.22	1.30	1.33	1.32	1.39	1.34
湖北	0.90	1.00	1.04	0.98	0.96	1.00	1.02	0.99	0.98	0.97
湖南	0.77	0.83	0.83	0.78	0.83	0.83	0.84	0.83	0.82	0.87
广东	1.17	1.23	1.13	1.14	1.13	1.16	1.14	1.14	1.14	1.19
海南	0.91	0.89	0.82	0.73	0.94	0.75	0.69	0.75	0.81	0.83
广西	0.79	0.76	0.73	0.75	0.75	0.59	0.57	0.60	0.63	0.69
重庆	0.87	0.92	0.94	0.98	0.96	0.98	0.94	0.95	0.97	0.96
四川	1.08	1.12	1.10	1.08	1.01	1.13	1.11	1.13	1.13	1.11
贵州	0.79	0.79	0.77	0.76	0.80	0.77	0.73	0.77	0.60	0.68
云南	0.58	0.62	0.59	0.59	0.62	0.57	0.58	0.54	0.44	0.61
西藏	1.25	1.31	1.16	1.23	1.13	1.14	1.06	1.14	1.13	1.09
陕西	0.86	0.85	0.83	0.84	0.82	0.80	0.86	0.92	0.94	1.00
甘肃	0.84	0.87	0.84	0.87	0.82	0.79	0.79	0.85	0.91	0.86
青海	0.91	1.05	1.01	1.01	0.91	1.01	0.98	1.02	0.97	0.96
宁夏	0.73	0.74	0.74	0.84	0.87	0.98	0.96	0.91	1.00	1.02
新疆	0.81	0.69	0.59	0.54	0.46	0.46	0.50	0.60	0.53	0.57
内蒙古	0.89	0.95	0.94	1.00	0.99	0.95	0.88	0.96	0.97	0.94

2. 棉花作物

西部棉花的种植主要集中于新疆、甘肃、陕西和四川，其余地区零星种植，或者不种植。其中新疆棉花综合比较优势多年来大于1，居于西部第一，多数年份也居于全国第一；其次是甘肃，棉花综合比较优势也多年来大于1，2011年为1.08，具有比较优势；而陕西和四川两地区的棉花综合比较优势均小于1，相比较全国平均来说，均不具有比较优势（如表4-9所示）。

西部棉花产业布局应作如下调整：2002—2011年，新疆棉花综合优势指数大于1小于2，专业化生产应作为棉花产业结构调整的方向。虽然，新疆棉花生产具有规模优势和产量优势，但这些优势只是使新疆棉花生产具备了专业化的基础和实力，但要注意到新疆棉花生产效益优势较低的状况。

表4-9   西部主要省（市、区）与其他省（市、区）
棉花综合比较优势指数

年份 地区	2002	2003	2004	2005	2006	2007	2008	2009	2010	2011
天津	1.79	1.94	1.82	1.86	1.77	1.79	1.67	1.69	1.64	1.63
河北	1.24	1.29	1.22	1.23	1.12	1.16	1.16	1.13	1.20	1.20
山西	0.85	0.96	0.94	0.93	0.93	0.90	1.02	1.03	0.41	0.67
江苏	1.08	1.06	1.16	0.97	1.03	1.02	1.01	0.95	1.07	1.00
浙江	0.65	0.69	0.60	0.60	0.63	0.64	0.66	0.66	0.65	0.65
安徽	1.04	0.85	0.94	0.84	0.90	0.91	0.87	0.90	0.86	0.91
江西	0.72	0.84	0.85	0.86	0.79	0.79	0.84	0.86	0.82	0.64
山东	1.18	1.28	1.21	1.11	1.17	1.11	1.22	1.23	1.06	1.17
河南	1.08	0.66	0.85	0.91	0.97	0.89	0.95	0.85	0.86	0.83
湖北	0.89	0.87	0.89	0.87	0.89	0.92	0.81	0.91	0.88	0.99
湖南	0.83	0.89	0.92	0.94	0.96	0.95	0.93	0.87	0.85	0.81
四川	0.38	0.39	0.46	0.38	0.25	0.27	0.26	0.27	0.24	0.24
陕西	0.76	0.77	0.86	0.88	0.80	0.77	0.87	0.83	0.72	0.71
甘肃	1.06	1.20	1.12	1.17	1.08	1.05	1.06	1.00	0.96	1.08
新疆	1.77	2.04	1.78	1.96	1.61	1.69	1.69	1.83	1.94	1.76

3. 糖料作物

糖料作物主要有甘蔗和甜菜两大类，其中，广西、重庆、四川、贵州、云南等地区种植甘蔗，而西北的甘肃、新疆和内蒙古等地区种植甜菜。广西糖料作物综合比较优势指数居于西部第一，同样也多年居于全国首位，2011 年为 2.18。其次是云南省，2011 年达到了1.27，但整体上有所下降。其余省或自治区均小于 1，与全国平均水平相比，不具有比较优势。

表 4 – 10　西部主要省（市、区）与其他省（市、区）糖料作物
综合比较优势指数

年份\地区	2002	2003	2004	2005	2006	2007	2008	2009	2010	2011
河北	0.21	0.26	0.28	0.41	0.41	0.34	0.37	0.26	0.33	0.31
山西	0.40	0.42	0.22	0.24	0.30	0.41	0.48	0.46	0.53	0.63
辽宁	0.61	0.25	0.23	0.38	0.44	0.61	0.55	0.44	0.37	0.43
吉林	0.77	0.31	0.27	0.29	0.29	0.30	0.48	0.26	0.24	0.38
黑龙江	0.89	0.39	0.48	0.63	0.70	0.98	1.01	0.52	0.73	0.73
上海	1.18	0.98	1.25	1.13	0.93	0.63	0.78	0.87	1.13	0.85
江苏	0.61	0.66	0.60	0.62	0.52	0.58	0.46	0.49	0.40	0.39
浙江	1.47	1.62	1.43	1.37	1.35	1.46	1.30	1.32	1.22	1.21
安徽	0.46	0.41	0.36	0.39	0.41	0.42	0.48	0.43	0.43	0.42
福建	1.29	1.33	1.09	1.06	1.01	0.88	0.95	0.89	0.81	0.81
江西	0.80	0.84	0.79	0.73	0.61	0.59	0.62	0.59	0.55	0.51
河南	0.47	0.36	0.32	0.37	0.33	0.27	0.37	0.37	0.38	0.36
湖北	0.69	0.61	0.49	0.47	0.45	0.38	0.26	0.31	0.33	0.30
湖南	0.88	0.78	0.69	0.67	0.63	0.64	0.60	0.59	0.55	0.53
广东	2.01	1.91	1.93	1.92	1.94	1.76	1.71	1.82	1.74	1.74
广西	2.16	2.24	2.23	2.27	2.23	2.20	2.20	2.17	2.22	2.18
重庆	0.66	0.66	0.59	0.56	0.48	0.51	0.49	0.54	0.49	0.47
四川	0.79	0.82	0.74	0.71	0.59	0.61	0.72	0.57	0.55	0.49
贵州	0.63	0.66	0.56	0.54	0.49	0.50	0.52	0.50	0.67	0.60
云南	1.49	1.54	1.48	1.35	1.31	1.30	1.35	1.25	1.17	1.27
甘肃	0.49	0.45	0.43	0.39	0.34	0.34	0.44	0.40	0.39	0.32
新疆	0.92	0.88	0.83	0.88	0.73	0.66	0.64	0.73	0.64	0.76
内蒙古	0.70	0.55	0.51	0.64	0.65	0.58	0.61	0.52	0.61	0.59

西部糖料作物产业布局应作如下调整：进一步提高广西和云南两地区甘蔗作物的专业化和规模化水平，巩固提高新疆和内蒙古两地区甜菜的专业化程度，尽快超过全国平均水平，其余地区的糖类作物要缩减生产规模。

4. 烟叶作物

云南烟叶作物综合比较优势指数居于西部第一，同样也多年居于全国首位，2011 年为 1.84，但整体呈现下降的趋势。其次是贵州，2011 年达到了 1.33，2001—2011 年期间变动比较稳定，重庆、陕西和四川三地区的综合比较优势指数也大于 1，这 5 个地区在烟叶生产过程中都具有比较优势。而剩余的广西、甘肃和内蒙古等地区与全国平均水平相比，不具有比较优势（如表 4 - 11 所示）。

西部烟叶产业布局应作如下调整：进一步加强云南地区烟叶作物的专业化和规模化水平，加快提高贵州、重庆、陕西和四川等地区烟叶专业化程度，其余地区的烟叶作物要缩减生产规模。

表 4 - 11　　西部主要省（市、区）与其他省（市、区）烟叶
作物综合比较优势指数

年份 地区	2002	2003	2004	2005	2006	2007	2008	2009	2010	2011
河北	0.47	0.48	0.45	0.42	0.39	0.28	0.26	0.28	0.29	0.28
山西	0.41	0.43	0.37	0.38	0.46	0.44	0.64	1.00	0.71	0.85
辽宁	0.90	0.94	0.93	1.07	1.26	1.49	1.20	0.96	0.81	0.76
吉林	1.43	1.27	1.31	1.07	1.25	1.19	1.20	1.30	1.23	1.24
黑龙江	0.84	0.85	0.85	0.94	1.12	1.15	1.16	1.17	1.34	1.27
浙江	0.60	0.66	0.55	0.53	0.58	0.63	0.71	0.50	0.48	0.47
安徽	0.53	0.50	0.50	0.49	0.49	0.51	0.55	0.58	0.57	0.55
福建	1.70	1.85	1.74	1.66	1.74	1.91	1.88	1.89	1.72	1.78
江西	0.57	0.62	0.60	0.61	0.65	0.68	0.70	0.70	0.62	0.72
山东	0.78	0.87	0.65	0.68	0.71	0.77	0.78	0.91	0.76	0.75
河南	1.00	1.01	0.93	1.00	1.05	0.97	1.02	1.02	1.02	1.00
湖北	0.75	0.72	0.76	0.78	0.74	0.71	0.71	0.78	0.79	0.81
湖南	1.18	1.26	1.23	1.25	1.25	1.23	1.15	1.12	1.14	1.10

续表

地区 \ 年份	2002	2003	2004	2005	2006	2007	2008	2009	2010	2011
广东	1.08	1.12	1.07	0.99	1.00	0.91	0.95	0.95	0.96	0.93
广西	0.57	0.66	0.64	0.62	0.65	0.53	0.53	0.58	0.49	0.50
重庆	1.26	1.32	1.29	1.26	1.33	1.18	1.20	1.24	1.14	1.19
四川	0.99	1.02	1.00	1.12	1.10	1.06	1.11	1.14	1.09	1.02
贵州	1.49	1.56	1.44	1.44	1.41	1.45	1.51	1.47	1.47	1.33
云南	2.13	2.20	2.05	2.08	2.00	2.05	2.04	1.94	1.91	1.84
陕西	0.97	0.98	0.96	0.99	0.94	0.93	1.02	0.99	1.08	1.06
甘肃	0.61	0.88	0.64	0.74	0.81	0.43	0.41	0.44	0.47	0.45
内蒙古	0.47	0.65	0.62	0.63	0.87	0.77	0.48	0.51	0.57	0.51

（三）考虑环境约束下的西部主要经济作物比较优势分析

农业生产中的碳排放以及引发的环境问题日益受到重视。农业碳排放的碳源种类主要有农田化肥使用过程中的碳排放；农药使用过程中所引起的碳排放；农田废弃物产生的碳排放，主要指农作物秸秆资源的露天焚烧；还有就是农业机械使用过程产生的碳排放。根据赖斯芸等（2004）[1]、梁流涛（2009）[2] 等的研究，西部经济作物生产过程的碳排放主要来源于化肥使用与农药使用产生的碳排放。

本书根据碳排放主要来源化肥和农药使用状况，修改综合比较优势。鉴于数据获得的情况，本书修改的依据为，根据化肥使用量调整效率优势，根据农药使用费调整效益优势。每亩化肥使用量越多，单产会越多，但碳排放量也会越多。类似地，在传统的效益优势中，并没有考虑成本问题，而农药既是农业生产中物质费用，同时也会带来更多的环境成本，因此有必要把农药使用状况考虑进来。此外，如果

---

[1]　赖斯芸、杜鹏飞、陈吉宁：《基于单元分析的非点源污染调查评估方法》，《清华大学学报》（自然科学版）2004 年第 9 期。

[2]　梁流涛：《农村生态环境时空特征及其演变规律研究》，博士学位论文，南京农业大学，2009 年。

不考虑农业环境约束下的比较优势，有可能出现低估或高估情况，将不能科学地衡量地区农业比较优势。因此本书对效率优势和效益优势的修改如表4-12所示。其中每亩化肥使用量和每亩农药费用均来自2012年《全国农产品成本收益资料汇编》，本书虽只计算了2011年西部棉花、花生、油菜籽、烟叶、甜菜和甘蔗等作物的比较优势，但也能发现，没有考虑环境约束下的比较优势出现了低估或高估情况。

表4-12   比较优势计算公式的修改

	计算公式	说明
效率优势指数	$EAI'_{ij} = \dfrac{AP_{ij}}{AP_j} \Big/ \dfrac{FE_{ij}}{FE_j}$	EAI'_{ij}为修改后效率优势指数，FE_{ij}为i区域j种经济作物单位化肥使用量，FE_j为全国j种经济作物平均单位化肥使用量
效益优势指数	$BAI'_{ij} = \dfrac{NO_{ij}}{NO_j} \Big/ \dfrac{PE_{ij}}{PE_j}$	BAI'_{ij}为修改后的效益优势指数，PE_{ij}为i区域j种经济作物单位农药费用，PE_j为全国j种经济作物平均单位农药费用
综合比较优势指数	$AAI'_{ij} = \sqrt[3]{SAI_{ij} BAI'_{ij} EAI'_{ij}}$	$AAI'_{ij} > 1$，表明与全国平均水平相比，i区j种经济作物具有综合比较优势；反之处于劣势，AAI'_{ij}值越大，综合比较优势越明显

根据表4-13显示，考虑碳排放情形时，内蒙古综合比较优势变化较大，油菜籽由0.90变化为2.44，甜菜由1.94变化为2.03，烟草由0.70变化为0.92，没有考虑碳排放情形，均低估了综合比较优势指数，特别是油菜籽由没有比较优势变化为具有比较优势。广西、重庆、四川、贵州、青海等地区的经济作物综合比较优势均被低估了，而云南省的油菜籽被高估了，甘蔗被低估了，陕西和甘肃的油菜籽也被高估了，其他则被低估了，另外，新疆的甜菜也被高估了，棉花被低估了。因此，当考虑化肥和农药使用过程产生的环境污染时，才能有效地调整经济作物产业结构，才能保证自然、农业、经济和社会的协调发展。

表4-13　　2011年考虑环境约束下的经济作物比较优势分析

	花生		油菜籽		甘蔗		甜菜		棉花		烟草	
	未考虑	考虑	未考虑	考虑	未考虑	考虑	未考虑	考虑	未考虑	考虑	未考虑	考虑
天津									1.60	1.54		
河北	1.24	1.37							1.20	1.33	0.27	0.56
山西									0.92	1.20		
内蒙古			0.90	2.44			1.94	2.03			0.70	0.92
辽宁	1.44	1.53									0.76	0.95
吉林											1.50	1.56
黑龙江							2.43	2.86			1.56	2.09
江苏			1.27	1.02					0.98	0.93		
浙江			1.20	0.97								
安徽	1.04	1.23	1.11	0.99					0.90	0.82	0.55	0.51
福建	1.14	0.92									1.77	1.82
江西			0.77	0.73					0.63	0.46	0.72	0.67
山东	1.49	1.39							1.14	1.21	0.75	0.60
河南	1.49	1.36	0.75	1.02					0.83	1.03	1.02	1.23
湖北			1.21	1.13					0.98	0.84	0.82	0.80
湖南			1.06	1.13	0.54	0.55			0.79	0.66	1.09	0.92
广东	1.27	1.26			1.77	1.32					0.92	0.85
广西	0.74	0.99			2.22	2.19					0.50	0.55
海南					1.79	2.28						
重庆			1.22	2.35							1.20	1.31
四川	0.71	1.07	1.49	1.58	0.50	0.52					1.02	1.22
贵州			0.92	1.44							1.33	1.81
云南			0.80	0.63	1.30	1.66						
陕西			1.26	1.16					0.74	0.97	1.12	1.35
甘肃			1.14	0.98					1.25	1.61	0.53	0.82
青海			1.38	1.57								
新疆							1.31	1.11	1.78	1.79		

注：空格表示无数据。

二　经济作物产业结构演进的稳定性评价

标准差是衡量经济波动的幅度，考察结构变动的稳定性。某产业增长的标准差，表示该产业一定时期内相对于平均增长速度的平均波动幅度量的大小，衡量了结构变动的绝对波动幅度；而实际波动幅度与其平均增长速度相比的离散程度，衡量了结构变动的相对波动幅度。相对波动系数越大，产业相对波动程度越大，产业增长越不稳定。绝对波动系数计算公式为：

$$\sigma = \left[\frac{\sum (x - \bar{x})^2}{n} \right]^{1/2}$$

而相对波动系数为：

$$V_\sigma = (\sigma / \bar{x}) \times 100\%$$

其中，σ 为绝对波动系数，或标准差；x 是某产业一定时期内各年的产出增长速度；n 是一定时期内年数；$\bar{x}$ 是某产业一定时期内产出的平均增长速度。

表 4 - 14 显示，在甘蔗生产中，2002—2006 年的第一阶段，重庆的相对波动系数远高于全国平均水平，产出十分不稳定，广西略低于全国平均水平，产出稳定，两地区波动方向与全国一致。云南相对波动系数远高于全国平均水平，相对波动系数越高产出越不稳定。四川和贵州两省低于全国平均水平，相对波动系数贵州更低，产出相对稳定，但 3 省与全国波动方向相反。在 2007—2011 年的第二阶段，四川相对波动系数高于全国平均水平，而贵州则低于全国水平，两省甘蔗产出均出现不同程度的负增长，与全国增长方向相反。重庆甘蔗生产趋于稳定，相对波动系数为 0.84，低于全国平均水平 0.95；云南甘蔗产出已出现了正增长，相对波动系数略低于全国平均水平；而广西继续保持了高速增长，相对波动系数略高于全国平均水平，但产出相对不稳定。

而甜菜生产中，2002—2006 年的第一阶段，新疆、内蒙古和甘肃 3 省区的波动方向与全国一致，均是负增长，其中新疆波动幅度远高于全国平均水平，极不稳定，而内蒙古和甘肃 2 省区则相对稳定。在 2007—2011 年的第二阶段，新疆和内蒙古 2 区出现了正增长，与全国一致，波动相对稳定，而甘肃出现了更大幅度的负波动，与全国波动方向不一致。

油菜籽生产中，2002—2006 年的第一阶段，贵州、云南、新疆和广西出现了负增长，且贵州和云南 2 省相对波动系数远高于全国平均水平，产出不稳定。而西南的重庆、陕西、四川 3 省市与西北的青海、内蒙古、甘肃 3 省区波动方向与全国相反，并均低于全国平均水平，产出相对稳定。在 2007—2011 年的第二阶段，只有内蒙古出现了负增长，其他均与全国增长方向一致，出现了正增长，其中贵州和广西相对波动系数高于全国平均水平，相对不稳定。

棉花生产中，2002—2006 年的第一阶段，全国棉花生产出现了正增长，甘肃省的相对波动系数略高于全国平均水平，陕西和新疆的相对波动系数均低于全国平均水平，3 省区波动方向均与全国一致。而在 2007—2011 年的第二阶段则转变了负的增长，3 省区波动方向也与全国一致，陕西和甘肃 2 省相对波动系数低于全国平均水平，生产相对比较稳定，新疆棉花产出极不稳定，相对波动系数达到了 -36.18，远高于全国平均水平。

烟叶生产中，2002—2006 年的第一阶段，全国平均水平为 2.13，出现了正增长，而西部中只有广西出现了负增长，其余省区产出相对稳定。在 2007—2011 年的第二阶段，西部 5 省区烟叶产出增长均与全国正增长保持一致，但只有四川、云南和广西的产出保持了相对稳定，而重庆和贵州 2 省市烟叶产出不稳定，相对波动系数分别为 9.48 和 2.55。

茶叶产出中，不论在第一阶段还是第二阶段，西部各省区均与全国波动方向一致，产出相对稳定。

麻类作物生产的第一阶段中，西部的四川和新疆产出相对稳定，出现了与全国一致的正增长。而在第二阶段 2 省区均出现了负增长，但波动相对稳定。

综上所述，西部经济作物生产的第一阶段不稳定性较大，第一阶段正是西部大开发的第一阶段，西部经济作物生产受到相应的政策影响较大，且西部农户生产还缺乏规模化、专业化以及组织化的指导，相应波动较大。而随着第二阶段 5 年的不断调整，经济作物生产布局基本完成，农民专业合作组织也得到了相应的发展，经济作物产出波动相对稳定（如表4－14所示）。

表4－14　　以播种面积衡量的西部主要经济作物相对波动系数

	烟叶		茶叶		麻类		甘蔗	
	2002—2006 年	2007—2011 年	2002—2006 年	2007—2011 年	2002—2006 年	2007—2011 年	2002—2006 年	2007—2011 年
重庆	0.84	9.48	0.83	0.83			10.44	0.84
四川	0.82	1.08	0.80	0.80	0.46	－ 0.89	－ 0.85	－ 1.18
贵州	1.09	2.55	0.84	0.80			－ 0.45	－ 0.85
云南	0.88	0.81	0.81	0.81			－ 15.37	0.90
广西	－ 0.91	1.08	0.81	0.82			0.82	1.11
陕西			0.80	0.80				
甘肃								
青海								
宁夏								
新疆					0.98	－ 0.89		
内蒙古								
全国	2.13	1.36	0.80	0.80	1.12	－ 0.81	0.86	0.95

	甜菜		油菜籽		棉花	
	2002—2006 年	2007—2011 年	2002—2006 年	2007—2011 年	2002—2006 年	2007—2011 年
重庆			2.48	0.81		
四川			0.86	0.85		
贵州			－ 19.68	1.83		
云南			－ 4.95	0.93		
广西			－ 0.87	1.13		
陕西			1.38	0.81	0.88	－ 0.92
甘肃	－ 0.85	－ 4.92	0.83	0.87	1.15	－ 0.83
青海			2.24	0.88		
宁夏						
新疆	－ 4.63	0.92	－ 1.07	0.99	0.83	－ 36.18
内蒙古	－ 1.91	1.09	0.86	－ 0.99		
全国	－ 1.24	0.99	－ 3.79	0.88	0.93	－ 1.03

注：空格表示无数据。

资料来源：根据 2003—2012 年《中国统计年鉴》计算而得。

三　经济作物产业结构同构性评价

衡量区域间经济作物种植结构是否合理的方法可以使用产业结构同构性评价。如果一个区域农业生产条件基本一致，如相同的气候、日照、土壤、水资源等，那么该区域中农作物种植结构不应相差太大，否则可以认为该区域种植业结构不合理。区域产业结构同构性系数计算公式为：

$$S_{ij} = \frac{\sum\limits_{k=1}^{n} X_{ik} X_{jk}}{\sqrt{\sum\limits_{k=1}^{n} X_{ik}^{2}} \sqrt{\sum\limits_{k=1}^{n} X_{jk}^{2}}}$$

其中，i 和 j 表示相比较的两个区域，X_{ik} 和 X_{jk} 分别表示农业部门 k 在区域 i 和 j 的农作物产业结构中所占的比重，一般用播种面积占总面积的比重来衡量。一般地，$S_{ij} \in [0, 1]$，若 $S_{ij} = 1$，则说明农作物的区域产业结构完全相同，$S_{ij} = 0$ 则表示完全不同，S_{ij} 越大，同构性程度越高，否则越小。

本书以西部各地区相对于西部水平，以及分西南和西北两区域来衡量西部各省（市、区）的经济作物产业结构的同构性。首先以西部作为参考物，如表 4 - 15 所示[①]，西部整体与云南省的结构比较相似，达到了 0.75，其次是贵州、广西、陕西以及重庆，这 4 个地区均超过了 0.6，其余省（市、区）均小于 0.6，相似性程度较低。由于重庆与四川在自然资源环境等方面非常相似，两个地区的经济作物产业结构相似度最高，达到了 0.92，其次重庆与陕西和甘肃的产业结构相似度分别为 0.69 和 0.62，但其他几省区市相似度较低，特别是与西北的青海、宁夏、内蒙古和新疆，由于双方农业生产环境有极大的不同，重庆与新疆的相似度只有 0.01，几乎完全不同。从表 4 - 15 中还可以发现，新疆和内蒙古与其他省区市相似度均较低，而且西南与西北两区域各省区市之间相似度也较低。表 4 - 16 和表 4 - 17 进一步显示，西南 5 省区市内部产业结构相似程度近似，最高是贵州和云南两

[①] 表 4 - 15、表 4 - 16 和表 4 - 17 的数据均根据 2012 年《中国统计年鉴》相关数据整理而得，空格表示无数据。

省，最低的是贵州和广西两省区市。而西北6省区市内部产业结构相似程度要低于西南地区，由于西北各地自然环境各异，相似程度最高的为宁夏和甘肃，只有0.81，其次是甘肃和青海，其余均没有超过0.5，而新疆相对西北其他省区市，相似程度均最低，与内蒙古、甘肃分别达到了0.36和0.34，而陕西、青海和宁夏均没有超过0.1。

表4-15 2011年西部各省区市经济作物内部的结构相似度系数

地区	西部	重庆	四川	贵州	云南	广西	陕西	甘肃	青海	宁夏	新疆
西部	—										
重庆	0.62	—									
四川	0.57	0.92	—								
贵州	0.65	0.52	0.58	—							
云南	0.75	0.43	0.45	0.89	—						
广西	0.63	0.26	0.29	0.16	0.39	—					
陕西	0.63	0.69	0.60	0.76	0.60	0.21	—				
甘肃	0.50	0.62	0.34	0.32	0.20	0.12	8.23	—			
青海	0.36	0.10	0.44	0.52	0.19	0.05	0.64	0.61	—		
宁夏	0.35	0.13	0.17	0.19	0.16	0.11	0.69	0.95	0.42	—	
新疆	0.41	0.01	0.06	0.02	0.01	0.01	0.16	0.20	0.03	0.03	—
内蒙古	0.44	0.03	0.16	0.15	0.07	0.04	0.20	0.31	0.26	0.12	0.55

表4-16 2011年西南5省区市经济作物内部的结构相似度系数

地区	西南	重庆	四川	贵州	云南	广西
西南	—					
重庆	0.71	—				
四川	0.65	0.70	—			
贵州	0.76	0.57	0.61	—		
云南	0.83	0.48	0.40	0.86	—	
广西	0.65	0.32	0.34	0.21	0.40	—

表 4 - 17　　2011 年西北 6 省区经济作物内部的结构相似度系数

地区	西北	陕西	甘肃	青海	宁夏	新疆	内蒙古
西北	—						
陕西	0.16	—					
甘肃	0.53	0.42	—				
青海	0.36	0.23	0.54	—			
宁夏	0.43	0.34	0.81	0.27	—		
新疆	0.73	0.08	0.34	0.07	0.05	—	
内蒙古	0.28	0.46	0.36	0.50	0.20	0.36	—

综上所述，西南和西北两区域经济作物产业结构相似度各异，其中西南各省区市彼此间的相似度要高于西北，西北各省产业结构生产布局调整向着合理化方向转变，而西南各省则还需要进一步调整生产布局，合理进行区域规划，降低产业同构性，优化产业结构。

四　经济作物生产环节的成本效益评价

由于各个经济作物的生物特性不同，所投入的人力、物力等要素差异很大，分析不同经济作物生产的成本和效益，将有利于分析经济作物种植环节投入产出的效率与效益，合理地分配资源，优化经济作物产业的投入和产出结构。

（一）经济作物生产成本分析

1. 棉花

表 4 - 18 给出了西部与中国其他省区市棉花生产成本及其构成，劳动力投入增长是生产成本持续上升的主要原因。虽然西部地区的甘肃和新疆两省区的劳动力成本远没有其他省区市的高，但其物质费用相对来说比较高，分别达到了 700.68 元/亩和 779.78 元/亩，比最低的河南省 338.62 元/亩分别高出 362.06 元/亩和 441.16 元/亩。对于单位产品成本来说，西部地区的陕西省为最高，达到了 1273.6 元/50 公斤，甘肃和新疆两省区相对低些。物质费用成为西部甘肃和新疆两省区棉花生产成本的主要构成因素，而陕西劳动力投入是其生产成本的主要构成因素，因此，不同地区需要调整不同的投入结构。

表 4 – 18   2011 年西部与其他省区市棉花生产成本及其构成

地区	单位面积成本			单位产品成本
	生产成本（元/亩）	物质费用（元/亩）	劳动投入（元/亩）	（元/50 公斤）
平均	1380.3	522.13	858.21	699.93
天津	1135.6	438.75	696.81	544.28
河北	1348.1	375.46	972.66	720.64
山西	1273.6	532.08	741.49	953.35
江苏	1502.3	361.84	1140.4	1023.7
安徽	1243.3	449.91	793.37	671.25
江西	1688.3	487.94	1200.4	783.61
山东	1395	415.85	979.14	793.59
河南	1295.2	338.62	956.57	936.38
湖北	1464.6	454.66	1009.9	750.55
湖南	1631.1	465.62	1165.5	829.26
陕西	1594.2	389.4	1204.7	1273.6
甘肃	1561.1	700.68	860.42	609.55
新疆	1355.4	779.78	575.63	545.52

资料来源：2012 年《全国农产品成本收益资料汇编》。

2. 花生

对于单位面积成本，西部的广西、重庆和四川三地不仅低于全国平均水平，也低于福建、河北、山东和广东等省花生的生产成本。在物质费用中，广西、重庆和四川三地花生生产的种子费和化肥费总共为 339.69 元/亩、194.69 元/亩和 209.28 元/亩，均比全国水平以及其他地区低，而劳动力投入分别为 445.48 元/亩、597 元/亩和 523 元/亩，其中重庆是全国花生劳动力投入成本最高的地区，广西和四川的劳动力成本也较高。因此，西部花生生产成本中劳动力投入成本是主要影响因素。在单位产品成本中，广西、重庆和四川三地分别为 222.01 元/50 公斤、305.63 元/50 公斤和 218.21 元/50 公斤，基本上没有优势。

表4-19　　　2011年西部与其他省区市花生生产成本及其构成

地区	单位面积成本			单位产品成本
	生产成本（元/亩）	物质费用（元/亩）	劳动投入（元/亩）	（元/50公斤）
平均	802.79	403.64	399.15	168.29
河北	884.34	471.44	412.9	180.75
辽宁	677.73	380.03	297.7	171.93
安徽	765.07	349.23	415.84	189.63
福建	1052.5	501.11	551.43	232.23
山东	925.09	488.54	436.55	161.85
河南	705.76	395.24	310.52	131.5
广东	805.33	376.01	429.32	218.12
广西	785.17	339.69	445.48	222.01
重庆	791.69	194.69	597	305.63
四川	732.28	209.28	523	218.21

资料来源：2012年《全国农产品成本收益资料汇编》。

3. 油菜籽

重庆是西部油菜籽单位面积生产成本最低的，只有443.23元/亩，物质费用和劳动成本分别为134.15元/亩和309.08元/亩，西部其他地区基本上都远大于东部和中部油菜籽生产成本。在物质费用中，四川只有89.53元/亩，处于最低水平，而甘肃为251.46元/亩，处于最高水平，但是两地区的劳动力成本相差无几，甘肃为517.08元/亩、四川为514.11元/亩，分别处于第一位、第二位，西部其他地区的劳动力成本也高于东中部地区，劳动力成本成为影响生产成本的主要因素，劳动力成本上升严重制约了油菜籽的生产。对于单位产品成本，西部的重庆和贵州较低，均没有超过200元/50公斤，甘肃、云南、四川、青海、陕西和内蒙古均超过了200元/50公斤，但与长江中游油菜籽优势区域相比，已没有比较优势。

表 4 - 20   2011 年西部与其他省区市油菜籽生产成本及其构成

地区	单位面积成本			单位产品成本
	生产成本（元/亩）	物质费用（元/亩）	劳动投入（元/亩）	（元/50 公斤）
平均	501	178.09	322.91	189.38
江苏	338.57	118.09	220.48	299.99
浙江	584.52	198.03	386.49	207.87
安徽	418.83	178.47	240.36	137.39
江西	450.19	193.69	256.5	216.3
河南	438.19	178.72	259.47	178.97
湖北	350.89	149.21	201.68	181.32
湖南	437.82	198.66	239.16	153.26
重庆	443.23	134.15	309.08	161.01
四川	603.64	89.53	514.11	234.72
贵州	605.19	189.02	416.17	187.14
云南	546.28	162.54	383.74	254.47
陕西	682.66	207.54	475.12	207.06
甘肃	768.54	251.46	517.08	276.23
青海	591.15	237.09	354.06	207.9
内蒙古	638.97	196.71	442.26	200.45

资料来源：2012 年《全国农产品成本收益资料汇编》。

4. 烤烟

除了安徽省单位面积成本最低外，贵州和云南两省均低于西部以及东中部地区，贵州和云南两省烤烟生产成本比较优势突出。但在烤烟生产成本构成中，劳动力成本占主要因素，均比物质费用高。西部地区烤烟平均单位面积成本为 2217.08 元/亩，略低于全国平均水平，物质费用成本只有 848.55 元/亩，比全国平均水平低 76.79 元/亩，但劳动投入成本达到了 1368.53 元/亩，略高于全国平均水平。劳动力成本过高已成为制约西部烤烟行业发展的重要因素。

表 4 - 21　　　 2011 年西部与其他省区市烤烟生产成本及其构成

地区	单位面积成本			单位产品成本
	生产成本（元/亩）	物质费用（元/亩）	劳动投入（元/亩）	（元/50 公斤）
平均	2278.1	925.34	1352.7	788.19
河北	2343.5	1373.7	969.78	656.08
辽宁	2332.8	981.09	1351.7	484.43
吉林	2164.1	788.27	1375.8	598.18
黑龙江	2023.5	854.68	1168.8	518.56
安徽	1689.5	736.3	953.18	474.48
福建	2425.2	1120	1305.2	673.38
江西	2402.6	1012.5	1390.1	860.7
山东	2455.1	1194.2	1260.9	720.26
河南	2543.4	1297.7	1245.7	723.36
湖北	2336	865.8	1470.2	774.82
湖南	2185.6	847.71	1337.9	805.97
广东	2631.9	1118.8	1513.1	771.92
广西	2466.7	1035.1	1431.6	842.15
重庆	2123.3	787.38	1335.9	861.43
四川	2123	785.5	1337.5	801.9
贵州	1972.1	763.58	1208.5	749.56
云南	1993.7	784.73	1209	1083.2
陕西	2408.8	986.05	1422.8	765.25
甘肃	2286.9	832.45	1454.4	816.15
内蒙古	2362.1	813.6	1548.5	758.67

资料来源：2012 年《全国农产品成本收益资料汇编》。

5. 甘蔗

对于甘蔗生产成本，西部四川省的单位面积生产成本为 1753.6 元/亩，高于云南和广西两省区的 1144.5 元/亩和 1480.6 元/亩，这其中的劳动力成本占了较大的比重。四川甘蔗生产规模小，2010 年的产量只有 87.68 万吨，远低于云南和广西两省区，这使其生产成本较高。广西作为甘蔗第一生产地，虽然其产量第一，但单位面积生产成本达到了 1480.6 元/亩，单位产品成本为 16.28 元/50 公斤，不具有竞争优势，阻碍了其甘蔗生产竞争力的提高。

表 4－22   2011 年西部与其他省区市甘蔗生产成本及其构成

地区	单位面积成本			单位产品成本
	生产成本（元/亩）	物质费用（元/亩）	劳动投入（元/亩）	（元/50 公斤）
平均	1448.6	664.46	784.17	15.2
湖南	1757.2	665.71	1091.5	20.26
广东	1738.8	921.08	817.76	14.91
广西	1480.6	694.84	785.73	16.28
海南	1472.7	672.05	800.67	17.57
四川	1753.6	793.75	959.81	15.79
云南	1144.5	415.04	729.43	11.21

资料来源：2012 年《全国农产品成本收益资料汇编》。

6. 甜菜

中国甜菜的生产主要集中在黑龙江、新疆和内蒙古三省区，西部新疆和内蒙古两地甜菜生产的物质费用和劳动力投入均大大高于黑龙江，内蒙古甜菜生产的单位产品成本为 15.01 元/50 公斤，高出黑龙江 3.32 元/50 公斤。高投入已经影响了新疆和内蒙古两地甜菜生产的效益。

表 4－23   2011 年西部与其他省区市甜菜生产成本及其构成

地区	单位面积成本			单位产品成本
	生产成本（元/亩）	物质费用（元/亩）	劳动投入（元/亩）	（元/50 公斤）
平均	866.96	474.54	392.42	12.67
内蒙古	997.38	479.21	518.17	15.01
黑龙江	591.39	331.74	259.65	11.69
新疆	1098	629.71	468.32	12.32

资料来源：2012 年《全国农产品成本收益资料汇编》。

　　总的来看，西部地区的许多经济作物生产成本高的主要原因是劳动力投入成本太高。首先，随着农村劳动力的大量转移，以及经济作物生产机械化、规模化程度低，难以提高单位劳动效率，这将进一步增加经济作物的生产成本。其次，随着经济社会的发展，劳动力费用越来越高，成为西部地区经济作物生产过程中劳动力成本不断上升的重要因素。最后，经济作物生产资料的投入较高，物质费用中种子、化肥、农药费用、机械租赁作业费占主要因素（如表4－24所示）。

　　（二）经济作物生产收益分析

　　经济作物生产收益分析要考虑单位面积收益与单位产品收益两个方面。表4－25显示了2011年西部经济作物单位面积产值、净利润以及单位产品净利润的状况。

　　产值是反映农民种植效益的重要指标。表4－25表明了西部油菜籽生产产值区域差异很大，其标准差为154.89，2011年全国每亩油菜籽产值为608.79元/亩，西部油菜籽生产产值中，云南省最高，为761.37元/亩，最低的为内蒙古，只有277.57元/亩。青海为738.78元/亩、四川为724.16元/亩、甘肃为720.10元/亩、陕西为640.54元/亩，均高于全国平均水平，其他省区市均低于全国平均水平。青海、四川和甘肃等相对其他地区，在油菜籽生产过程中具有生产优势，相对来说内蒙古和贵州等地则没有生产优势。因此，西部油菜籽生产布局上，要考虑不同地区的生产优势，形成规模优势，提高竞争力。表4－25给出了2011年西部花生、棉花、甘蔗和甜菜生产收益的变化状况。西部花生主要产区为广西、重庆和四川三地，其单位面积产品产值分别为1531.49元/亩、1057.64元/亩和987.6元/亩，均低于全国平均水平1681.46元/亩。表明广西、重庆和四川三省花生生产效益低，相对东部的山东等地不具有区域优势。四川的花生生产产值最低，农民种植效益最差。对于棉花来说，甘肃省单位面积产品产值为2749.74元/亩，远远高于全国平均水平1779.94元/亩，甘肃省棉花产值高，具有一定的生产优势，虽然新疆是西部地区，甚至是全国棉花生产大区，但其单位面积产品产值为2212.93元/亩，新疆棉花生产规模优势还没有转变为效益优势。陕西省棉花生产的单位面

表4—24　　2011年西部地区和全国经济作物每亩物质与服务费用平均水平

单位:元/亩

每亩物质与服务费用	油菜籽		花生		棉花		甘蔗		甜菜		烤烟	
	全国平均	西部平均	全国平均	西部平均	全国平均	西部平均	全国平均	西部平均	全国平均	西部平均	全国平均	西部平均
每亩物质与服务费用	178.09	181.50	403.64	247.89	522.13	623.29	664.46	634.54	474.54	554.46	925.34	841.80
种子费	15.75	14.28	165.40	125.07	51.78	61.72	134.12	132.32	72.09	84.99	48.37	38.15
化肥费	77.22	75.82	119.79	60.37	181.34	189.77	336.47	335.99	154.00	167.44	267.64	252.89
农家肥费	9.57	14.39	9.76	15.01	16.78	20.91	10.98	11.13	12.68	24.86	31.57	29.43
农药费	11.32	8.62	29.34	9.49	65.10	38.18	38.90	32.51	13.81	15.30	40.28	27.26
农膜费			9.99		28.20	48.62	4.77	12.65	9.00	12.74	35.04	33.69
机械租赁作业费	53.00	59.68	59.79	27.11	143.38	223.66	82.15	70.34	127.57	148.93	96.05	90.87
燃料动力费					1.81	0.00	0.18	0.00	0.07	0.00	319.30	301.72
总计	167.23	172.78	394.59	237.98	488.39	582.85	607.57	594.94	389.22	454.26	838.25	774.00
所占比重	0.94	0.95	0.98	0.96	0.94	0.94	0.91	0.94	0.82	0.82	0.91	0.92

注:空格表示无数据。

资料来源:2012年《全国农产品成本收益资料汇编》。

表4-25　2011年西部经济作物生产收益状况

油菜籽

		全国平均	内蒙古	重庆	四川	贵州	云南	陕西	甘肃	青海
单位面积收益	产品产值（元/亩）	608.79	277.57	607.56	724.16	482.01	761.37	640.54	720.10	738.78
	净利润（元/亩）	21.27	-117.54	-116.00	39.42	-116.85	-37.22	-201.82	-1.44	52.14
	成本利润率（%）	3.62	-29.75	-16.03	5.76	-19.51	-4.66	-23.96	-0.20	7.59
单位产品收益	出售价格（元/50公斤）	230.12	245.94	236.24	223.93	224.53	230.93	230.22	253.25	231.76
	净利润（元/50公斤）	8.04	-104.15	-45.10	12.19	-54.43	-11.29	-72.54	-0.51	16.36

棉花

		全国平均	陕西	甘肃	新疆
单位面积收益	产品产值（元/亩）	1779.94	1354.98	2749.74	2212.93
	净利润（元/亩）	202.49	-322.36	946.66	570.59
	成本利润率（%）	12.84	-19.22	52.50	34.74

甘蔗

		全国平均	广西	四川	云南
单位面积收益	产品产值（元/亩）	2327.06	2288.85	2586.54	2196.88
	净利润（元/亩）	700.52	644.01	651.36	871.25
	成本利润率（%）	43.07	39.15	33.66	65.72

甜菜

		全国平均	内蒙古	新疆
单位面积收益	产品产值（元/亩）	1645.49	1581.11	1940.10
	净利润（元/亩）	575.38	404.03	660.48
	成本利润率（%）	53.77	34.32	51.62

花生

		全国平均	广西	重庆	四川
单位面积收益	产品产值（元/亩）	1681.46	1531.49	1057.64	987.60
	净利润（元/亩）	722.79	618.01	143.84	181.50
	成本利润率（%）	75.40	67.65	15.74	22.52

续表

	花生				棉花				甘蔗				甜菜		
	全国平均	广西	重庆	四川	全国平均	陕西	甘肃	新疆	全国平均	广西	四川	云南	全国平均	内蒙古	新疆
单位产品收益 出售价格(元/50公斤)	352.49	433.04	408.30	294.29	902.55	1082.54	1073.66	890.65	24.42	25.17	23.29	21.52	24.05	23.79	21.76
单位产品收益 净利润收益(元/50公斤)	151.52	174.75	55.53	54.08	102.68	-257.54	369.63	229.65	7.35	7.08	5.87	8.53	8.41	6.08	7.41

烤烟	全国平均	内蒙古	广西	重庆	四川	贵州	云南	陕西	甘肃
产品产值(元/亩)	2550.72	3234.39	2176.38	2428.29	2148.16	1461.71	2852.86	2082.71	2296.47
单位面积收益 净利润(元/亩)	59.37	519.19	-196.90	189.93	-61.29	-688.72	244.93	-292.21	-190.37
成本利润率(%)	2.38	19.12	-8.30	8.49	-2.77	-32.03	9.39	-12.30	-7.66
单位产品收益 出售价格(元/50公斤)	882.52	671.65	882.98	917.20	816.48	794.17	906.31	743.29	737.60
单位产品收益 净利润收益(元/50公斤)	20.54	107.81	-79.88	71.74	-23.30	-374.19	77.81	-104.29	-61.14

资料来源:2012 年《全国农产品成本收益资料汇编》。

积产品产值最低，只有 1354.98 元/亩，棉花种植效益相对其他地区较低。对于甘蔗作物来说，由于广西是全国第一生产大区，其单位面积产品产值也达到了 2288.85 元/亩，但低于全国平均水平 2327.06 元/亩，不具有生产优势。四川和云南两省分别为 2586.54 元/亩和 2196.88 元/亩，四川在种植甘蔗上具有区域优势，农民种植效益较高。对于甜菜来说，新疆在甜菜种植上，具有较高的效益，其单位面积产品产值为 1940.10 元/亩，高于全国平均水平，内蒙古则略低于全国平均水平。表 4-25 给出了 2011 年西部烤烟单位产值状况。全国烤烟单位面积产品产值平均为 2550.72 元/亩，西部内蒙古、云南两省均高于全国平均水平，分别为 3234.39 元/亩、2852.86 元/亩，其他省区市均低于全国平均水平。贵州只有 1461.71 元/亩、陕西为 2082.71 元/亩、四川为 2148.16 元/亩、广西为 2176.38 元/亩、甘肃为 2296.47 元/亩以及重庆为 2428.29 元/亩，这几个省区市在烤烟生产上要获得较高的效益以及区域优势，还有很大的潜力可挖。

净利润、成本利润率是反映农民获利能力的重要指标。西部各种经济作物净利润和成本利润率区域差异也较大。

对于油菜籽作物来说，青海和四川两省单位面积净利润、成本利润率以及单位产品净利润均为正值，远远高于全国平均水平，其他省区市为负值，这表明青海和四川两省农民获利能力较强。最高的青海省，其单位面积净利润高出最低陕西 253.96 元/亩，其成本利润率高出 31.55%，单位产品净利润高出 88.9 元/50 公斤。

对于花生作物来说，四川、广西和重庆三省区市单位面积净利润、成本利润率均低于全国平均水平，而单位产品出售价格中，广西 433.04 元/50 公斤高于全国平均水平 352.49 元/50 公斤，重庆单位出售价格 408.3 元/50 公斤高于全国平均水平 352.49 元/50 公斤，但较高的单位产品成本导致单位产品净利润只有 55.53 元/50 公斤。西部花生生产过程中，农民获利能力远低于东部等省区市。

对于棉花作物来说，甘肃、新疆两省区单位面积净利润、成本利润率均高于全国平均水平，单位面积的产品产值分别为 2749.74 元/亩和 2212.93 元/亩，成本利润率分别为 52.5% 和 34.74%，单位面积的净利润分别高出全国平均水平 744.17 元/亩和 368.1 元/亩，成本利润率分别高出全国平均水平 39.66% 和 21.9%。甘肃和新疆两省区单位产品净利润分别为 369.63 元/50 公斤和 229.65 元/50 公斤，也均高出全国平均水平。而陕西省单位利润均为负，不仅远低于全国水平，更低于甘肃和新疆两省区。在西部棉花生产过程中，陕西应进一步降低棉花生产成本，提高棉花生产的获利能力。

对于糖料作物的甘蔗和甜菜来说，云南甘蔗的生产无论是在单位面积获利能力上还是单位产品获利能力上均高于全国平均水平。虽然广西甘蔗生产规模位居全国第一，但较高的生产成本也导致了较低的获利能力，不利于蔗农生产的积极性，更不利于提高蔗农的收入水平。新疆甜菜单位面积净利润为 660.48 元/亩，高于全国平均水平 575.38 元/亩，但单位面积成本利润率和单位产品净利润均低于全国平均水平，因此，新疆甜菜生产不仅需要考虑规模优势，还需要进一步提高单位产品的获利能力。内蒙古甜菜生产获利能力远低于全国平均水平，需要进一步降低生产成本，提高净利润。

对于烤烟作物来说，内蒙古、云南和重庆三省区市农民烤烟种植获利能力最高，单位面积净利润、成本利润率以及单位产品净利润均远远高于全国平均水平和西部其他地区。广西、四川、贵州和陕西四省区的收益均为负值，农民获利能力差，不具有成本竞争优势。

总的来说，单位面积净利润主要受生产成本、产品价格以及单位产品产值等因素的影响。获利能力低的省区市需要提高产品质量，降低生产的投入，提高劳动效率，保障销售价格的稳定，进而提高农民的收入。

（三）经济作物单要素生产率分析

经济作物的生产需要投入土地、劳动力与物质资本等生产要素，因此可以使用投入产出效率来衡量生产要素单位要素的经济效果。这里采用每元物质费用主产品产值、每劳动日主产品产量和每亩主产品产值等指标反映资金生产率、劳动生产率和土地生产率的区域差别。

1. 资金生产率

根据表 4 – 26 的每元物质费用主产品产值，油菜籽资金生产率区域差异较大。重庆和陕西两省市资金生产率最高，都达到了 12.84，其次是云南、青海、四川、贵州、甘肃和内蒙古。虽然内蒙古物质费用最低，但其主产品产值也最低，为 266.30 元/亩，其资金生产率为最低。除了内蒙古外，西部其余几省区市资金生产率均高于全国平均水平。对于花生作物来说，西部广西、四川和重庆三省区市花生作物资金生产率均高出全国平均水平。而棉花作物生产过程中，只有甘肃高于全国平均水平，陕西和新疆均低于全国平均水平，高投入成为制约棉花生产的主要因素。西部贵州和陕西烤烟作物资金生产率分别为 1.86 和 2.50，均低于全国平均水平，资金利用率低，而其他几省区市均高于全国平均水平，其中内蒙古为 3.27，重庆为 3.07。对于糖料作物，云南甘蔗资金生产率较高，为 5.21，广西和四川两省区较低，分别为 3.26 和 3.23，远低于云南；新疆和内蒙古甜菜的资金生产率均低于全国水平。

总之，西部油料以及烤烟作物资金生产率要优于全国平均水平，其余作物劣于全国平均水平。在物质费用中，种子、肥料费和租赁作业费占了较大的比重。由于西部农业生产条件相对恶劣，自然地理环境对农业生产约束较大，需要投入较多的机械、排灌和畜力费用，良种、良法、良土三法配套不适，这使经济作物生产的物质费用投入较高，资金生产效率较低。因此，西部经济作物生产不仅需要开发、引进优良品种，还要强化高产高效栽培技术，提高物质投入的产出效率。

2. 劳动生产率

根据表 4 – 26 的每劳动日主产品产量来看，各种经济作物以及各区域劳动生产率差异均较大。重庆油菜籽作物每劳动日主产品产量为 6.61 公斤/日，而最低的内蒙古只有 2.26 公斤/日，相差 4.35 个单位。重庆、四川、青海、云南等地区油菜籽的劳动生产率具有比较优势。广西、重庆和四川三地花生作物劳动生产率均远低于全国平均水平，且差异较大，广西为 16.05 公斤/日，重庆只有 8.54 公斤/日。

对于棉花来说，新疆和甘肃的劳动生产率较高，分别为 9.86 公斤/日和 7.27 公斤/日，均高于全国平均水平，而陕西只有 1.73 公斤/日，较低劳动生产率成为陕西棉花生产的劣势。西部烤烟作物劳动生产率差异也较大，最高的内蒙古为 9.31 公斤/日，比贵州 3.13 公斤/日高出 6.18 个单位，贵州烤烟生产不具有劳动力生产优势。对于糖料作物来说，只有云南略高于全国平均水平，广西和四川两地劳动生产率均低于全国平均水平，连规模最大的广西，其劳动生产率也只有 288.25 公斤/日，比全国平均水平低 6.69 个单位；新疆甜菜作物劳动生产率高出全国平均水平 85.7 个单位，而内蒙古则比全国平均水平低 141.08 个单位。

总之，人工成本高、劳动生产率低是导致西部经济作物生产成本高、竞争力低下的主要原因。对于西部地区来说，要加快实现机械化生产，以降低经济作物劳动力成本。

3. 土地生产率

根据表 4 - 26 的每亩主产品产值，西部土地生产率中，四川、云南和青海油菜籽作物，甘肃和新疆棉花作物，内蒙古和云南的烤烟作物，四川的甘蔗作物，新疆的甜菜作物土地生产率均高于全国平均水平，这些地区的经济作物生产基本上都具有一定的区域优势、生产规模优势，需要进一步加强其优势，提高其竞争能力。对于土地生产率较低的省区市，要通过生产布局重新规划，利用科学技术提高土地生产率，进一步提高劳动生产率，进而增强其竞争力。

表 4 - 26　　　2011 年西部地区经济作物要素生产率变动状况

	油菜籽								
	全国平均	内蒙古	重庆	四川	贵州	云南	陕西	甘肃	青海
每元物质费用主产品产值	8.03	5.51	12.84	10.40	9.48	11.74	12.84	8.53	11.06
每劳动日主产品产量（公斤/日）	3.36	2.26	6.61	3.77	2.95	3.58	2.47	2.91	3.66
每亩主产品产值（元/亩）	599.00	266.30	591.50	712.42	478.74	743.81	620.34	690.00	719.63

续表

	花生			棉花			
	全国平均	广西	重庆	四川	全国平均	陕西	甘肃	新疆
每元物质费用主产品产值	4.12	4.48	5.35	4.69	2.90	2.86	3.40	2.49
每劳动日主产品产量（公斤/日）	23.80	16.05	8.54	12.76	4.14	1.73	7.27	9.86
每亩主产品产值（元/亩）	1663.06	1522.38	1041.50	982.52	1516.64	1115.45	2382.45	1939.49

	烤烟								
	全国平均	内蒙古	广西	重庆	四川	贵州	云南	陕西	甘肃
每元物质费用主产品产值	2.75	3.27	2.76	3.07	2.81	1.86	2.88	2.50	2.78
每劳动日主产品产量（公斤/日）	4.45	9.31	3.86	4.20	4.47	3.13	4.48	4.07	3.98
每亩主产品产值（元/亩）	2542.37	3211.97	2176.38	2412.98	2148.16	1461.43	2836.01	2082.71	2265.01

	甘蔗			甜菜		
	全国平均	广西	四川	云南	全国平均	内蒙古	新疆
每元物质费用主产品产值	3.46	3.26	3.23	5.21	3.42	3.22	3.05
每劳动日主产品产量（公斤/日）	294.94	288.25	233.98	297.38	425.33	284.25	511.03
每亩主产品产值（元/亩）	2300.37	2264.94	2562.56	2163.91	1624.57	1542.99	1923.54

第五节　经济作物产业结构存在的主要问题

　　区域经济作物产业结构调整会影响到经济作物产业的发展。目前，西部经济作物产业结构发生了历史性的变化，经济作物生产按照各地自然资源条件逐步进行了合理的生产布局,专业化程度提高,但目前西部经济作物产业结构还存在不合理的现象,需要得到重视。本节主要就上述西部经济作物生产结构存在的问题进行归纳,希望为后面的产业结构调整提供一个宏观背景。

一 政策导致产业结构波动加大

西部经济作物产业增长不稳定,产业结构波动较大,易受到政府政策等因素影响。从国家层面的西部大开发政策,到区域生产布局规划,再到具体行业政策,均影响着西部经济作物产业结构的演变。如1998 年国家烟草专卖局及时调整烟叶生产指导方针和烟叶工作重点,西南烟叶面积出现了较大幅度的下降,之后西南烟叶生产才走上了良性发展轨道。再如,2000 年国家出台的糖业结构调整政策,生产能力落后的企业逐渐被淘汰,生产逐步集中于广西、云南等优势区域。但从近几年国家糖料收储政策来看,存在着政策出台时机滞后、收储价格与数量随意性大等问题,不能给予市场主体稳定的价格预期,糖料作物产量受到很大的影响。产业政策不能有效调整经济作物的供给,还间接刺激了经济作物产品价格的波动,市场需求风险加大,产量波动加大。

二 价格波动导致经济作物产业供求失衡

由于国内市场需求、国际经济形势的变动,以及相关政策不能有效调整经济作物的生产,经济作物产品价格波动性不断加大,反过来加大了西部经济作物产业结构的变动。如近年来棉花价格波动幅度变大,2010 年 9 月,棉花暴涨到 32000 元/吨左右,到 2011 年 3 月大幅下滑到 19000 元/吨。根据"蛛网模型"理论,棉花价格这种周期性波动,影响着棉农的棉花种植。长期来看,棉花价格波动属于发散型蛛网类型,棉花价格变动引起的供给量的变动大于需求量的变动。当棉花供过于求时,将导致下一年供给链缩减而出现供给短缺,供给短缺又导致棉花价格上升,这种情况还会进一步加剧。大幅下降的棉花价格一方面使棉花种植面积下降,棉花产量也不断下降,但 2010 年下半年棉花价格的上涨,棉农预期到 2011 年价格也会相应增长,增加了棉花的种植面积,2011 年棉花产量大幅增加,但接着 2011 年 3

月棉花价格的下降，让棉农种植收入大幅下降，大大影响了农民的积极性。

三　经济作物品种结构不合理

目前，西部经济作物产业结构的数量调整与生产布局等矛盾已基本解决，但很少涉及经济作物产品品种结构调整，优势、特色产品不足的问题仍然比较突出，附加值高产品的需求进一步加强。随着市场需求结构变动，经济作物产品需求出现了难以满足现实需要的问题。西部一些地区中药材生产缺乏标准化生产技术体系，产品质量参差不齐。对珍贵优质中药材的引种和栽培技术缺乏管理，中药材种植的病虫害防治技术以及农药残留污染技术问题还不能有效突破。中药材精深加工程度低，缺少产业价值链长、科技含量和附加值高的中药材加工产品。如甘肃省是我国主要的药材生产基地，但品质优良、药性好、出口量大的半夏、天麻、板蓝根等药材种植比例相对较少。

四　部分地区产业结构趋同性问题严重

我国虽然对西部经济作物生产布局进行了合理的调整，如新疆的棉花布局、广西的甘蔗生产、云南的烟叶生产等都得到了合理的调整，但产业结构趋同性问题严重。西部一些地区不能根据各自的自然资源禀赋以及良好的区位优势，转化为比较优势，未能形成特色的经济作物生产布局结构。西部经济作物产业结构趋同问题不仅仅导致了各地产品结构雷同，也导致了产量供给波动加大，出现了结构性过剩问题，产品供求失衡，市场价格秩序混乱，导致了农民生产的盲目性。如贵州和云南两省经济作物产业结构相似度为86%，而重庆和四川则达到了92%，竞争优势难以发挥。

五　经济作物粗放式增长没有根本转变

西部经济作物生产布局逐渐优化，专业化程度不断加强，生产规模持续扩大，但经济作物的增长方式仍然过于粗放，高投入粗放型增长方式还没有根本转变。要保持可持续发展，那么源自要素质量的改进、结构的优化与要素重组的集约型增长方式是改变农业生产方式的关键。长期以来，由于农业基础设施投入水平低，建设缓慢，不能有效利用水资源，加重了水资源的承载压力，另外，自然灾害频发，基础设施不足的问题十分突出，加剧了经济作物生产的波动。而为了产量的增长，通过开山垦荒增加播种面积的增长方式，破坏了生态环境，严重影响了西部经济作物可持续发展的空间。而人力资本水平低，劳动生产率低，劳动力成本高也成为制约西部经济作物发展的重要因素。

第五章　西部经济作物产业结构调整
优化的影响因素及实证研究

　　经济作物产业结构演进及发展是多种因素综合作用的结果。一个地区适合发展什么经济作物和现有的经济作物产业结构如何调整需要考虑自然资源禀赋条件、经济发展水平、区位条件、市场需求、科技与政策等一些因素。这是经济作物产业结构调整的现实基础，也是决定一部分经济作物能够成为优势产业的潜在条件。因此，本章从以上几个方面，分析了西部经济作物产业结构调整优化的主要因素，为下面的实证研究提供了分析基础。上文从区域优势理论，利用综合比较优势指数等方法定量地研究了西部经济作物产业结构演变的状况，这对西部经济作物生产布局以及区域专业化的研究还远远不够，尤其没有考虑产业结构调整的空间影响效应。本章首先从定性方面阐述了自然资源禀赋、经济因素、区位因素、市场因素、科技因素、政策因素等的影响，并进一步考虑西部主要经济作物的生产布局情况，以及影响因素对经济作物生产布局的作用状况。本章以经济作物播种面积构造专业化程度的衡量指标，即区位熵来研究西部主要经济作物的生产布局情况，并据此使用空间计量经济学模型，对经济作物产业布局及其影响因素进行实证研究。

第一节　影响因素分析

一　自然资源禀赋

西部地区包括内蒙古、广西、重庆、四川、云南、贵州、西藏、甘肃、陕西、青海、宁夏、新疆 12 个省（市、区），总面积 686.7 万平方公里，占全国总面积的 68.8%。西部地区地域辽阔，地貌复杂，气候多样，农业资源丰富，为我国农业发展提供了丰富的物质与资源基础。但人均资源占有量少和分布不均衡等特征，又成为制约西部农业进一步发展的"瓶颈"因素。为此，必须认真分析西部地区农业资源现状，清晰认识西部地区农业资源的特点，才能有利于经济作物产业结构的调整与优化。

自然资源主要包括耕地资源、气候资源、水资源等多个方面，不同地区自然资源的多寡、分布与组合差异明显，农业生产差异也较明显。西部经济作物区域划分为四个典型区域：一是黄土高原区，包括陕西、宁夏以及内蒙古部分地区，该区年降水量为 400—600 毫米，无霜期为 120—250 天，土地肥沃、灌溉条件好，是棉花、油料作物的主产地。二是西南 5 省区市，包括云南、广西、贵州、四川与重庆。该地区以山区和丘陵为主，属我国的亚热带区域，年降雨量多在 800 毫米以上，地貌类型包括中低山区与盆地，区内水系发达，光照条件差，是甘蔗、烟草、中药材、茶叶、麻类与油料作物的重要生产地区。三是甘肃、新疆、内蒙古 3 省区，光热条件非常好，日照长达 2600—4300 小时，无霜期为 300—360 天，但该区较干旱，降雨量不到 250 毫米，以绿洲灌溉农业和漠境畜牧业为主，是油料作物、甜菜以及棉花作物的主产地。四是西藏高原区，包括西藏及四川西部区域（约占国土总面积的 25%），平均海拔在 4500 米以上，由于属于高原区域，该区一般适合生产耐寒作物等，其中中药材是该区的主要作物。由于经济作物的生物特性以及各地区的气候环境特征，每个省区市的经济作物产量各有差别，如西北多是棉花、甜菜、花生、油菜等干旱地区的主产区，而西南多是甘蔗、茶叶、烤烟等湿润地区的主产区。

（一）可耕地资源

近 10 年来，西部耕地面积不论在绝对量上，还是在相对量上均在下降，从 2003 年的 58742.5 千公顷下降到 44942.7 千公顷，占全国比例从 45% 下降到 37%。在保持粮食安全的基础上，耕地面积的下降，可能会进一步压缩经济作物的种植面积，经济作物的用地需求十分严峻。此外，土地品质是影响经济作物生产的主要因素，根据《中国土地资源及其农业利用》中收集的资料，四川盆地一等耕地占全部耕地面积为48%，二等耕地为31%，三等以及不宜耕地为21%，云贵高原一等耕地只有23%，二、三等耕地为71%，不宜耕地为6%，黄土高原一等耕地为26.5%，二、三等耕地为60.5%，不宜耕地为13%；内蒙古干旱区一等耕地为20%，二等耕地为44%，三等耕地为21%，不宜耕地为15%，而西北干旱区与青藏高原区一等耕地分别为47%和16%。西北不同地区土地品质差异明显，产量高低差异也有很大区别。

（二）水资源

西部多数地区位于长江流域、黄河流域等主要江河的上游，北部地区降雨量少、水资源短缺，属于资源型缺水；西南地区水资源虽然相对丰富，属于工程型缺水。西北地区特殊的地理和气候条件，经济社会人口发展的需要，地表水资源开发利用程度高，地下水严重超采，水污染严重，成为西北农业发展的"瓶颈"。但西南地区又与西北地区有较大的差异，西南水资源总量虽丰富，但由于自然条件引起工程性缺水，水资源开发难度大。

2011年农业用水量为1375.91亿立方米，占整个西部地区用水的71.37%。从时间上看，1995年以后，农业用水量呈趋缓下降的态势，其所占比重缩小（如表5-1所示），但比例均超过70%。农业用水包括灌溉用水和林牧渔用水两部分，其中灌溉用水占多数，占农业用水的90%以上，这部分用水量与灌溉面积、灌溉技术和当年的降水量有关。农业用水不仅比重大，而且效率低下，西部地区特别是西北地区灌溉面积的灌水方法十分粗放，灌溉机械化水平低，有效利用率只有40%左右。农业灌溉亩均用水量，除陕西外均高于全国平均水平。新疆农业用水占总用水量的85%以上，由于渠系渗漏，大水漫灌，农田灌溉渠系水有效利用系数在0.4以下，田间水利用率只有70%—80%。

表 5 - 1　　　　　　　　2003—2011 年西部地区农业用水量

年份	水资源总量（亿立方米）	用水总量（亿立方米）	农业用水总量（亿立方米）	农业用水占用水总量的比例（%）
2003	15338.0	1773.70	1360.50	76.7
2005	15349.12	1867.26	1406.50	75.3
2007	14417.99	1890.49	1389.28	73.5
2009	13449.68	1914.10	1385.53	72.4
2011	15328.95	1927.69	1375.91	71.4

注：表中数据经过四舍五入处理。

资料来源：根据 2004—2012 年《中国统计年鉴》相关数据计算而得。

（三）气候资源

西部气候差异明显，不同地区的温度、无霜期、日照、降雨量等在时间和空间上变化很大。因此，各种经济作物的耕作制度差异也很明显。西南区的油菜籽一年两熟，而甘肃和新疆则是一年一熟。因此，不同地区的气候资源在一定程度上影响了经济作物的产出。

二　经济因素

地区经济发展不同，经济作物产业结构也不尽相同，各区域按各自利益格局重组资源，对经济作物生产布局产生深远的影响。

（一）区域经济发展水平

随着西部大开发深入进行，西部经济结构调整和发展方式不断转变，农业现代化、工业化、城镇化进一步提高，经济发展水平继续保持快速增长。2012 年西部 GDP 为 113914.64 亿元，比上年增长12.48%，占全国 GDP 的比重达到了 19.75%，进一步缩小了与东部地区的经济落差，也缩小了地区收入差异。虽然西部第一产业发展迅速，但第二产业、第三产业增加值提升更快，这吸引了大量农村劳动力，促进了人员就业的流动，2010 年西部第一、第二、第三产业从业人员比重为 47.67%、19.72%、32.60%，但第一产业就业量还偏高，应促使就业由第一产业向第二、第三产业转移。农村发展落后的面貌仍未得到根本改变，这导致了农村剩余劳动力大量转移，从事农业生产的农民不断下降，而现有的农民种植粮食作物的机会成本不同于经济作物，这导致了西部经济作物生产布局在不断变化。

（二）工业化和城市化

工业化与城市化的加快，将对农业耕地产生重大影响。"十五"以来，西部经济结构调整进一步向高级化过渡，工业、服务业快速增长，工业化程度、城镇化水平不断提高，使西部耕地面积不断下降。工业化和城市化仍将保持快速推进势头，这必定要加大固定资产投资，占用更多的耕地。另外，农业用地减少，投资相对不足，农业产业结构调整缓慢。而随着城市化的提高，收入的增加，城市人口的消费数量和消费结构也发生了重大变化，从以粮食为主，向食物多样化、食物健康化转变，增加了非粮食的消费。这不仅导致了经济作物需求总量的变化，也导致了经济作物产业的品种结构、需求结构等变化。

（三）农村经济发展水平

西部第一产业占地区 GDP 的比重，有七个省区市的比重高于全国平均水平，非农产业还与其他地区相比存在较大的差距。西部地区农村固定资产投资规模偏小，远远小于城镇固定资产投资。2011 年西部地区农村固定资产投资占全社会的比重，新疆最高为 11.38%，其次是贵州和四川，甘肃最低只有 1.01%，且多数地区低于全国投资的平均水平（如表 5-2 所示）。从农村固定资产的产业投向来看，农业比重较低，制造业、服务业比重较高。农村个体、私营经济崛起和乡镇企业的发展吸纳了农村固定资产投资的绝大部分，这说明农村城镇化的发展引起了农村产业升级，即第一产业向第二、第三产业的转化。值得注意的是，在教育、信息化、水利、环境和公共设施的比重远低于其他行业，农村基础设施改善比较缓慢。

由于农村资金和劳动力资源在不同农村经济中的不断调整，农业各产业的比重以及经济作物生产比重不断在调整和变化，农村经济资源逐渐转移到比较效益更好的非农部门，或者农业部门中的非粮食作物部门；也表现在农业生产布局重心的空间转移，逐渐向农业比较优势的地区集中。

表 5 - 2   2011 年西部农村经济发展水平   单位:%

地区	第一产业占地区 生产总值比重	财政支农 比例	农村固定资产投资 占全社会的比重
内蒙古	8.00	13.10	1.08
广西	14.00	12.37	3.95
重庆	13.00	7.74	1.33
四川	16.00	11.67	7.15
贵州	12.00	12.38	1.47
云南	10.00	13.99	6.10
西藏	14.00	16.69	—
陕西	9.00	11.39	3.42
甘肃	9.00	13.26	1.01
青海	17.00	10.83	1.76
宁夏	9.00	16.90	3.87
新疆	17.00	13.06	11.38
全国	10.00	10.26	2.92

资料来源:根据 2012 年《中国农村统计年鉴》整理。

三 区位因素

区位条件是农业生产布局的重要影响因素,是决定区域农业产前要素投入和产后加工、流通能否紧密相连的因素。交通运输条件决定了农产品运输成本,而信息化水平将快速地把农业信息在农业产业链上传递,从而给农业生产带来更加便利的条件。

（一）农村信息化水平

农村信息化是推动西部农村经济发展的主要动力,也是农民实现增收的有效途径。农村信息化水平对农业区域分工的促进作用为,农村信息化水平的改善,通过区域技术需求共享,可以为农户提供技术需求、加工需求、消费需求等信息,来降低农民与企业的信息不对称,从而减小农业生产的市场风险,并指导农业生产,有效调整农业生产布局、产品结构等。但西部地区农村信息化普及率低。到 2011年年底,西部地区农村固定电话拥有量略低于东的 1/3。2011 年,全国广播和电视人口覆盖率为 96.1% 和 97.1%，比西部地区高出 3 个和 2 个百分点，而东部比西部分别高出 5.4 个和 3.3 个百分点。从已通邮的行政村比重来看，西部地区的状况也远不及东中部地区（如表 5-3 所示）。

表 5-3　　　　　　　　2011 年西部地区农村信息化状况

	城市固定电话（万户）	农村固定电话（万户）	农村广播人口覆盖率（%）	农村电视人口覆盖率（%）	已通邮的行政村比重（%）
全国	19121.7	9388.1	96.1	97.1	98.0
东部	10296	4995.5	98.5	98.4	99.7
中部	4786.8	2559.2	95.3	97.2	99.3
西部	4038.8	1833.1	93.1	95.1	93.6

资料来源：2012 年《中国统计年鉴》。

西部农村信息化缺乏统筹管理，严重制约了信息服务的开展。西部农村信息化建设缺乏高素质的农村信息化人才队伍。由于西部地区经济发展相对落后，对农业人才重视不够，自然环境恶劣等原因，城市很难留得住人才，更何况是相对艰苦的农村地区呢？此外，信息化建设还需要大量的投资，西部地区落后的经济水平，使信息化基础设施投资就屈指可数了。信息基础设施装备质量低，配套设备不完备等因素影响了西部地区农村信息化的建设。

（二）农村交通运输供给能力

交通运输条件状况对农业资源的充分利用、生产布局以及农产品的流通都会产生重要影响。首先，交通运输条件的改善降低了农业运输成本，也使农业生产更加集中，布局更加合理；其次，交通运输基础设施的改善，提高了农民生产的积极性；最后，交通运输基础设施的改善，使农业得到更多的资源，促进投入要素数量的提高与结构的优化。农业交通运输是保证农业物流体系的重要一环，是连接着农业种植与生产资料提供、农产品加工、农产品消费，以及农产品服务的重要一环，也决定了农业经济效益的高低，因此农业生产布局，产业链优化，经济效益的高低将受到交通运输条件的约束。

西部大开发后，西部地区是我国近年来交通建设的重点地区，其交通网络对支撑西部大开发战略的顺利推进具有重大战略意义。西部大开发战略实施以来，西部地区各种交通设施加快发展，综合交通网络初步建立，运输服务能力明显提高，但交通设施总量仍显不足，交通干线不能满足需要。

第一，交通设施规模总量仍显不足。虽然西部地区的交通设施建设已取得了很大的成就，但相对于经济社会发展的需要，交通设施规模总量仍然偏小、综合运输网络尚不完善。表5－4显示，总体来看，其规模、密度和技术等级均有待提高。无论是铁路，还是公路，与东部地区和中部地区比较，尚存在较大差距。尤其是铁路网规模与社会经济发展的需求不相适应。

表5－4　　　　　　　2011年西部地区交通网络发展水平

单位：公里/百平方公里

地区	铁路设施密度	公路设施密度	高速公路设施密度
重庆	1.67	144.06	2.26
四川	0.73	58.84	0.63
贵州	1.18	89.67	1.15
云南	0.65	55.97	0.72
西藏	0.04	5.14	0.00
陕西	1.99	73.92	1.85
甘肃	0.54	27.22	0.52
青海	0.26	8.90	0.16
宁夏	1.91	36.91	1.97
新疆	0.26	9.35	0.09
内蒙古	0.77	13.61	0.24
广西	1.35	44.44	1.17
西部	0.53	23.59	0.37

资料来源：根据2012年《中国统计年鉴》计算而得。

第二，交通干线不能满足需要。西部地区对外通道和区内通道数量少，运输能力不足。内部之间及其同周边地区之间的干线公路网络建设不足，地区之间生产要素流动和人员流动不畅。运输枢纽建设滞后，是交通运输体系和物流体系的薄弱环节，使某些交通、物流中心的作用得不到应有的发挥。农村公路建设十分滞后，农村公路网络尚不完善是西部交通建设的突出问题。由于西部地域广阔，地形地貌条件复杂，人口稀少，农村公路在覆盖范围和通达深度上仍存在很大的不足。目前，西部建制村公路通达率只有88.5%，西部地区尚有6.9万个建制村不通公路，比例高达21%，尚有585个乡镇不通公路，分别占全国不通车乡村总数的91.3%和79.7%。6105个乡镇和15.3万个建制村不通沥青路，分别占全国的83%和59.9%，农民群众的基本交通出行服务需求难以满足。同时，农村公路桥涵、防护、排水、安保等配套与防护措施建设严重不足，抗灾减灾能力弱，交通安全隐患较大。

四　市场因素

（一）农产品市场发育水平

农产品市场的完善是农业产业结构战略性调整得以顺利进行的重要支撑，完善的农产品市场可以为农业的发展提供商品集散、价格形成、资源配置和信息传递四大基本功能。首先，通过农产品市场集中，可以有效地解决农产品流通问题，既保证了供应，也平抑了物价，有利于降低农产品的市场风险。其次，完善的农产品市场体系的价格形成功能，可以形成多渠道经营、多主体竞争的格局，引导农民选择优质农产品，从而优化农产品的品种品质结构。再次，完善的农产品市场体系，实现了资源优化配置的功能，农业生产资源比较优势得以充分发挥，农业产业结构朝着专业化、区域化、规模化方向转变，同时农产品加工、流通等环节也得以优化，农业产业结构渐趋合理与优化。最后，完善的农产品市场体系，有利于农产品信息传输，通过公开、公平竞争形成的供求信息、价格信息将有利于农民生产决策，调整种植业结构。

此外，农产品市场也要面向国外，通过引入外资与先进的生产技术等，可以提高农产品质量，进而优化产业结构，而农产品的出口需求更是引导了农民种植朝着生产健康、附加值更高的农产品趋近，从而调整农产品结构。

（二）要素市场发育水平

农业要素市场一般包括土地要素市场、金融要素市场与劳动力要素市场，科技要素市场的研究将放在下节讨论。农业要素市场发育的完善，将有助于农业资源的优化配置，优化农业产业结构。

第一，土地要素市场一般发挥着以下作用，通过农业土地的流转，可以促使土地集中，优化生产力的布局，提高农业规模化经营水平，提高农业生产力，促进农业生产结构的调整。通过农业土地的流转，有助于激励市场主体的能动性。由于大量农村劳动力的转移，农业土地耕种率更低，且小规模的生产经营模式，使农业比较优势难以发挥出来。然而通过农业土地的流转，农地集中在愿意种地、有能力种地的农民手中，扩大了生产规模，激励了农民的积极性，也促使农民加大投资，改良产品品质，优化农产品品种结构。

第二，金融要素市场在产业结构调整中，可以促进农村金融资源优化配置。通过金融市场的选择功能，降低信息不对称程度，筛选质量较好的农产品生产项目，可以为农户提供合理的投资渠道，引导金融资源的合理配置，提高农村社会资金的配置效率。通过金融市场的信贷功能，通过信贷资金分配使用来分配各项生产资源，以此来调节农村企业、农户经济活动，提高农业生产效率。

第三，劳动力要素市场起到了有效促进农村剩余劳动力转移的作用，因为，农村就业结构调整，也是农业结构调整的重要方面。劳动力要素市场通过促进农村剩余劳动力的转移，提高了农业生产要素的使用效率，实现了农业资源的优化配置；促进了农民增收，积累了农业生产资金，发展了农业生产；提高了农产品的需求，引致了农业生产结构的变化。

（三）市场中介组织发育水平

农业市场中介组织主要指现代农业服务体系，起到了提供农业信息服务、农业科技服务、农产品流通服务、农业金融服务以及农产品质量安全保障等作用。通过现代农业服务，按照产业价值链的要求，可以有效地把分散的农户联系起来，也可以把加工企业、流通企业以及消费者集结起来，从而实现农业的专业生产。通过现代农业服务使农业产业价值链不断地实现横向拓展，并不断提高农产品的价值增值，推动农业经济增长方式的转变。通过现代农业服务，可以使农业产业链得到全方位、整体化的服务，加强产业价值链各环节的紧密程度，特别是农民参与产业链的程度。现代农业服务是产业价值链职能扩大的需要。随着农业分工深化，农业产业链各个环节形成了一系列与农业紧密联系的农业服务部门，农田水利建设、饲料生产、运输、销售、信息化、科技、金融服务等职能部门。这些服务职能实现了农产品在产业链的顺畅流通，也实现了农产品在产业链上的价值实现与价值增值。现代农业服务是提高农民分享产业链价值的需要。现代农产品服务对整个价值链的贡献率较高，农民可以通过现代服务业紧密联系起来，增强农民参与产业价值链程度，以提高农民收入。现代农业服务带动农户从事专业化生产，实现农业生产、加工、销售的有机结合，形成风险分担、利益共享的产业价值链利益分配机制。

五　科技因素

科技创新能力对地区农业产业结构升级起到了重要作用，同时也是农业增长模式转变的关键因素。依靠科技进步和劳动力素质的提高，大幅度提高资源生产率，加快农业由粗放型经营向集约型经营的转变。

（一）科技进步

第一，油料作物的科技进步。近几年，西部在油料作物的生产过程中，积极选育、引进和推广优质油料作物的生产。如甘肃省相继引进了国内选育的一批优质、高产油菜杂交种，实现双低油菜优良品种的种植。油菜高效栽培技术取得了重大突破，推动优质油菜良种的应用普及，不仅扩大了油料作物种植的面积，也提高了油料作物单产的产量，同时促进了油料作物质量的提高。

第二，纤维作物的科技进步。随着分子生物学的发展，近年来通过分子育种技术培育了高产、优质、多抗棉花品种，对提高棉花的产量和质量具有重要作用。2010 年西北棉区的栽培在合理增密、氮肥经济施用、缓控施肥、两熟双高等方面取得了重大进展。技术的应用与提高不仅促进了棉花质量提高，也促进了棉花单产的提高。从表 5 - 5 可以看出，西部棉花生产能力每一个 10 年都比上一个 10 年有所提高，传统技术不断提高与生物遗传育种、转基因技术、信息技术等新技术的应用，大大提高了棉花生产能力和生产品质。

第三，糖料作物生产的科技进步。在广西和云南，已经育成了一批高优多抗甘蔗新品种，糖分、产量和现生产的品种相比有显著提高。遗传改良技术显著提高了甘蔗蔗糖含量，分子育种、分子标记技术也日臻完善。甘蔗高产创建技术得到广泛推广与应用，形成了以蔗叶科学覆盖为主的甘蔗轻简种植技术，在机械化种植方面，加大了机械化收获的力度，保证了机械化收获后及时入榨出糖率和企业效益。在新技术和机械化种植技术的推广和运用下，糖料作物的种植面积、总产量和单位产量在 20 年间都有较大的提高。

第四，烟草作物生产的科技进步。在新品种培育、栽培技术和机械化种植方面都实现了重大突破。云南把引进国外先进技术与自主创新相结合，提高科技创新能力，烤烟新品种生产达到国际一流水平。集约化育苗、商品化供苗的推广应用，实现了育苗技术新突破。烟田科学灌溉技术以及现代信息技术的应用，使烟叶生产技术得到了较大的提高。烟叶生产技术的进步不但增强了广大烟农的科学种烟意识、提高了抵御自然灾害的能力，而且有利于提高西部农业生产技术的整体水平。新技术的应用使烟叶的产量和质量不断提高，植烟的经济效益也随之增加（如表 5 - 5 所示）。

（二）人力资本

人力资本理论认为，一个人从所从事的一项工作转到另一项更好的工作时，成本可以作为他的一种投资。农村劳动力的流动，大部分从不发达地区向发达地区的转移，在转移过程中，边干边学，积累了经验，技能素质、生活适应能力和生产经营能力也都得到了相应的提高，并把学到的经验带到了农业生产中，并通过示范效应带动其他农户的生产，促进农业产业结构的调整。

表5-5　　　　　西部地区主要经济作物种植面积、总产量和
单位产量水平

单位：千公顷、万吨、千克/公顷

年份	糖料作物			烟叶			油料作物			棉花		
	种植面积	总产	单产	种植面积	总产	单产	种植面积	总产	单产	种植面积	总产	单产
1990	693.9	3013.1	43425.3	761.7	117.7	1544.7	3300.3	433.3	1313.0	682.8	67.1	982.6
2000	945.4	5047.5	53392.3	814.4	142.8	1753.4	4410.4	671.3	1522	1154.3	160.5	1390.2
2011	1552.1	9698.4	63877.6	932.1	183.4	2180.1	4484.8	829.3	1866.3	1758.2	264.3	1671.9

资料来源：1992年、2001年、2012年《中国农村统计年鉴》。

　　西部人力资本不足，突出表现为受教育程度普遍较低，与城市以及东部农村相比，西部农村受教育程度更低。表5-6显示，2011年西部不识字或识字很少的人数除了新疆、广西、重庆外，其余均高于全国平均水平。贵州、西藏、甘肃、青海、宁夏等省区每百人不识字或识字很少的人数均超过了10人，与东部发达地区的农村人力资本水平相比差距较大，可见西部人力资本水平相对较低，这也影响了农业产业结构的转换升级。

表5-6　　　　2011年西部各省（区、市）农村劳动力文化程度

	不识字	小学程度	初中程度	高中	中专	大专及以上
全国	5.5	26.5	53	9.9	2.5	2.7
内蒙古	5.1	26.9	51.7	11	1.9	3.3
广西	3	25.6	57.1	9.5	2.8	1.9
重庆	4.3	31.7	51.7	8.6	1.9	1.8
四川	8.3	34.2	48.3	6.3	1.7	1.2
贵州	10.2	38.8	43.9	3.9	1.7	1.4
云南	9.5	41.7	40.1	5.8	1.9	1.1

	不识字	小学程度	初中程度	高中	中专	大专及以上
西藏	36.2	57.1	5.9	0.6	0.2	0
陕西	6.2	22.1	54.9	10.7	2.7	3.4
甘肃	11.6	27.6	45	10.8	2.5	2.5
青海	15.2	46.9	30	4.9	0.8	2.1
宁夏	15.3	33.1	41.6	6.7	1.3	2
新疆	2.4	30.4	56.4	6	2.5	2.3

资料来源：2012 年《中国农村统计年鉴》。

六 政策因素

一个地区的经济运行的市场化程度越高，企业越有活力，越有利于生产要素合理流动和资源优化配置，从而有利于促进农业产业结构优化升级。创新的制度、有力的政策是西部农业产业结构优化升级的至关重要的因素。政府引导西部经济作物产业结构优化主要是通过一系列的产业政策过程来实现的。政府对经济作物产业发展基本是通过产业政策、规划来引导、扶持的，体现在生产指导、生产扶持、病灾防疫和科技服务方面。通过信息输入和利益表达、信息处理与政策制定、信息输出与政策实施、政策的反馈等措施，引导经济作物产业结构优化升级。本节从政府管理机构、产业政策、农产品流通体制、农产品储备制度等几个方面来说明。

第一，政府管理机构。经济作物产业管理机构承担着产业发展的不同职能，通过宏观调控，国内农产品市场的供需平衡取得了较好的效果，稳定了农产品市场价格，保障了农民收入的提高。

第二，产业政策。产业政策包含农业高产创建活动、优势区域布局规划、农产品价格政策，以及农民补贴政策。对于糖料作物，农业部在 2002 年和 2008 年分别编制了《"双高"甘蔗优势区域布局规划》，重点建设桂中南、滇西南、粤西 3 个"双高"甘蔗优势产区。[1]

---

[1] 《我国糖料和食糖产量及其分布》，http://www.ynsugar.c。

我国糖料的价格政策主要有：糖料收购底价政策和蔗农糖料款的二次结算。自 1991 年开始由中央和地方两级政府开始利用国家储备糖对市场进行调控，截至目前，已调控 13 次。

第三，农产品流通体制。不同的农产品有不同的流通体制，如食糖流通体制变迁经历了计划管理和自由流通两个阶段。2000 年后，完全取消食糖的政府指导价，我国食糖流通完全实现市场自由流通。

第四，农产品储备制度。棉花、食糖等都是我国重要战略物资，国家通过储备制度建立吞吐调节机制，实施对国家储备糖、棉花的收储和抛售，以稳定市场价格。通过制定国家储备糖、棉花政策，影响市场预期，引导市场供需平衡。

第二节　西部经济作物生产布局的实证研究

一　西部主要经济作物产业结构调整的区位熵测度

区位熵可以测度不同地区经济作物产业生产布局特征，其计算公式为：

$$LQ_{ij} = \frac{e_{ij}/e_i}{E_j/E}$$

其中，e_{ij} 表示区域 i 经济作物产业 j 的播种面积，e_i 表示区域 i 种植业播种总面积；E_j 表示全国经济作物产业 j 的播种面积，E 表示全国种植业播种总面积。一般而言，区位熵 >1 表明区域 i 经济作物产业 j 专业化程度越高，属于地区专业化部门。

本章针对西部现阶段的主要经济作物油菜籽、棉花和烟叶来测度各地的区位熵，得出西部经济作物的专业化程度。

（一）油菜籽区位熵

表 5 - 7 显示，2002—2011 年期间，除了云南外，西部油菜籽的主要产地区位熵均大于 1，专业化程度呈现先上升后下降的特征。2011 年，内蒙古种植油菜籽的专业化程度高于全国平均水平，也是西

部专业化程度最高的地区，其次是青海、四川、贵州、重庆、陕西等，长江上游油菜籽生产布局正在进一步优化。

表 5 - 7 　　　　　　　　2002—2011 年西部与其他地区油菜籽区位熵

年份\地区	2002	2003	2004	2005	2006	2007	2008	2009	2010	2011
江苏	1.24	1.22	1.24	1.22	1.31	1.27	1.26	1.27	1.27	1.27
浙江	1.40	1.39	1.42	1.43	1.50	1.49	1.46	1.41	1.39	1.39
安徽	1.32	1.30	1.34	1.32	1.35	1.35	1.31	1.28	1.25	1.23
江西	1.45	1.45	1.51	1.48	1.62	1.68	1.64	1.56	1.54	1.56
河南	1.01	0.99	1.00	1.06	1.21	1.28	1.26	1.22	1.25	1.31
湖北	1.31	1.28	1.31	1.31	1.36	1.37	1.30	1.28	1.25	1.25
湖南	1.25	1.26	1.29	1.28	1.40	1.43	1.44	1.43	1.41	1.44
重庆	1.27	1.29	1.34	1.31	1.29	1.38	1.31	1.22	1.25	1.23
四川	1.42	1.46	1.51	1.48	1.61	1.68	1.62	1.52	1.52	1.54
贵州	1.13	1.17	1.23	1.20	1.27	1.33	1.26	1.25	1.25	1.23
云南	0.37	0.39	0.43	0.45	0.34	0.34	0.39	0.54	0.54	0.52
陕西	1.20	0.99	0.98	1.03	1.16	1.13	1.00	1.12	1.16	1.17
甘肃	1.06	1.08	1.08	1.06	1.13	1.11	1.13	1.11	1.11	1.10
青海	1.67	1.71	1.77	1.74	1.96	2.03	1.91	1.83	1.71	1.66
内蒙古	1.48	1.58	1.62	1.61	1.81	1.86	1.75	1.68	1.65	1.68

资料来源：《中国统计年鉴》(2003—2012 年)，数据经过计算整理。

（二）棉花区位熵

由表 5 - 8 可知，西部棉花主产区有陕西、甘肃和新疆 3 个地区。2002—2011 年期间，不仅在全国而且在西部整个地区，新疆棉花生产的区位熵占有绝对优势，但新疆棉花区位熵波动幅度较大，呈现出了先下降后上升的特征，2002 年新疆棉花区位熵为 4.46，但 2007 年下降到 3.49 后又不断上升为 4.18，说明新疆棉花生产布局不稳定，且还在不断调整中。陕西棉花区位熵要高于甘肃，两个地区均有下降的趋势。此外与天津相比,天津得益于较强的区位优势,强劲的经济优势,雄厚的科技优势等,使天津棉花并没有因为种植面积的劣势而导致专业化程度低。

表 5 – 8   2002—2011 年西部与其他省(市、区)棉花区位熵

年份 地区	2002	2003	2004	2005	2006	2007	2008	2009	2010	2011
天津	4.21	4.19	4.3	4.65	3.87	3.81	4.25	4.89	4.99	4.92
河北	2.23	2.36	2.37	2.45	2.25	2.2	2.42	2.71	2.77	2.84
江苏	1.5	1.45	1.4	1.5	1.31	1.46	1.49	1.49	1.49	1.51
浙江	0.32	0.29	0.29	0.29	0.32	0.36	0.35	0.37	0.4	0.42
安徽	1.03	1.06	0.98	1.08	1.05	1.12	1.22	1.28	1.31	1.35
江西	0.4	0.44	0.42	0.46	0.43	0.43	0.37	0.45	0.48	0.48
山东	2.33	2.3	2.35	2.35	2.03	1.99	2.19	2.44	2.44	2.37
河南	1.85	1.71	1.57	1.46	1.23	1.14	1.12	1.17	1.07	0.91
湖北	0.9	0.89	0.92	0.99	1.1	1.15	1.16	1.12	1.19	1.18
湖南	0.64	0.59	0.62	0.61	0.65	0.68	0.63	0.53	0.58	0.59
陕西	0.65	0.66	0.7	0.74	0.8	0.76	0.68	0.65	0.56	0.54
甘肃	0.48	0.49	0.56	0.58	0.58	0.6	0.55	0.48	0.44	0.41
新疆	4.46	3.95	3.66	4.08	3.55	3.49	3.58	4	4.16	4.18

资料来源:《中国统计年鉴》(2003—2012 年),数据经过计算整理。

(三)烟叶区位熵

西部主要是云南、贵州、重庆、四川、陕西、广西和甘肃种植烟叶。2002—2011 年,西部烟叶区位熵呈现先上升后下降的特征,除了四川呈现不断上升的趋势外。2011 年,云南烟叶专业化程度最高,其次是贵州、重庆、四川、陕西等。甘肃和广西两地烟叶区位熵远小于1,不具有专业化水平,两地应通过生产布局的合理调整,促进烟叶专业水平的提高。云南烟叶生产一地独大,规模化和专业化程度均较高,但其他区域生产布局正在不断调整(如表 5 – 9 所示)。

表 5 – 9　　　　　　　2002—2011 年西部与其他地区烟叶区位熵

年份 地区	2002	2003	2004	2005	2006	2007	2008	2009	2010	2011
辽宁	0.76	0.77	1	1.51	1.36	1.35	1.06	0.72	0.54	0.44
吉林	1.77	1.24	1.54	1.23	0.86	0.76	1.51	1.39	1.24	1.26
黑龙江	1.32	1.17	1.18	1.36	1.08	1.85	1.6	2.01	2.2	1.94
安徽	0.15	0.13	0.13	0.12	0.15	0.15	0.13	0.13	0.15	0.15
福建	5.63	5.7	5.93	5.7	6.64	6.78	6.47	6.17	6.14	5.89
江西	0.31	0.32	0.27	0.32	0.42	0.42	0.49	0.39	0.38	0.41
山东	0.46	0.45	0.42	0.36	0.37	0.39	0.44	0.5	0.29	0.36
河南	1.09	1	0.97	0.92	0.78	0.85	0.9	0.98	1.01	0.98
湖北	0.59	0.56	0.56	0.55	0.39	0.37	0.57	0.64	0.56	0.56
湖南	1.46	1.62	1.48	1.49	1.56	1.57	1.33	1.2	1.16	1.1
广东	1.06	1.14	1.26	1.13	0.81	0.81	0.88	0.86	0.85	0.79
广西	0.3	0.32	0.32	0.35	0.24	0.23	0.25	0.27	0.22	0.21
四川	1.06	1.06	1.05	1.13	1.41	1.27	1.49	1.5	1.39	1.39
贵州	5.4	5.72	5.44	5.07	5.64	5.74	5.56	4.72	4.78	4.63
云南	7.86	8.41	8.61	8.17	9.32	9.26	8.05	6.84	7.31	7.17
重庆	3.35	3.68	3.32	2.8	3.32	3.04	2.81	2.66	2.15	2.09
陕西	1.53	1.29	1.22	1.28	1.53	1.37	1.19	1.37	1.25	1.33
甘肃	0.36	0.51	0.53	0.48	0.6	0.19	0.13	0.14	0.14	0.11

资料来源:《中国统计年鉴》(2003—2012 年),数据经过计算整理。

二　西部主要经济作物的全要素生产率测度

全要素生产率(TFP)是生产要素质量的改进、技术进步、结构的优化与要素重组等综合因素作用的结果,全要素生产率的高低反映了区域集约型增长方式的情况。全要素生产率可以使用非参数方法和参数方法计算,本节主要运用非参数的数据包络分析方法考察西部主要经济作物棉花、油菜籽、烟叶的全要素生产率,综合分析西部生产率与其他区域生产率的差异，以期能更科学地评价西部经济作物产业结构。

（一）Malmquist 指数法

测度全要素生产率的方法一般使用 Malmquist 指数，在规模报酬不变的假设下，TFP 变化可以分解为技术变化（TECHCH）和技术效率变化（EFFCH），而在规模报酬可变的假设下，技术效率变化又可以分解为纯技术效率变化（PECH）和规模效率变化（SECH）。Malmquist 指数大于 1，表示生产率水平是增长的，反之则下降，若等于 1 则不变。

（二）数据选择与变量说明

本节使用 2002—2011 年主要经济作物产区棉花、油菜籽和烟叶成本收益数据，单位面积土地的产量、用工数量和物质费用数据均来源于《全国农产品成本收益资料汇编》。为了剔除价格变化的影响，使用 2000 年各省（区、市）农业生产资料价格数据加以折算，得到不变价格的物质费用。

（三）油料作物全要素生产率测度

1. 西部油菜籽 TFP 变化及其分解

根据数据获得性，本书选择油菜籽产地为江苏、浙江、安徽、江西、河南、湖北、湖南以及西部的内蒙古、重庆、四川、贵州、云南、陕西、甘肃、青海共 15 省区市。根据全要素生产率指数及其分解公式，西部油菜籽全要素生产率指数变化及其分解如图 5－1 所示。从全要素生产率 TFPCH 增长来看，西部平均增长 3.7%，技术进步率 TECHCH 平均增长为 5.2%，技术效率增长幅度较小为 1.2%。从全要素生产率增长的波动性上来看，整体上呈现出下降上升再下降又上升的波动特征。因此，技术进步是西部油菜籽 TFP 增长的主要动力，而技术效率对全要素生产率促进作用不明显。其中，西部累计全要素生产率变化为 0.33，技术进步率累计为 0.47，而技术效率累计增长率只有 0.11，这还是 2010—2011 年技术效率较大提高的结果。

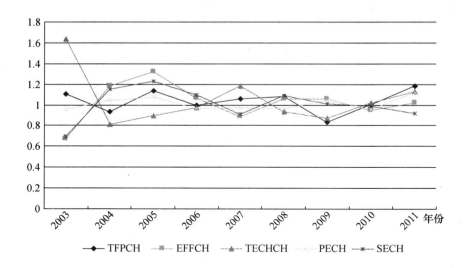

图 5 – 1   2003—2011 年西部油料作物全要素生产率指数变化及其分解

2. 油料作物全要素生产率的区域差异

从表 5 – 10 可知，西部 8 省区市中，分别有 4 省区市油菜籽全要素生产率呈现出了正增长和负增长，其中，重庆增长最快，平均增长率为 6.1% ，其次是青海 4.2% 、四川 3.8% 、甘肃 0.5% ，而陕西出现了负的增长率，下降了 5% ，其次是内蒙古下降 2.5% ，贵州和云南两省下降较小，分别只有 0.5% 和 0.7% 。从全要素生产率分析来看，技术进步变化均出现了正的增长，而陕西、内蒙古、贵州、云南的效率变化均出现了负的变化，使这 4 个地区 TFP 出现了负的增长。与我国其他地区的全要素生产率比较来看，浙江、湖北、湖南、江西、安徽等地区出现了正的增长，但西部正增长的地区与其他地区差距不大，或者个别西部地区已经超过了中东部地区。

（四）棉花作物全要素生产率测度

1. 西部棉花全要素生产率指数变化及其分解

本书选择棉花产地为天津、河北、江苏、浙江、安徽、江西、山东、河南、湖北、湖南以及西部的陕西、甘肃、新疆共 13 省区市。全要素生产率计算结果显示，新疆和甘肃全要素生产率平均增长 4% 和 5% ，而陕西则下降 5% 。从波动情况看，新疆全要素生产率标准差

表 5 - 10　2002—2011 年西部与其他地区全要素生产率的区域差异

地区	EFFCH	TECHCH	PECH	SECH	TFPCH
江苏	0.982	1.014	0.987	0.995	0.995
浙江	1.055	1.015	1.042	1.012	1.071
安徽	0.978	1.026	0.975	1.003	1.004
江西	1.026	1.015	1.027	0.999	1.041
河南	0.973	1.020	1.000	0.973	0.993
湖北	1.038	1.020	1.038	1.000	1.058
湖南	1.021	1.026	1.018	1.003	1.047
重庆	1.019	1.042	1.001	1.017	1.061
四川	1.006	1.031	1.025	0.982	1.038
贵州	0.969	1.027	0.960	1.010	0.995
云南	0.988	1.005	1.025	0.964	0.993
陕西	0.936	1.015	0.980	0.955	0.950
甘肃	0.973	1.033	0.989	0.984	1.005
青海	1.010	1.032	1.016	0.994	1.042
内蒙古	0.926	1.053	1.000	0.926	0.975
均值	0.993	1.025	1.005	0.987	1.017

最大为 0.12，其次是陕西 0.10、甘肃为 0.08。从其分解来看，陕西技术进步变化是增长的，但技术效率是下降的，其中，全要素生产率变化累计为 - 0.44，而技术效率变化累计为 - 0.59，技术进步变化累计为 0.24，表明了陕西全要素生产率的增长来源主要由于技术进步的增长。从甘肃情形来看，其全要素生产率变化累计为 0.45，其中技术进步变化累计贡献了 0.33，而技术效率变化累计贡献了 0.11，全要素生产率的增长源泉也主要来自技术进步。新疆全要素生产率变化累计为 0.44，技术进步变化累计贡献了 0.44，技术效率变化累计贡献了 0.00，新疆全要素生产率的增长源泉全靠技术进步。2011 年，陕西、甘肃和新疆 3 地区全要素生产率均有所下降，这主要是由于技术效率变化与技术进步变化均下降导致的，一方面，3 地区的单产均下

降，2009—2010 年陕西棉花单产下降 9.52 公斤，新疆下降 8.85 公斤，甘肃下降幅度较小，约 3.87 公斤；另一方面，单位用工数量也均有下降，单位物质费用均有所上升。究其原因，2008 年的经济危机导致了棉花需求降低，农民纷纷转向其他农业，棉花种植劳动力减少，此外，加上物价的上升导致了物质费用的上升，进而单产有所下降，因此全要素生产率指数变化有较大幅度的下降。

表 5 – 11　2003—2011 年西部 3 地区全要素生产率指数变化与分解

		2003年	2004年	2005年	2006年	2007年	2008年	2009年	2010年	2011年	变化累计	均值	标准差
陕西	TFPCH	0.79	1.07	1.03	0.90	1.02	1.06	0.92	0.87	0.89	− 0.44	0.95	0.10
	EFFCH	0.92	0.93	1.18	0.84	1.09	1.00	0.86	0.82	0.77	− 0.59	0.93	0.13
	TECHCH	0.86	1.15	0.87	1.06	0.94	1.06	1.07	1.06	1.16	0.24	1.03	0.11
	PECH	0.90	1.05	1.13	0.80	1.06	1.03	0.86	0.83	0.86	—	0.95	0.12
	SECH	1.02	0.88	1.05	1.05	1.03	0.97	1.00	1.00	0.90	—	0.99	0.06
甘肃	TFPCH	0.95	1.11	1.04	1.05	1.10	1.13	0.97	0.94	1.17	0.45	1.05	0.08
	EFFCH	0.94	1.04	1.02	0.99	1.12	1.05	0.95	1.00	1.00	0.11	1.01	0.05
	TECHCH	1.00	1.07	1.02	1.07	0.98	1.08	1.01	0.94	1.17	0.33	1.04	0.07
	PECH	1.02	0.97	0.99	0.99	1.06	1.00	1.00	1.00	1.00	—	1.00	0.02
	SECH	0.93	1.07	1.03	1.00	1.06	1.05	0.95	1.00	1.00		1.01	0.05
新疆	TFPCH	0.98	1.07	1.02	1.06	0.97	1.01	1.06	0.93	1.34	0.44	1.04	0.12
	EFFCH	1.00	1.00	1.00	1.00	1.00	0.97	1.04	1.00	1.00	0.00	1.00	0.02
	TECHCH	0.98	1.07	1.02	1.06	0.97	1.05	1.02	0.93	1.34	0.44	1.05	0.12
	PECH	1.00	1.00	1.00	1.00	1.00	0.98	1.02	1.00	1.00	—	1.00	0.01
	SECH	1.00	1.00	1.00	1.00	1.00	0.99	1.01	1.00	1.00		1.00	0.01

2. 棉花全要素生产率的区域差异

表 5 – 12 显示出了西部甘肃与新疆两地区全要素生产率指数变化要优于其他地区，这两地区棉花全要素生产率具有较大的优势，但陕西棉花全要素生产率变化也明显劣于其他地区，其中只有江苏棉花全要素生产率下降幅度与陕西相同。

表 5 - 12 2002—2011 年西部与其他地区棉花全要素
生产率的区域差异

地区	EFFCH	TECHCH	PECH	SECH	TFPCH
天津	0.99	1.02	1.00	0.99	1.00
河北	0.98	1.03	1.00	0.98	1.01
江苏	0.93	1.02	0.94	0.98	0.95
浙江	1.01	1.03	1.01	1.00	1.04
安徽	0.97	1.01	0.97	1.00	0.98
江西	0.97	1.02	1.00	0.98	0.99
山东	0.97	1.03	0.98	0.99	1.00
河南	0.95	1.02	0.94	1.00	0.96
湖北	0.96	1.02	0.98	0.98	0.98
湖南	0.95	1.02	0.98	0.97	0.97
陕西	0.93	1.02	0.94	0.99	0.95
甘肃	1.01	1.04	1.00	1.01	1.05
新疆	1.00	1.04	1.00	1.00	1.04

（五）烟叶全要素生产率测度

1. 西部烟叶全要素生产率指数变化及其分解

选择烟叶产地为辽宁、吉林、黑龙江、安徽、福建、江西、山东、河南、湖北、湖南、广东以及西部的广西、重庆、四川、贵州、云南、陕西、甘肃共 18 省区市。根据全要素生产率指数及其分解公式，西部烟叶全要素生产率指数变化及其分解如图 5 - 2 所示。从全要素生产率 TFPCH 增长来看，西部平均下降了 1.3%，技术进步率 TECHCH 平均增长为 0.3%，技术效率平均增长了 0.3%。从全要素生产率变化的波动性上来看，整体上出现了波动性集中的特征，在 2003—2006 年的变化过程中，全要素生产率变化的波动性较大，而 2007—2011 年的变化过程中，则出现了趋于集中的特征。

技术进步是烟叶全要素生产率增长的主要动力，而技术效率对全要素生产率起到了抑制的作用，技术进步变化累计为 0.025，技术效率变化累计为 - 0.024，进一步分解，技术纯效率变化累计为

－0.105，但规模效率增加了0.086，显示了西部烟叶生产的规模化程度在扩大，但技术效率在下降。

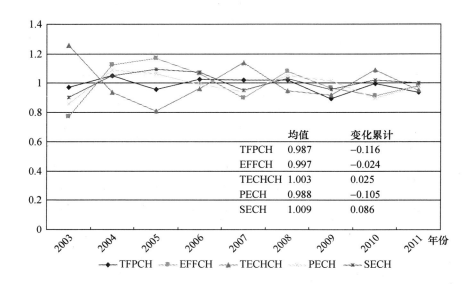

图5－2 西部烟叶全要素生产率指数变化及其分解

2. 烟叶全要素生产率的区域差异

表5－13显示西部内部各地区的全要素生产率指数变化及其分解，以及与全国其他地区的比较。其中，只有广西和贵州烟叶全要素生产率变化是增长的，但也只有0.8%的平均水平，其他地区均出现了不同程度的下降，云南虽然是我国最大的烟叶生产地，但其烟叶全要素生产率却是下降幅度最大的，平均下降了5.5%水平。从其分解来看，广西和贵州两地区烟叶的技术效率与技术进步变化均在增长，分别增长了0.4%和0.3%，以及0.4%和0.6%，且规模化效率也在增长。西部各地区与其他地区烟叶全要素生产率还有些差距，其中黑龙江是平均增长最快的地区，为4.3%，其次是辽宁2.5%、湖南1.8%、江西0.9%、吉林0.6%以及湖北0.2%，其他地区均有不同程度的下降，河南平均下降了5.8%，其次是安徽2.1%、山东1.3%、福建0.9%。

表 5 - 13　　　　　　　　2002—2011 年西部与其他地区烟叶全要素
生产率的区域差异

地区	EFFCH	TECHCH	PECH	SECH	TFPCH
辽宁	1.020	1.005	1.000	1.020	1.025
吉林	0.986	1.020	1.000	0.986	1.006
黑龙江	1.021	1.021	1.011	1.010	1.043
安徽	0.977	1.002	1.003	0.974	0.979
福建	0.986	1.005	0.984	1.002	0.991
江西	1.004	1.004	1.024	0.981	1.009
山东	0.979	1.008	0.989	0.990	0.987
河南	0.966	0.975	0.975	0.991	0.942
湖北	1.004	0.999	0.993	1.011	1.002
湖南	1.008	1.010	1.011	0.997	1.018
广东	0.970	1.000	0.984	0.985	0.970
广西	1.004	1.004	0.986	1.019	1.008
四川	0.984	0.997	0.976	1.008	0.981
贵州	1.003	1.006	0.995	1.007	1.008
云南	0.946	0.998	0.941	1.006	0.945
重庆	1.008	0.990	1.016	0.992	0.998
陕西	0.970	0.975	0.968	1.002	0.946
甘肃	0.954	0.993	0.975	0.978	0.947

三　经济作物产业结构调整的影响因素实证分析

（一）空间面板计量经济学模型

空间计量经济学模型区别于传统计量经济学模型的关键之处在于前者在分析现实经济行为中考虑了个体之间在空间上的相互作用及表现的差异性，即空间效应（Spatial Effects），而后者则默认假设个体在空间上具有独立性和同质性。根据 LeSage 和 Pace（2009）提出的空间杜宾模型，空间面板计量经济学一般设置为：

$$y_{it} = \delta \sum_{j=1}^{N} w_{if} y_{jt} + \alpha + x_{it}\beta + \sum_{j=1}^{N} w_{if} x_{ijt}\theta + \mu_i + \lambda_t + \varepsilon_{it}$$

其中，y 表示被解释变量，x 表示解释变量，β 为解释变量系数，δ 和 θ 分别表示空间滞后回归系数和空间误差回归系数，w 表示空间权重矩阵，ε 表示随机误差项。如果 α 是固定常数，则该模型称为空间固定效应模型，如果 α 是随机变量，并与其他解释变量不相关，则该模型变为空间随机效应模型。μ_i 衡量空间效应，λ_t 表示时间效应，如果两种效应同时存在，则表示空间时间效应。如果 $\theta = 0$，该模型则变为空间滞后模型；如果 $\delta = 0$，该模型简化为空间误差模型。如何选择模型可以通过一系列检验确定，在后面的实证研究中将进行详细的说明。

（二）数据选择与变量说明

本章实证研究把影响经济作物结构调整优化的主要影响因素分为以下几类，如表 5 - 14 所示。

实证研究所采用的数据为 2002—2011 年分省的面板数据，区位熵 LQ 由本章第二节计算，全要素生产率 TFP 由本章第二节计算，农村人力资本根据《农村统计年鉴》计算。自然禀赋变量、区位因素变量以及财政支农强度所使用的数据均来自《中国统计年鉴》。农业金融贷款强度来源于《中国金融年鉴》《中国农村金融服务报告 2010》《中国农村金融服务报告 2012》，以及个别数据来源于各省区市统计年鉴。投入变量根据《农村统计年鉴》计算。经济因素变量中农村工业化根据《农村统计年鉴》计算，其他根据《中国统计年鉴》计算。市场化程度来源于 2012 年《中国市场化指数》。此外，鉴于一些经济作物并不是所有省区市都种植，本章只选择了种植省区市较多的烟叶作物作为实证分析数据，希望能从中找到一些有意义的结论。

（三）实证结果与分析

本章使用各个地区省会城市经度纬度构造距离空间权重矩阵。首先利用 LM 或稳健 LM 检验，判断模型是否有空间效应，即空间相关性检验。从表 5 - 15 可以看出，LM 或稳健 LM 检验统计量的概率在 5% 显著性水平上是显著的，没有空间相关性的零假设被拒绝，可以建立空间面板模型。

表 5 – 14　　　　　　　　　　　　　变量说明①

		符号	计算	单位
被解释变量	区位熵	LQ	—	—
自变量			—	—
自然禀赋变量	年平均气温	PQ	—	摄氏度
	日平均日照时间	PR	—	小时/年
	日平均降雨量	PJ	—	毫米/年
	成灾比例	DR	成灾面积/受灾面积	%
投入变量	劳均播种比例	LB	总耕地面积/农林牧渔从业人员	公顷/人
	劳均农机总动力	LN	农机总动力/农林牧渔从业人员	千瓦/人
	烟叶种植比例	ZL	烟叶播种面积/农作物总播种面积	%
	有效灌溉率	GL	有效灌溉面积/耕地面积	%
政策因素变量	财政支农强度	TR	财政支出中农业支出所占比重	%
	农业金融贷款强度	FI	农业贷款总额/第一产业产值	%
科技因素变量	人力资本水平②	HM	—	—
	全要素生产率	TFP	—	—
经济因素变量	城市化水平	CITY	城镇人口/总人口	%
	开放度	OPEN	进出口总额/GDP	%
	人均 GDP	RGDP	GDP/总人口	元/人
	农村工业化	IN	乡镇企业总产值占农业总产值比重	%
市场因素变量	市场化程度	Market	—	—
区位因素变量	公路里程比重	RL	各地区公路里程/全国总里程	%
	铁路里程比重	RF	各地区铁路里程/全国总里程	%

其次，为了确定空间面板模型是固定效应还是随机效应，采用空间面板数据的 Hausman 检验，不论是空间滞后模型的 Hausman 检验，还是空间误差模型的 Hausman 检验，均显示应拒绝随机效应，选择固定效应。其中，空间滞后模型的 Hausman 检验统计量为 44.94，自由

①　日平均日照时间和日平均降雨量用各地区省会城市代替。

②　注：各地区平均受教育年限：$Ed = prop0 \cdot 0 + prop1 \cdot 6 + prop2 \cdot 9 + prop3 \cdot 12 + prop4 \cdot 13 + prop5 \cdot 15$，其中 prop0 – prop5 代表不识字、小学、初中、高中、中专、大专及以上的人口比重。

度为19，概率为0；空间误差模型的 Hausman 检验统计量为 27.20，自由度为19，概率为0.09。

表 5 – 15　　　　　　　　　　空间相关性的 LM 检验

	LM 统计量	概率值
LM test no spatial lag	8.4161	0.004
robust LM test no spatial lag	7.7316	0.005
LM test no spatial error	5.0305	0.025
robust LM test no spatial error	4.3460	0.037

表 5 – 16　　　　　　　　　　空间面板模型的 Hausman 检验

		LR 统计量	自由度	概率
空间滞后模型	空间固定效应	267.84	18	0.00
	空间随机效应	146.27	1	0.00
	Hausman 检验统计量	44.94	19	0.00
空间误差模型	空间固定效应	272.46	18	0.00
	空间随机效应	150.61	1	0.00
	Hausman 检验统计量	27.20	19	0.09

　　利用 Hausman 检验判断出空间误差模型后，还需进一步判断地区固定效应、时间固定效应以及地区与时间综合固定效应。利用表 5 – 16 的 LR 检验，地区固定效应是显著的，时间固定效应也是显著的，该模型是地区与时间综合固定效应（如表 5 – 17 所示）。

　　实证结果分析：不论是固定效应空间滞后模型还是固定效应空间误差模型，农业投入均对专业化程度起到正的显著影响。其中种植面积越大，影响越大，由于农民会选择经济效益比较好的经济作物，因此，当烟叶种植比例越大，对区域专业化程度影响越大。有效灌溉面积比例变量对于因变量的影响皆显著，说明水资源的分布差异以及水利设施建设的区域差异对于农业区域布局具有重要影响。对于政策因素而言，综合固定效应中财政支农强度不显著，一方面说明中国，包

表5-17 烟叶生产布局的空间面板模型估计结果

	固定效应空间滞后模型						固定效应空间误差模型					
	地区固定效应		时间固定效应		综合固定效应		地区固定效应		时间固定效应		综合固定效应	
	系数	T值概率	系数	T值概率	系数	T值概率	系数	T值概率	系数	T值概率	系数	T值概率
劳均农机总动力	0.50	0.00	0.04	0.67	0.50	0.00	0.56	0.00	-0.02	0.79	0.51	0.00
烟叶种植比例	61.18	0.00	135.02	0.00	78.61	0.00	70.58	0.00	139.22	0.00	81.32	0.00
有效灌溉率	1.67	0.04	1.87	0.00	1.85	0.03	1.23	0.12	1.63	0.00	1.82	0.05
财政支农强度	-2.90	0.01	4.86	0.05	-1.75	0.16	-3.05	0.01	5.26	0.04	-1.54	0.24
农业金融贷款	-0.41	0.00	-0.11	0.65	-0.25	0.07	-0.40	0.00	-0.13	0.62	-0.29	0.07
人力资本	-0.13	0.30	-0.13	0.49	-0.12	0.36	-0.16	0.19	-0.14	0.45	-0.12	0.41
全要素生产率	0.22	0.14	-0.15	0.64	0.13	0.32	0.18	0.22	-0.10	0.75	0.14	0.33
城市化	-0.70	0.10	2.46	0.00	-0.16	0.68	-0.60	0.15	2.74	0.00	-0.12	0.78
开放度	0.001	0.77	0.001	0.24	0.001	0.76	0.001	0.91	0.001	0.30	0.001	0.77
人均GDP	0.001	0.81	0.001	0.01	0.001	0.75	0.001	0.71	0.001	0.04	0.001	0.98
农村工业化	0.78	0.20	0.05	0.87	0.33	0.60	0.37	0.55	0.18	0.52	0.23	0.74
市场化程度	-0.24	0.00	0.04	0.64	-0.26	0.00	-0.27	0.00	0.03	0.79	-0.27	0.00
年平均气温	-0.05	0.23	-0.03	0.29	-0.10	0.01	-0.08	0.03	0.00	0.93	-0.11	0.01
日平均日照时间	0.00	0.02	0.00	0.02	0.00	0.03	0.00	0.01	0.00	0.00	0.00	0.06
日平均降雨量	0.00	0.07	0.00	0.01	0.00	0.02	0.00	0.04	0.00	0.01	0.00	0.03
成灾比例	-0.08	0.72	0.08	0.87	-0.07	0.76	-0.11	0.63	0.21	0.66	-0.03	0.90
公路里程比重	-0.58	0.94	-0.28	0.97	-0.04	0.99	-2.87	0.69	2.23	0.78	0.64	0.93
铁路里程比重	4.96	0.22	-20.84	0.00	8.51	0.02	5.89	0.14	-21.51	0.00	9.27	0.02
空间效应项	-0.17	0.42	-0.69	0.00	-0.64	0.02	0.31	0.04	-0.99	0.00	-0.59	0.03
R-squared	0.99	0.94	0.99	0.99	0.94	0.99						
corr-squared	0.43	0.94	0.46	0.42	0.28	0.44						
sigma^2	0.06	0.30	0.05	0.06		0.05						
log-likelihood	2.21	-129.84	25.67	2.76	-125.76	24.14						

括西部地区，财政对农业的支持力度不足。另一方面农业金融贷款对区域专业化程度呈显著的负相关，在一定程度上表明，中国农业成为金融排斥的主要对象，农村金融发展缓慢，农业融资难的问题是抑制产业结构调整优化的重要因素。而在科技因素中的人力资本和全要素生产率方面，其系数均不显著，成为烟叶生产布局优化的制约因素。从经济因素方面，西部地区，城市化水平、开放度、人均收入以及工业对农业的拉动作用均明显，也就是说西部经济因素还没有达到优化烟叶产业结构调整的条件。市场化程度的系数均显著但与区域专业化程度呈反向关系，农产品市场发育、要素市场发育以及中介组织发育都不利于烟叶专业化程度的提高。烟叶生产过程中，气温不利于烟叶生产的专业化，其系数显著为负，而日照时间和降雨量有利于烟叶专业化生产，其系数均显著为正。但受灾程度不影响烟叶专业化生产。铁路里程越高的地区，大大降低了运输的费用，其专业化程度越高，系数显著为正，而公路方面则不显著。

不论空间误差还是空间滞后模型，其空间效应项均显著为负，说明我国相邻地区间烟叶生产与区域专业化呈现出"空间竞争"的特征。

第六章　西部经济作物产业结构
协调性及其评价研究

　　遵循经济作物产业链分析方法与运行规律，西部经济作物加工业和流通业是产业链上重要的一环，也是价值增值和价值转移的重要环节和方向。基于产业链理论与产业结构调整优化理论，西部经济作物产业结构协调可以表现为经济作物产业链结构的协调性，即种植、加工、流通服务等环节之间的相互适应性，适应性越高，则协调性程度越高，产业链结构越合理，产业结构越合理。因此，需要深入分析产业链结构的协调性。第一部分，分析了西部经济作物加工业和流通环节的现状及存在的问题。第二部分，用数据包络分析方法研究了加工业与物流业协调发展程度，不仅为产业链协调性、整合度的研究提供了研究方法，而且还考察了西部经济作物加工业与物流业的发展协调性，对于西部经济作物流通发展具有重要的实践意义。

第一节　西部经济作物加工环节现状分析

一　区位优势分析

（一）经济作物加工业规模不断扩大

　　随着西部大开发进程的快速推进，与西部经济作物相关的加工业也得到了空前发展。根据表 6 - 1 可知，2011 年西部规模以上主要经济作物加工业总产值、从业人员等都有所增加，如以棉麻为主的纺织业，2011 年，总产值、从业人员分别为 714.12 亿元和 18.87 万人，分别是 2000 年的 19.97 倍和 3.67 倍，均获得了较快的增长。从横向上来看，西部规模以上经济作物加工业发展水平，均低于东部地区。2011 年西部纺织业、烟草加工业、饮料制造业、食品制造业、纺织服装制造业和医药制造业等加工业产值分别是东部的 4.45%、19.5%、40.92%、21.27%、0.96% 和 17.53%，相对于 2000 年来说，与东部的差距在缩小。对于劳动力密集、一般不过多依赖经济作物产地的加工业，如纺织业、纺织服装制造业和烟草加工业等，西部没有规模优势和区域优势。而饮料制造业、食品制造业和医药制造业等加工业相对具有区域优势。

表 6-1   **西部主要经济作物加工业发展水平**   单位：万人、亿元

地区	2000 年		2011 年		2000 年		2011 年	
	纺织业				烟草加工业			
	从业人员	总产值	从业人员	总产值	从业人员	总产值	从业人员	总产值
东部	144.82	2239.61	399.7849	16061.3261	0.32	5.32	0.3092	11.8698
中部	27.66	206.46	31.9218	1110.5828	0.61	9.49	0.6554	20.7437
西部	5.14	35.76	18.8736	714.1215	0.10	0.91	0.0439	2.3138
	饮料制造业				食品制造业			
东部	16.09	251.17	25.7576	1790.4363	25.58	410.28	60.4884	3960.5222
中部	21.42	210.56	15.018	570.1287	12.08	116.68	27.0372	913.5391
西部	3.63	32.17	12.1265	732.5933	3.05	32.26	16.8738	842.445
	纺织服装制造业				医药制造业			
东部	174.93	1704.86	355.4864	18817.1424	9.91	215.61	40.7646	2831.4249
中部	13.65	109.07	27.5388	600.3365	5.86	84.10	13.6182	647.235
西部	0.99	5.90	5.6678	181.1562	0.92	23.29	8.3269	496.3615

资料来源：2001 年和 2012 年《中国乡镇企业及农产品加工业年鉴》。

为了更直观地理解西部地区主要经济作物的规模扩张，我们使用农产品加工度这一指标。① 2011 年，西部地区主要经济作物产品加工

---

① 农产品加工度等于经济作物加工业总产值与农林牧渔总产值之间的比值。农产品加工度反映了工业部门对农产品的加工广度和深度，是衡量农产品加工业发展水平的重要指标。

度均比东部低，植物油加工业、制糖业、精制茶加工业、纺织业、烟草制造业、纺织服装制造业和医药制造业分别比东部地区少 0.0553、0.0031、0.0046、0.8079、0.0044、0.4806 和 0.0858。其中制糖业加工度高于中部地区，与东部地区最接近（如表 6 - 2 所示）。

表 6 - 2　　　　　　2011 年东中西部主要经济作物产业加工度

地区	植物油加工业	制糖业	精制茶加工业	纺织业	烟草制造业	纺织服装制造业	医药制造业
东部	0.0718	0.0093	0.0113	0.8454	0.0046	0.4888	0.1145
中部	0.0189	0.0008	0.0064	0.0655	0.0008	0.0288	0.0225
西部	0.0165	0.0062	0.0067	0.0375	0.0002	0.0082	0.0287

资料来源：根据 2012 年《中国乡镇企业及农产品加工业年鉴》整理计算。

（二）加工业集群

表 6 - 3 显示，西部地区主要经济作物加工业只有制糖业和精制茶加工业的区位熵较高，集聚优势明显，多数加工业在全国地位还比较低。

表 6 - 3　　　　　2011 年东中西部地区主要经济作物加工业区位熵

地区	植物油加工业	制糖业	精制茶加工业	纺织业	烟草制造业	纺织服装制造业	医药制造业
东部	1.17	0.99	0.80	1.55	1.43	1.62	1.20
中部	0.71	0.21	1.06	0.28	0.56	0.22	0.55
西部	0.87	2.14	1.55	0.22	0.23	0.09	0.98

资料来源：根据 2012 年《中国乡镇企业及农产品加工业年鉴》整理计算。

二　西部经济作物加工业存在的问题

（一）对发展经济作物加工业重视不够

多数省区市并没有认识到经济作物产品加工业对繁荣农村经济、带动农民致富的重要性。一些地区主要依靠能源、矿产等能源性工业，主要工业行业中，非金属矿物制品业、煤炭开采和洗选业、黑色金属冶炼及压延加工业等行业增长较快。以资源型产业为主的工业结构，资源密集型和高能耗工业的不可持续性和对生态环境的压力，都使农业产业结构调整存在巨大压力。一些地方只重视生产环节，忽视加工、销售环节的现象还很严重，农产品加工业规模小，产品附加值低，转化率低，发展速度慢。

（二）精深加工程度较低

中国农产品加工业产值与农业产值的比重约为 1.46∶1，远低于发达国家的 3∶1；对于西部地区来说，这个比值只有 0.9∶1。西部地区农产品加工基地建设滞后，虽然全国第二批西部地区共批下来 68 个农产品加工创业基地，但相对于西部广大地区来说，数量还是太少。另外，西部地区的农产品加工基地存在品种类型单一，制约了经济作物加工业的发展。

（三）加工技术设备落后，技术创新能力低

近年来，西部地区农产品加工企业技术设备虽有所提高，但整体水平与先进发达地区差距仍很大，加工设备落后，配套性差，耗能高且效率低。此外，经济作物科技成果真实利用率低，科技成果浪费严重，科技成果商品化程度低，难以进入市场。西部地区经济作物科技人才队伍薄弱，整体素质低，缺乏有利于经济作物产业发展的科技服务组织结构。西部地区对经济作物加工业的技术创新投入重视不够，投入有限。

（四）产业集群规模小，地区分布不均衡

地区分布不均衡，大宗农产品加工水平较低，区域特色，分布合理的加工业产业集群还没有形成。经济作物产业发展虽然要突出特色优势，但缺乏一定的集群性质，也很难把特色转化为经济优势。西部集中了棉花、茶叶、烟草、糖料、油料等经济作物，但还没有把种植优势，转化为加工业优势，没有发挥加工业潜力，要解决这些问题，不仅需要把经济作物加工业及其相关配套产业集聚起来，发挥集群优势，而且更需要的是资金、技术、人才的集聚。

（五）产业竞争力较弱

经济作物产值较低，效益小，产业竞争力较弱。这是由于劳动力的过度密集，从而造成劳动力边际收益下降，使劳动生产率降低；并且经济作物产业化程度和发展质量不高，导致其竞争力下降；由于国内外原材料价格的上升，化肥、农药等农业生产资料的进口冲击，而使农民利益受损，生产成本上升，部分产品将没有价格优势。国内农产品已进入阶段性过剩，西部地区经济作物在价格和质量上已没有多大优势，使农业竞争力大大减弱，在品种质量上与国外差距更大，使农业商品化、产业化、国际化处于不利地位。

三　西部经济作物加工业调整重点

经济作物加工业调整思路是：采取政府政策引导、扶持，以市场机制运作为主，突出经济作物龙头企业带动作用，形成"公司＋农户"或者"公司＋专业经济合作组织＋农户"等组织模式，以实现规范化、规模化、集约化与标准化种植，鼓励技术咨询、技术创新联盟等组织的发展，理顺加工企业、农民与合作组织的链接机制。经济作物生产加工企业通过上游要控制原料来源，与农户建立良好的长期而稳定固定合作关系；下游要控制销售，进行渠道和品牌建设，垂直整合产业链，进行纵向一体化的建设。西部经济作物加工业调整重点为：

第一，调整经济作物加工企业生产布局，形成产业集群，大力发展广西甘蔗加工产业带，长江上游优质油菜籽加工产业带，贵州与云南的茶叶产业带，云南、贵州与重庆的烟草加工产业带，西北优质棉花加工产业带等。

第二，龙头加工企业应推进加工技术的发展，通过提高和完善技术标准体系，促进经济作物产品的精深加工。加强先进生产工艺的推广，完善经济作物生产技术标准、质量标准体系建设，建立适合于经济作物特点的安全性评价标准。

第三，龙头加工企业应加强经济作物产品品牌整合。消费者认同程度越高，产品越畅销，因此，要不断地提高品牌的持续发展能力，不断地进行产品创新，营销创新，使品牌充满活力。加工企业需要维护与提高现有产品的内在品质，并不断创新，提高消费者对品牌的忠诚度，将有限的生产资源集中于品牌主导产品，做强做大优势品牌。

第四，龙头加工企业要对组织结构进行整合，加工企业应以价值增值流程的再设计为中心，构建完整连贯的整合性业务流程，压缩组织内部的非增值活动，创建高端价值的环节，以获得更多的价值增值。

第五，龙头加工企业应加强加工企业信息管理系统整合，加工企业与流通企业、研发机构以及农户或农民合作组织通过合作，搭建统一的信息技术平台，促进加工企业之间以及加工企业与农户战略联盟的信息共享。

第六，龙头加工企业应加强经济作物产品的国际交流与合作。政府主管部门、行业协会组织与加工企业应共同推动竞争力强、品牌程度高的经济作物产品的出口，鼓励加工企业开拓国际市场。

第二节　西部经济作物产业流通环节现状分析

一　西部经济作物流通和贸易现状

（一）流通方面

经济作物产品的价格已市场化。如国家重要物资产品棉花产品的收购和销售价格已市场化，政府不再直接干预价格。不仅建立了许多农产品实体交易网络，如全国棉花交易市场、茶叶交易市场，还建立了无形的期货市场，如棉花期货市场、油菜籽期货市场，逐步形成了有形与无形，产地市场、销地市场、集散市场的三层市场格局，以及专业性、综合性的农产品流通市场体系，为稳定市场价格，传达市场供需信息起到了巨大的作用。

近年来，西部经济作物产品流通出现了渠道多样化特征。不仅存在如生产者直销渠道、"农户 + 批发市场"和"农户 + 销售大户"的传统农产品流通渠道，随着流通体制的深入改革，"公司 + 农户"、

"公司＋专业合作社/农业协会＋农户"、农超对接模式、基于电子商务的流通渠道等形式的新型农产品流通渠道已形成。西部的农业专业合作社、农业产业化经营组织快速增长，2011 年，西部内蒙古、广西、重庆、四川、贵州、云南、陕西和甘肃 8 地区农民专业合作社共6.8 万个，占全国比重为 14.21% 。一些经济作物生产、加工企业的经营体制改革迈出步伐，已形成了公司制、股份制合作企业、上市企业、国家政策公司等为主要形式的流通渠道主体。如南宁糖业、贵糖股份、西王食品等，有力地支持了企业的发展。中国储备棉管理总公司通过棉花收储政策、补贴政策，有力地维护了企业和农户的利益，稳定了棉花价格，提高了棉花产业价值链的安全。

（二）外贸方面

1. 西部经济作物进出口贸易总量分析

自从加入世界贸易组织以来，西部经济作物领域的对外开放程度不断加深。西部经济作物出口市场也渐趋活跃，经济作物贸易量增长明显。受到国内市场需求，以及政策约束外，西部原棉没有对外出口，食用油籽、茶叶、食糖、中药材等经济作物或加工品均出现了不同程度的增加，以占全国比重而言，除了中药材上升较大外，食用油籽和食糖也出现了略微的上升，而茶叶出现了下降的趋势（如表 6 - 4所示）。

表 6 - 4　　　　　　　2002—2011 年西部主要经济作物出口额 单位：千美元,%

	原棉	食用油籽	茶叶	食糖	中药材
2002 年	1571	18170	21850	2780	44390
2011 年	0	55205	30532	6353	191427
2002 年占全国比重	92.65	4.28	6.59	2.73	3.49
2011 年占全国比重	0	8.90	4	10	30.60

资料来源：2003 年、2012 年中国《农村统计年鉴》。

2. 地区结构

从地区角度而言，云南、陕西、甘肃、新疆、内蒙古和广西等地区食用油籽出口额出现了不同程度的增长，其中云南和内蒙古增长较快，分别从 2002 年的 2190 千美元和 2360 千美元，增加到 2011 年的 17065 千美元和 21190 千美元，成为西部油料作物中出口额增长最快的两个地区。在茶叶出口中，西南的广西、云南、四川、贵州均有所增长。食糖只有新疆和广西增长较快，而内蒙古呈下降的趋势。对于中药材，藏药位居出口增长第一，从 2002 年的 120 千美元增长到 2011 年的 25484 千美元，增长了 211 倍。四川、云南、陕西、甘肃、青海、宁夏、内蒙古和广西均有不同程度的增长，西部正成为我国中药材出口的重要区域，特别是藏药、川药、云药等特色中药材（如表 6－5 所示）。

表 6－5　　　　　　　西部主要经济作物分地区出口结构　　　单位：千美元

地区	2011 年				2002 年			
	食用油籽	茶叶	食糖	中药材	食用油籽	茶叶	食糖	中药材
全国	621714	784145	63857	625130	424650	331760	79710	210940
重庆		5480	53	380		8890		1390
四川	82	2048	58	34507	3520	700		12140
贵州		1208		169				470
云南	17065	17233	342	3490	2190	9440		800
西藏				25484	630			120
陕西	1576	11		6934	410			2920
甘肃	5635			1499	1980		10	730
青海				7377				230
宁夏				18230	110			1680
新疆	706	52	463	1380	60	370	60	1980
内蒙古	21190		986	1864	2360	160	2410	700
广西	8951	4496	4247	86684	6910	2290	300	21230

注：空格表示无数据。

资料来源：2003 年、2012 年中国《农村统计年鉴》。

二　西部经济作物流通环节存在的问题

(一) 流通环节

一是农民在农产品流通中处于弱势地位。在我国,农民比较分散、组织化程度低,农民之间很难形成利益共同体,在与其他环节主体的联系中,往往处于弱势地位。二是农产品流通环节多,流通效率低,每个流通环节大大挤压了农民分享利润的空间。三是农产品流通信息服务滞后。由于各地区农产品市场发育差异较大,农产品市场信息化基础设施建设滞后,功能不健全,使农产品市场价格很难发挥出相应的功能。四是市场价格波动大,规避风险的能力差。由于不完善的市场制度,政策的干预,农民或一些企业自身知识的有限性等因素,中国农产品价格易受到市场供求状况的影响。虽然棉花期货已实现多年,但由于市场制度的不完善,市场参与者仍多以套利者为主,涉棉企业很少用期货市场知识来规避风险,棉花的价格波动幅度大增,棉花加工流通企业在棉花收购和销售中面临的风险也不断加大。随着棉花流通体制的放开,从目前国内棉商的经营模式来看,一部分行业内领头企业能自如地运用期货工具规避风险,但是,仍有一大部分小规模的棉商棉贩采用投机方式进行经营。在如今棉价大幅波动情况下,这种赌行情、急功近利的思想,导致自己陷入了被动、恶劣的生存环境中。企业不会利用金融工具规避风险,锁住收益的弊端更加凸显。

(二) 国际贸易环节

一是农业安全受到威胁。我国食用油市场已经全面失陷、丧失定价权。外资大举进入中国,在中国已经具有了很强的定价能力,这是从终端上的控制。目前,外资加速了对我国农业生产资料市场的布局,国际资本已逐步渗入到种子、农药、农膜等生产资料市场。特别是种子业,我国已有的种子上市公司,如隆平高科、敦煌种业、登海种业等,已纷纷被外资并购。二是贸易保护主义制约产业价值链国际竞争力的提升。发达国家通过农业补贴和扶植政策、反倾销和技术性贸易壁垒等措施,保护本国农业的发展,损害了我国农业的利益。三是具有特色资源的产品出口竞争力较大,但大部分经济作物出口竞争力正逐步降低。

三 西部经济作物流通环节调整重点

第一，打造经济作物现代化物流基地。以西部交通枢纽为中心，利用区位优势，采用现代物流技术和电子商务技术对现有销售网络再造，建设大型物流配送营销体系，构建现代化物流基地。引进资金、技术实力雄厚的第三方物流企业入驻物流基地，优化现有物流体系。第二，创新销售模式。不同的经济作物产品有不同的销售模式，不能一概而论，因此，应建立多元化、差别化、区域化的销售模式。如油料作物产品可以采用超市销售模式，而中药材可以采取"批发市场＋医院＋药店"的销售模式，烟草与茶叶可以采取特许（加盟）连锁方式。第三，培育销售品牌与提高市场运作功能。销售企业应向农户和加工企业共享市场需求信息，共同制定品牌推广策略。销售企业应主动进行产品营销策划，指导加工企业的生产与营销。销售企业对销售终端的营销活动进行有效管理，发挥产品销售与品牌推广的双重作用。第四，建立多元化投融资体系，健全风险投资机制。引导社会资金对加工企业的投入，吸引风险投资机构的风险投资基金，鼓励符合上市条件的企业在国内外上市筹资。第五，支持自主创新能力建设。积极开展产学研合作，组建战略合作联盟，建立产业技术研发公共平台，健全以企业为核心的技术创新体系和运行机制，促进科研成果有效转化，提升技术创新能力和核心竞争力。第六，实施外贸与加工的国际化战略。充分利用经济作物的天然优势，以深加工为主，以市场化的外向型经济发展理念来发展经济作物产业的国际化。通过品牌化份额占有战略，整合有形和无形资源，提高品牌理念，可以提高经济作物产业在国际化发展中的竞争优势。加快实施农产品实行品牌化经营，可以使农产品生产企业通过知识产权实现市场垄断。加快实施经济作物相关企业跨国经营，发挥稀缺资源优势，扩大资本，提高技术，加快实现跨国经营的增值。

第二节　基于 DEA 的经济作物加工业与
物流业协调性发展评价

农产品加工业是农业产业链上关键的一环，但农产品加工业的价值也正在迅速向农产品服务业领域转移，如果农产品现代服务业不能有效支持农业发展时，将使整个产业链的附加值不高。而农产品现代服务业中重要的一方面是农产品的物流，即农业产业链上的物流链。那么农产品加工业与物流业的相互适应性是实现价值流、物流和信息流畅通的保证。当物流业不能满足农产品加工业发展时，农产品将不能顺利实现价值增值；反之，当农产品加工业高速发展时，也能促进农产品现代物流业发展，最终实现农业产业链上价值增值及其利益的合理分配。西部农产品资源十分丰富，但现有的农产品物流体系远不完善，物流发展模式滞后，制约了西部农业的发展。因此，农产品加工业与物流业相互适应性越高，农业产业链的整合程度越高，农业产业链结构越合理，可以促进农业产业结构的优化，增强农业竞争力。

判断制造业与物流业协调发展的方法主要有灰色关联法、投入产出法、回归分析法、Logistic 模型、系统动力学、数据包络分析等方法，每种方法各有优缺点，没有绝对的准确。本书使用数据包络分析方法，利用 DEAP 软件，对西部经济作物相关加工业与物流业协调发展进行评价。

一　指标选取与数据来源说明

现代物流业为农产品加工业提供先进物流服务，推动农产品加工业快速实现价值，反过来农产品加工业的发展又增加了农产品物流的需求，促进了物流业的发展，可以说物流业与农产品加工业是互为输入与输出。将物流业作为投入时所得的相对效率，代表物流业的发展规模与技术的实际有效程度与经济作物加工业对于物流业发展所要求的规模和技术有效的接近程度，该值越大，说明物流业对经济作物加工业发展的适应性越高；加工业作为投入时的相对效率表示加工业对于物流业的支撑与利用的实际有效程度与物流业加工业所要求的有效值的接近程度。

选取物流业从业人员和货运量（或货物周转量）作为衡量物流业发展状况的指标，其中，从业人员很大程度上决定了两个行业联动发展的协调程度。而货运量（货物周转量）是反映运输业为国民经济和人民生活服务的数量指标，也能有效地反映整个社会物流的活动。[①]对于经济作物加工业的发展水平，选择加工业的从业人员来表示，其能反映经济作物加工业的投入水平，也能表明加工业对社会的贡献，另一个指标选择加工业总产值[②]来作为反映经济作物加工业的整体发展水平。

数据来源货运量（吨）、货物周转量（亿吨公里）、运输业从业人员（人）来源于 2012 年《中国统计年鉴》，经济作物相关加工业从业人员和总产值来自西部 12 省区市 2012 年统计年鉴。鉴于数据统计的范围，本书认为经济作物加工业主要与农副食品加工业、医药制造业、烟草制品业、纺织业、纺织服装鞋帽制造业、酒饮料和精制茶制造业、食品制造业 7 大类制造业有很大的关联性，因此，本书研究的对象主要是指这 7 大类经济作物相关加工业。

二　协调性评价

（一）经济作物加工业与物流业协调性评价

表 6 - 6 是根据西部 7 个经济作物相关加工业总和与物流业的 DEA 协同性评价结果。

将物流业作为输入时，加工业作为输出时，12 个区域中，只有 4 个区域贵州、云南、广西和内蒙古是 DEA 有效的。目前这 4 个区域物流业基本上满足了经济作物加工业的需求，而且其他 8 个区域是 DEA 无效，只有西藏是技术有效的，其他均是技术无效的，说明其他多数区域物流业还没有发展到现代物流倡导的水平——先进的技术与

---

① 由于无法接触到农产品物流业具体统计数据，因此，本书以整个地区的货运量作为农产品物流活动的替代指标。

② 经济作物加工业增加值应是更合理的指标，但西部大部分地区缺乏经济作物加工业的增加值数据，因此，本书选择加工业总产值作为替代指标。

管理方法、完善的基础设施以及环境较好的区位条件，经济作物加工业存在不完善的现代物流服务，不能有效地促进农业结构升级。从规模效率而言，西藏、青海和宁夏为规模收益递增，物流业投入的增长，可以促进经济作物加工业获得更大的发展。多年来中国政府对西藏铁路与公路建设的大力支持，大大改善了青海与西藏的物流体系。西南3个区域贵州、云南、广西得益于中国东盟贸易区迅速发展，因为迅速增长的双边农产品贸易需要更加现代化物流业的支持，另外，西南是我国茶叶、烟叶、中药材和糖料等作物的重要产地，需要完善的物流业才能保证这些产品迅速实现区域外流通。而内蒙古依托于京津经济圈良好的区位条件，其多数农产品加工业需要经过京津经济圈这个发达的物流体系才能有效地流通。综上所述，目前西部，只有贵州、云南、广西和内蒙古等省区市的物流业发展适应了经济作物加工业的发展，其他各省区市均滞后于加工业的发展，物流业的农产品服务能力还没有达到促进农产品加工业迅速发展的先进水平。

表6－6　　　　　　　物流业作为输入时的有效性分析结果

	综合效率	DEA 有效性	纯技术效率	技术有效性	规模效率	规模报酬
重庆	0.710	DEA 无效	0.741	技术无效	0.957	递减
四川	0.318	DEA 无效	0.397	技术无效	0.801	递减
贵州	1.000	DEA 有效	1.000	技术有效	1.000	不变
云南	1.000	DEA 有效	1.000	技术有效	1.000	不变
西藏	0.938	DEA 无效	1.000	技术有效	0.938	递增
陕西	0.714	DEA 无效	0.837	技术无效	0.852	递减
甘肃	0.731	DEA 无效	0.731	技术无效	1.000	不变
青海	0.455	DEA 无效	0.456	技术无效	0.996	递增
宁夏	0.640	DEA 无效	0.689	技术无效	0.929	递增
新疆	0.625	DEA 无效	0.670	技术无效	0.932	递减
内蒙古	1.000	DEA 有效	1.000	技术有效	1.000	不变
广西	1.000	DEA 有效	1.000	技术有效	1.000	不变

　　表6－7显示了经济作物相关加工业作为输入时的 DEA 有效性分析结果，其中有四川、青海和内蒙古3个区域是 DEA 有效的，其余9

个区域是 DEA 无效的。除了宁夏和西藏是规模递增、经济作物相关加工业投入的增长可以促进物流业的更大发展以外,其余 7 个区域均是技术无效、规模递减的。一方面物流业的投入不仅需要技术进步,还需要改变传统粗放式的投资方式;另一方面说明经济作物相关加工业发展水平较低,目前还不能作为区域内主导产业,从而引起相应物流业的发展。西部的实践表明,目前西部多数区域实施了工业化的跨越式发展道路,选择的工业大多是能源工业、重化工业、装备制造业等行业,而经济、环境效益均较好的经济作物加工业发展缓慢。

表 6 - 7　　　经济作物相关加工业作为输入时的有效性分析结果

	综合效率	DEA 有效性	纯技术效率	技术有效性	规模效率	规模报酬
重庆	0.506	DEA 无效	0.671	技术无效	0.753	递减
四川	1.000	DEA 有效	1.000	技术有效	1.000	不变
贵州	0.312	DEA 无效	0.406	技术无效	0.769	递减
云南	0.383	DEA 无效	0.614	技术无效	0.623	递减
西藏	0.753	DEA 无效	1.000	技术有效	0.753	递增
陕西	0.511	DEA 无效	0.905	技术无效	0.564	递减
甘肃	0.650	DEA 无效	0.807	技术无效	0.805	递减
青海	1.000	DEA 有效	1.000	技术有效	1.000	不变
宁夏	0.846	DEA 无效	0.885	技术无效	0.956	递增
新疆	0.706	DEA 无效	0.865	技术无效	0.816	递减
内蒙古	1.000	DEA 有效	1.000	技术有效	1.000	不变
广西	0.350	DEA 无效	0.860	技术无效	0.406	递减

　　综上分析,当两种情形下 DEA 都是有效时才是协调发展的,否则均不协调。而表 6 - 6 和表 6 - 7 显示,只有内蒙古的经济作物相关加工业与物流业是协调发展的,其他均不协调,经济作物加工业与物流业互相不能满足对方的需求。

　　西部大多数省区市处于内陆,或者远离水域,由于长江水域的情况,长江上游重庆和四川等地不可能进行大规模的水运量,因此,西部的农产品物流主要还是靠铁路或公路为主,需要进一步深入分析是铁路物流还是公路物流与加工业相适应。

（二）经济作物加工业与铁路运输协调性评价

表6-8显示，以铁路运输对加工业进行评价时，只有重庆和西藏是DEA有效的，因重庆和西藏是靠铁路运输为主的物流体系。其余10个区域的铁路运输均与经济作物相关加工业不相适应，且均是规模收益递减的，即铁路运输投入的增加并没有带来加工业的发展。西藏由于自然条件的限制，公路运输极其困难，经济作物加工业主要靠铁路完成，重庆则是作为西部唯一具有较为完善的铁路运输系统的地区，因此，重庆和西藏的铁路运输可以满足经济作物相关加工业的发展要求，但还需大力发展公路运输，完善公路运输基础设施以及先进的管理技术，并降低经济作物产品公路运输费用，提高经济作物产品的附加值，优化经济作物产品结构。而其余区域则要进一步加强铁路运输基础设施的建设，提高管理技术，完善铁路运输体系。

表6-8　　　　　　　　　铁路运输作为输入时的有效性分析

	综合效率	DEA有效性	纯技术效率	技术有效性	规模效率	规模报酬
重庆	1.000	DEA有效	1.000	技术有效	1.000	不变
四川	0.207	DEA无效	0.434	技术无效	0.477	递减
贵州	0.359	DEA无效	0.825	技术无效	0.435	递减
云南	0.613	DEA无效	0.963	技术无效	0.636	递减
西藏	1.000	DEA有效	1.000	技术有效	1.000	不变
陕西	0.115	DEA无效	0.763	技术无效	0.151	递减
甘肃	0.171	DEA无效	0.295	技术无效	0.579	递减
青海	0.073	DEA无效	0.158	技术无效	0.463	递减
宁夏	0.074	DEA无效	0.378	技术无效	0.194	递减
新疆	0.216	DEA无效	0.423	技术无效	0.511	递减
内蒙古	0.094	DEA无效	1.000	技术有效	0.094	递减
广西	0.667	DEA无效	1.000	技术有效	0.667	递减

表 6 - 9 显示，当加工业作为输入时，只有青海、宁夏和内蒙古 3 区域是 DEA 有效的，经济作物加工业的发展，促进了铁路运输业的发展，其余区域均是 DEA 无效的，即不协调。另外，只有西藏是规模收益递增的，其余 8 个区域均是保持不变或递减的，而且只有西藏、陕西、甘肃、青海、宁夏、内蒙古 6 个区域是技术有效的。

综上所述，当考虑铁路运输业与经济作物加工业的协调性时，没有出现 DEA 有效性重合的区域，即铁路运输业与经济作物加工业不是协调发展的。

表 6 - 9　加工业作为输入铁路运输作为输出时的有效性分析结果

	综合效率	DEA 有效性	纯技术效率	技术有效性	规模效率	规模报酬
重庆	0.159	DEA 无效	0.283	技术无效	0.562	递减
四川	0.504	DEA 无效	0.813	技术无效	0.620	递减
贵州	0.271	DEA 无效	0.459	技术无效	0.590	递减
云南	0.292	DEA 无效	0.513	技术无效	0.570	递减
西藏	0.073	DEA 无效	1.000	技术有效	0.073	递增
陕西	0.619	DEA 无效	1.000	技术有效	0.619	递减
甘肃	0.701	DEA 无效	1.000	技术有效	0.701	递减
青海	1.000	DEA 有效	1.000	技术有效	1.000	不变
宁夏	1.000	DEA 有效	1.000	技术有效	1.000	不变
新疆	0.504	DEA 无效	0.812	技术无效	0.621	递减
内蒙古	1.000	DEA 有效	1.000	技术有效	1.000	不变
广西	0.215	DEA 无效	0.532	技术无效	0.405	递减

（三）经济作物加工业与公路运输协调性评价

表 6 - 10 显示了公路运输作为输入时的有效性计算结果。只有贵州和内蒙古 2 个区域是 DEA 有效的，与表 6 - 6 中的结果一致，说明贵州和内蒙古 2 个区域是主要靠公路运输为主的物流体系。其余 10 个区域均是 DEA 无效的，但贵州、云南、西藏、内蒙古和广西等区域技术上是有效的，其余是技术无效的，说明先进的公路运输技术可以提高加工业的综合效率。在技术有效的区域，综合效率均比技术无

效的区域高。西藏、甘肃、青海、宁夏四个区域是规模报酬递增的。
受到经济发展水平的限制，这 4 个区域的公路建设缓慢，当增加公路
运输投入时，可以有效地提高经济作物加工业的发展。因此，在 DEA
无效的区域应加大公路运输体系的建设，而贵州和内蒙古应加快建设
铁路运输基础设施，提高管理技术，提升对经济作物加工业的促进
作用。

表 6 – 10　　　　　公路运输作为输入时的有效性分析结果

	综合效率	DEA 有效性	纯技术效率	技术有效性	规模效率	规模报酬
重庆	0.553	DEA 无效	0.725	技术无效	0.762	递减
四川	0.249	DEA 无效	0.394	技术无效	0.634	递减
贵州	1.000	DEA 有效	1.000	技术有效	1.000	不变
云南	0.938	DEA 无效	1.000	技术有效	0.938	递减
西藏	0.804	DEA 无效	1.000	技术有效	0.804	递增
陕西	0.830	DEA 无效	0.933	技术无效	0.890	递减
甘肃	0.732	DEA 无效	0.733	技术无效	0.999	递增
青海	0.522	DEA 无效	0.531	技术无效	0.983	递增
宁夏	0.564	DEA 无效	0.677	技术无效	0.833	递增
新疆	0.653	DEA 无效	0.664	技术无效	0.984	递减
内蒙古	1.000	DEA 有效	1.000	技术有效	1.000	不变
广西	0.853	DEA 无效	1.000	技术有效	0.853	递减

　　当加工业作为输入时，表 6 – 11 结果中只有四川和西藏是 DEA 有
效的，其余均是 DEA 无效的，即双方不是协调发展的。在无效的区
域，除了青海技术有效，宁夏规模递增外，均是规模递减与技术无
关，经济作物加工业的发展并不能有效地带动公路物流业的发展。
　　综上所述，当考虑公路运输业与经济作物加工业的协调性时，没
有出现 DEA 有效性重合的区域，即公路运输业与经济作物加工业不
是协调发展的。

表 6 - 11   加工业作为输入公路运输作为输出时的有效性分析结果

	综合效率	DEA 有效性	纯技术效率	技术有效性	规模效率	规模报酬
重庆	0.517	DEA 无效	0.686	技术无效	0.754	递减
四川	1.000	DEA 有效	1.000	技术有效	1.000	不变
贵州	0.251	DEA 无效	0.310	技术无效	0.809	递减
云南	0.383	DEA 无效	0.560	技术无效	0.683	递减
西藏	1.000	DEA 有效	1.000	技术有效	1.000	不变
陕西	0.395	DEA 无效	0.647	技术无效	0.611	递减
甘肃	0.517	DEA 无效	0.566	技术无效	0.913	递减
青海	0.949	DEA 无效	1.000	技术有效	0.949	递减
宁夏	0.740	DEA 无效	0.773	技术无效	0.957	递增
新疆	0.551	DEA 无效	0.552	技术无效	0.998	递减
内蒙古	0.373	DEA 无效	0.742	技术无效	0.503	递减
广西	0.324	DEA 无效	0.812	技术无效	0.399	递减

第七章　茶产业结构调整优化实践研究

本章按照产业链分析方法，通过对贵州茶产业种植结构、加工环节、流通环节的现状分析，并利用区位熵、集中系数等指标，以及 DEA 分析方法，寻找制约贵州茶产业发展的"瓶颈"及竞争力优势所在，以期能为西部其他地区茶产业结构调整优化提供建议。

第一节　贵州茶叶种植结构现状及特征

一　贵州茶叶播种面积变动特征

图 7-1 显示，改革开放以来，贵州茶叶播种面积以及占全国比重变化，总体上呈现"U"形特征。特别是 2006 年以后，由于市场需求的增加，贵州茶叶播种面积呈现了迅速增加的趋势，2011 年，贵州茶叶播种面积占全国比重已经达到了 9.2%，还有进一步增加的趋势。

二　贵州茶叶产量变动特征

在面积迅速增加的同时，产量也迅速增加，茶叶产量中有很大一部分是由于面积增加贡献的。如图 7-2 所示，2011 年贵州茶叶产量达到了 5.84 万吨，是 1978 年的 8.9 倍。但从占全国比重而言，1978—2006 年期间，呈现了波动式特征，从 2007 年开始迅速增加，2011 年已达到了 3.6%。

三　贵州茶叶单产变动特征

图 7-3 给出了全国平均单产以及主要产茶地区的单产变动。其中，贵州茶叶单产 10 年来一直处于下降的趋势，从 2000 年的 410.18 千克/公顷，下降到 2005 年的 383.84 千克/公顷，再下降到 2011 年

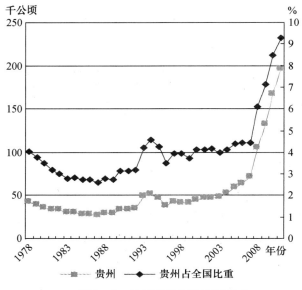

图7-1 贵州茶叶播种面积变动

资料来源：根据2010年、2011年、2012年《中国统计年鉴》整理。

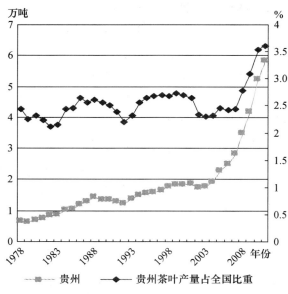

图7-2 贵州茶叶产量变动

资料来源：根据2010年、2011年、2012年《中国统计年鉴》整理。

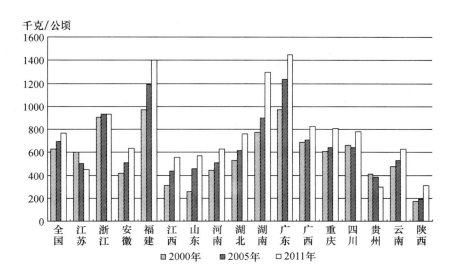

千克/公顷

图 7 - 3 2000—2011 年贵州茶叶单产变动

资料来源：根据《60 年中国农业统计资料》，2010 年、2011 年、2012 年《中国统计年鉴》整理。

的 297.3 千克/公顷。目前，贵州茶叶单产水平不仅低于全国平均水平，也低于 2000 年不如贵州的江西和山东两省。同期的其他地区均出现了不同程度的增长，贵州的单位面积生产效率在不断下降，在单产方面已不具有优势。

四 贵州茶叶生产布局特征

目前，贵州茶叶产值已达到 32.17 亿元，茶园面积 26.73 万公顷，茶叶产量 5.84 万吨。① 2011 年，遵义市位居贵州茶园面积第一位，其次是铜仁市、黔南州、黔东南州和黔西南州，这 5 个地区茶园总面积占 77.9%，产量占 80.9%。但 2010 年显示，茶园总面积占 91%，产量占 90%，2011 年下降，贵州茶叶种植区域布局更加分散。2011 年，5 个地区的单产差异较大，单产最高的黔东南州比单产最低的铜仁市高了近 89 个单位。此外，与 2010 年比较，贵州各地区单产变动存在很大的不确定性，5 个地区的单产都有所下降，贵州内部茶

① 参见 2012 年《中国茶业年鉴》。

叶生产效率存在下降的趋势,遵义市 2010 年单产为 360.70 千克/公顷,2011 年下降到 257.71 千克/公顷,而黔东南州从 295.92 千克/公顷下降到 269.91 千克/公顷。因此,有必要进行生产布局的调整,提高遵义市、黔西南州、黔东南州茶叶生产规模化和专业化水平,另外,还需要通过科技进步提高各个地区的生产效率。

表 7 - 1 贵州市域茶叶生产分布

	2010 年			2011 年		
	面积 (万公顷)	产量 (万吨)	单产 (千克/公顷)	面积 (万公顷)	产量 (万吨)	单产 (千克/公顷)
遵义市	6.82	2.46	360.70	8.11	2.09	257.71
铜仁市	4.77	1.23	257.86	5.27	0.95	180.27
黔西南州	1.02	0.33	323.53	1.42	0.34	239.44
黔东南州	1.96	0.58	295.92	2.26	0.61	269.91
黔南州	3.24	0.69	212.96	3.78	0.74	195.77
贵州	19.64	5.23	266.29	26.73	5.84	218.48

资料来源:根据 2012 年《中国茶业年鉴》、2012 年《贵州统计年鉴》整理。

再从县域生产布局方面观察,湄潭县、凤冈县、石阡县播种面积位居前三,但单位面积产量反而差异很大,湄潭县、凤冈县单产 375 千克/公顷左右,远高于石阡县。在其他县中,遵义县的单产在全部县域中最高,达到了 780 千克/公顷,而最低的印江县只有 113.48 千克/公顷。因此在调整茶叶生产结构中,对于单产较高的地区需要进一步加强专业化水平,而对于单产较低的地区需要缩减产量,集中生产茶叶名优产品。

表 7 - 2 2011 年贵州县域茶叶生产分布

	面积(公顷)	产量(吨)	单产(千克/公顷)
湄潭县	21300	8000	375.59
凤冈县	17300	6500	375.72

续表

	面积（公顷）	产量（吨）	单产（千克/公顷）
石阡县	15000	3400	226.67
印江县	14100	1600	113.48
黎平县	10300	4500	436.89
遵义县	2000	1560	780.00
普安县	4400	1500	340.91
晴隆县	4300	1451	337.44
道真县	9500	2467	259.68
西秀区	3800	1300	342.11
余庆县	4700	950	202.13
正安县	12100	2300	190.08
都匀市	14000	2000	142.86

资料来源：根据 2012 年《中国茶业年鉴》、2012 年《贵州统计年鉴》整理。

五 贵州茶叶品种结构特征

表 7 - 3 显示，贵州茶叶品种主要以绿茶为主，从 2000 年的 1.14 万吨上升到 2011 年的 4.78 万吨。虽然其他品种的茶叶产量也有所上升，从另一个方面也可以看出，贵州正在引进新的品种，如乌龙茶从无到有、红茶从少到多，贵州茶叶品种结构正趋于多样化。但需要注意的是，贵州茶叶不同品种的产量在全国的比例还处于较低的水平，红茶只占到全国的 1.3%，绿茶只占 3.9%，相对于茶叶生产较快的地区，贵州茶叶发展比较缓慢。

表 7 - 3　　　　　　　　贵州茶叶品种产量结构变动　　　　　　单位：万吨

	2000 年	2005 年	2011 年
红毛茶	0.02	0.01	0.088
绿茶	1.14	1.41	4.78
紧压茶	0.01	0.01	0.0004
乌龙茶			0.0043
其他茶	0.68	0.86	0.96

注：空格表示无数据。

资料来源：根据 2011 年《中国茶业年鉴》、2012 年《贵州统计年鉴》整理。

六 贵州茶叶生产比较优势分析

(一) 区位熵分析

根据区位熵的计算公式,选择茶叶播种面积计算的区位熵如表7-4所示。1997—2011年,贵州茶叶生产区位熵可以分为3个阶段,第一阶段为1997—2002年的波动阶段,第二阶段为2003—2007年的缓慢增长阶段,第三阶段为2008—2011年的快速增长阶段。在第一阶段,受到市场需求波动,以及农户对生产决策不重视的影响,贵州茶叶生产表现出波动性特征;随着西部大开发的启动,政策支持力度加大,随着市场对茶叶需求增加的转变,这个阶段贵州茶叶生产呈现了缓慢增长的特征。到2007年,茶叶市场需求出现了根本性的转变,随着精制茶、健康有机茶、茶加工产品需求的增加,以及茶叶价格的上升,贵州茶叶生产呈现了快速增长的特征。从整体上看,贵州茶叶生产区位熵呈现了持续增长的特征,且大于全国平均水平,具有比较优势,但与茶叶生产大省福建、浙江、云南等地区还有明显的差距。

表7-4   **1997—2011年贵州与其他省 (市、区)**

茶叶生产区位熵比较分析

年份 地区	1997	1999	2001	2003	2005	2007	2009	2011
贵州	1.35	1.26	1.38	1.31	1.43	1.53	2.37	3.00
浙江	4.72	4.50	5.51	6.36	6.27	6.52	6.03	5.68
安徽	2.00	1.79	1.75	1.56	1.47	1.46	1.22	1.17
福建	6.15	6.12	6.57	6.95	7.19	7.37	7.41	7.10
江西	1.36	1.11	0.97	0.86	0.84	0.80	0.81	0.83
湖北	2.09	3.32	2.84	2.11	2.19	2.18	2.35	2.33
湖南	1.39	1.27	1.28	1.21	1.15	1.11	0.97	0.94
广东	1.17	1.16	1.13	1.00	0.86	0.81	0.72	0.69
广西	0.57	0.54	0.60	0.86	0.65	0.80	0.73	0.69
四川	1.12	1.13	1.26	1.68	1.84	1.73	1.81	1.92
云南	4.41	4.11	4.00	4.22	4.15	4.97	4.80	4.38
陕西	0.89	0.89	1.20	1.58	1.63	1.58	1.61	1.67

资料来源:根据2010年、2011年、2012年《中国农村统计年鉴》整理。

（二）集中系数分析

集中系数反映了一地区某一经济部门，按人口平均产量的相对数，可以衡量一个地区该经济部门的集中程度，也可以表示该部门的人均产量与全国平均水平的相对比较程度。其计算公式为：

$$C_{ij} = \frac{q_{ij}/p_i}{Q_j/P}$$

其中，C_{ij} 表示地区 i 产业 j 的集中系数，q_{ij} 表示地区 i 产业 j 的产量，p_i 表示地区 i 的总人口，Q_j 表示全国产业 j 的产量，P 表示全国总人口。若 $C_{ij} > 1$，表明地区 i 产业 j 集中程度高，专业化水平相对全国平均水平具有较高的水平，该值越大，集中程度越高。若 $C_{ij} < 1$，表明地区 i 产业 j 的集中程度较低。本书选择茶叶产量和农业人口作为计算指标。

表 7-5 显示，贵州茶叶生产的集中系数一直小于1，说明贵州茶叶生产区域化集中程度低，从而导致茶叶单产偏低，竞争能力偏弱的局面。在与其他地区比较的过程中，与集中程度较高的福建、浙江、云南、湖北、湖南等地区差距明显，需要加快制定区域规划，合理布局，提高集中程度。

表 7-5   1997—2011 年贵州与其他省（市、区）茶叶生产的
集中系数比较分析

年份 地区	1997	1999	2001	2003	2005	2007	2009	2011
贵州	0.75	0.73	0.66	0.55	0.56	0.52	0.62	0.67
浙江	3.92	4.06	3.94	3.91	3.45	2.97	2.59	2.09
安徽	1.26	1.19	1.05	1.00	0.92	0.83	0.79	0.67
福建	5.73	5.61	7.70	8.00	8.19	7.82	8.18	7.68
江西	0.82	0.65	0.49	0.39	0.40	0.38	0.41	0.40
湖北	1.63	1.87	1.85	1.82	1.70	1.60	1.79	1.97
湖南	1.57	1.42	1.45	1.37	1.35	1.32	1.28	1.37
广东	1.04	0.98	0.91	1.03	0.94	0.77	0.65	0.59

年份 地区	1997	1999	2001	2003	2005	2007	2009	2011
广西	0.69	0.55	0.53	0.52	0.50	0.51	0.44	0.44
四川	0.91	0.94	0.97	1.07	1.18	1.20	1.17	1.14
云南	4.50	4.14	2.84	2.68	2.95	3.38	3.08	3.29
陕西	0.31	0.27	0.26	0.29	0.33	0.32	0.39	0.48

资料来源：根据 2010 年、2011 年、2012 年《中国农村统计年鉴》整理。

七 贵州茶叶种植环节的整体性评价

1. 茶叶生产发展迅速，但生产效率低水平依然没有根本改变

贵州经济基础薄弱以及自然地理环境限制，导致茶产业区域化集中程度低。贵州茶叶种植面积已经达到了 19.64 万公顷，以区域为单位，如贵阳、安顺、六盘水、黔西南等地现有茶园规模小，不足以将茶产业作为主导产业进行培育。除湄潭、凤冈、石阡等地外，一些县每年新建的几千亩茶园布局在多个镇，产业集中度较低，规模效益难以形成，专业化生产难以提高，各地区单产水平差异较大，且贵州省单产水平整体有所下降。

2. 茶叶品种结构有所优化，但发展水平仍较低

目前，贵州茶叶出现了多样化的品种结构，绿茶发展迅速，红茶、乌龙茶、花茶、紧压茶、普洱茶等品种发展有所提高，但需要通过生产布局的优化，技术引进等方式，并根据市场需求，合理安排茶叶品种种植。

3. 农业科技推广与应用缓慢，农业机械化水平低

贵州茶叶新技术和新品种的推广不力，科研成果市场化水平低，农业机械化水平低，大大影响了茶叶单产水平的提高。贵州茶叶采摘还主要依赖于手工，采摘效率比较低，机械化未能有效地推广。茶叶农机科研支撑乏力，不适应快速发展的农机化形势，不能满足贵州茶叶生产对适宜山地农机的大量需求。科技力量十分薄弱，科技人员少，投入少，科技管理滞后等，严重制约茶叶机械化的发展。

4. 农业标准化水平低

茶叶标准化生产是茶叶产业化的保证。目前，只有很少的茶叶集中区域进行种植规程、产品标准化生产，大部分还存在无标准生产或有标准不执行的情况，这严重影响建园标准和茶园产量。此外，茶叶质量监测体系不健全，不能全面实现茶叶产品无公害化，从而影响茶叶产品品质及产量。

5. 管理体制不顺，缺乏统筹规划指导

首先，体现在不能有效指导茶叶的生产布局，贵州至今没有完整的茶叶生产布局规划。其次，部门之间缺少沟通和配合，资金与技术脱节，茶叶生产管理混乱，缺乏统筹规划指导。最后，中介服务组织发育严重滞后，缺乏完善的生产服务体系。

第二节　贵州茶叶加工业现状分析

一　贵州茶叶加工业结构变动分析

（一）贵州茶叶加工业产值变动分析

贵州茶叶加工业产业升级迅速，目前注册茶叶加工企业 616 家，固定资产 29.8 亿元，同比分别增长 20.3%、16.4%，规模在年销售收入 500 万元以上的有 45 家。2000 年贵州规模以上企业只有 8 家，但 2010 年规模以上企业发展到了 36 家，总产值也从 2000 年的 0.51 亿元，发展到 17 亿元。同时，贵州加工业产品结构也向着精深加工迈进，2005 年贵州精制茶产量只有 0.07 万吨，2011 年增长到 1.46 万吨。但从横向比较而言，贵州茶叶加工业发展水平还处于弱势地位。图 7-4 显示，贵州茶叶加工业产值占全国比重多年来均偏低，2011 年只有全国的 1.8%，与福建的 24.9%、湖南的 13.7% 和四川的 12.3% 差距显著。从规模以上企业平均产值而言，2000 年贵州规模以上加工企业产值平均只有 0.064 亿元，2005 年为 0.074 亿元，虽然到 2011 年增长到 0.47 亿元，但与 12 个地区比较，还是处于最低的水平（如表 7-6 所示）。

表7-6   贵州茶叶加工企业与其他地区比较分析   单位：亿元

	2000 年		2005 年		2011 年	
	产值	平均	产值	平均	产值	平均
浙江	14.8	0.247	35.28	0.287	76.52	0.74
安徽	0.87	0.073	6.93	0.239	52.49	0.72
福建	5.47	0.114	18.49	0.161	230.41	0.76
湖北	3.9	0.139	5.24	0.119	106.88	1.14
湖南	4.14	0.129	15.43	0.321	127.54	1.18
广东	3.2	0.178	4.94	0.309	10	0.63
广西	0.73	0.091	0.98	0.082	29.5	0.76
重庆	0.49	0.123	1.07	0.134	12.42	0.89
四川	2.24	0.112	8.7	0.229	114.38	1.26
贵州	0.51	0.064	0.67	0.074	17	0.47
云南	2.5	0.1	6.92	0.266	28.9	0.72
陕西	0.42	0.21	0.58	0.29	17.36	0.60

资料来源：根据2012年《中国茶业年鉴》，2010年、2011年、2012年《中国农村统计年鉴》整理。

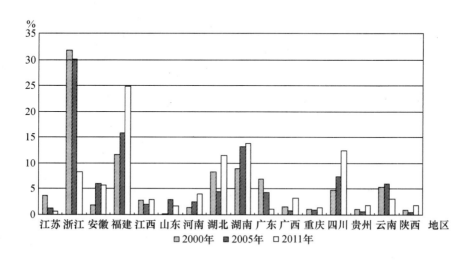

图7-4   贵州茶叶加工业产值占全国比重变动分析

资料来源：根据2012年《中国茶业年鉴》，2010年、2011年、2012年《中国农村统计年鉴》整理。

（二）贵州茶叶加工业资产变动分析

以贵州加工业企业资产而言，2000—2005 年，资产增长缓慢，资本投入低；2006—2010 年，资产增长迅速，从 2005 年的 0.68 亿元，增长到 2011 年的 13.45 亿元，资本投入进入了迅速增加的快车道。但在横向比较上，2011 年，贵州加工企业资产总额是同时期福建的 13.0%、湖北的 13.3%、四川的 24.9%，与 2005 年福建、湖南、四川等省的投入近似。从规模以上企业平均资产来看，2000—2005 年，贵州规模以上企业只有约 0.07 亿元资产，而到了 2011 年增长到 0.32 亿元，增长迅速。但与云南的 1.37 亿元、四川的 0.52 亿元，以及浙江、湖北、广东等还有一定的差距，贵州加工业企业规模偏小。另外，贵州茶叶加工业资本投入水平偏低，需要加大对茶叶加工业固定资产的投资。

表 7 - 7　　　　贵州茶叶加工业资产总额与其他地区比较分析　　　单位：亿元

	2000 年		2005 年		2011 年	
	资产总额	平均	资产总额	平均	资产总额	平均
浙江	11.72	0.20	23.47	0.19	62.4	0.59
安徽	2.16	0.18	4.34	0.15	26.53	0.32
福建	5.97	0.12	12.66	0.11	103.1	0.26
湖北	4.67	0.17	7.33	0.17	100.93	0.43
湖南	5.40	0.17	10.10	0.21	44.39	0.32
广东	2.40	0.13	5.15	0.32	6.68	0.47
广西	1.22	0.15	1.53	0.13	18.71	0.25
重庆	1.20	0.30	0.86	0.11	3.38	0.31
四川	3.80	0.19	11.49	0.30	53.96	0.52
贵州	0.58	0.07	0.68	0.08	13.45	0.32
云南	5.88	0.24	9.72	0.37	60.3	1.37
陕西	1.02	0.51	0.38	0.19	9.3	0.23

资料来源：根据 2012 年《中国茶业年鉴》，2010 年、2011 年、2012 年《中国农村统计年鉴》整理。

（三）贵州茶叶加工业劳动力就业分析

在劳动力投入方面，贵州规模以上茶叶加工企业从业人员，由2000年的585人，下降到2005年的506人，再上升到2011年的2853人，总体上呈现上升的趋势。规模以上加工企业平均从业人员从2000年的73.13人，上升到2011年的79.25人，11年间出现略微上升。从横向比较来看，在绝对量上，2011年茶叶主产地区，贵州加工企业从业人员只是福建的6.5%、湖北的22.5%、湖南的18.5%，处于较低的水平，而从平均来看，与云南的483.35人、四川的187.02人、湖南的142.87人、福建的144.40人等差距明显。另外，贵州茶叶加工企业对就业的带动能力较低，不能有效地解决当地的剩余劳动力问题，从而不能有效地提高农民的收入。

表7-8　　　　贵州茶叶加工业从业人员与其他地区比较分析　　　单位：人

	2000年		2005年		2011年	
	从业人员	平均	从业人员	平均	从业人员	平均
浙江	4407	73.45	5999	48.77	443	71.76
安徽	1957	163.08	1642	56.62	7463	76.30
福建	4683	97.56	7879	68.51	5570	144.40
湖北	7843	280.11	4375	99.43	12676	134.85
湖南	5578	174.31	6365	132.60	15430	142.87
广东	2586	143.67	1865	116.56	1571	98.19
广西	815	101.88	767	63.92	5874	150.62
重庆	626	156.50	499	62.38	2426	173.29
四川	2161	108.05	2833	74.55	17019	187.02
贵州	585	73.13	506	56.22	2853	79.25
云南	4147	165.88	4304	165.54	19334	483.35
陕西	410	205.00	360	180.00	2782	95.93

资料来源：根据2012年《中国茶业年鉴》，2010年、2011年、2012年《中国农村统计年鉴》整理。

（四）贵州茶叶加工业盈利能力分析

盈利能力反映了企业的竞争能力，是保持企业竞争优势的关键。表7-9显示，2000年贵州规模以上茶叶加工企业销售收入只有0.08亿元，是全国的0.18%，而到了2011年，销售收入增加到17亿元，是全国的1.84%，贵州茶叶加工业销售能力增长迅速。从利润角度而言，从2000年的负0.02亿元，转变为正的1.76亿元，利润能力有所增强。从横向比较看，2011年贵州茶叶规模以上加工企业销售收入是福建的7.4%、四川的14.8%、湖北的15.9%、湖南的13.3%和浙江的22.3%，差距明显，而与安徽、云南、广西也有一定的差距。从利润角度分析，贵州规模以上茶叶加工企业盈利能力差距更大，2011年贵州规模以上茶叶加工企业利润只有1.76亿元，同时期的只有广东和重庆没有超过亿元。贵州规模以上茶叶加工企业利润只是福建的5.9%、四川的17%、湖北的13.9%。偏低的盈利能力，严峻的市场竞争劣势，亟须对贵州茶叶加工业产业结构进行调整优化。

表7-9　　　　　　　贵州茶叶加工业盈利能力分析　　　　单位：亿元

	2000年		2005年		2011年	
	销售收入	利润	销售收入	利润	销售收入	利润
全国	43.96	0.12	110.48	5.12	925	93
浙江	14.17	0.3	33.87	1.08	76.5	4.7
安徽	0.86	-0.05	6.44	0.15	52.4	4.1
福建	5.3	—	17.6	1.12	230	29.86
湖北	3.6	-0.18	4.98	0.21	106.8	12.6
湖南	3.97	0.1	15.43	0.55	127.5	7.1
广东	3.32	0.1	4.7	0.12	10	0.79
广西	0.59	-0.02	1.13	-	29.4	2.6
重庆	0.51	—	1.04	0.04	12.4	0.9
四川	2.07	—	7.23	0.49	114.38	10.35
贵州	0.08	-0.02	0.44	—	17	1.76

续表

	2000 年		2005 年		2011 年	
	销售收入	利润	销售收入	利润	销售收入	利润
云南	2.7	−0.01	6.2	0.77	28.8	6
陕西	0.44	−0.03	0.56	0.03	17.3	2.4

资料来源：根据 2012 年《中国茶业年鉴》，2010 年、2011 年、2012 年《中国农村统计年鉴》整理。

二 贵州茶叶加工业效率分析

上面初步分析了贵州茶叶加工业规模小、盈利能力低的状况，下面进一步从效率角度分析贵州茶叶加工业的发展状况，并从 2000 年、2005 年、2010 年、2011 年这四个阶段，深入分析贵州茶叶加工业发展变动状况及其存在的问题。

效率分析选择的投入产出分别为资产总额、从业人员以及产值，使用数据包络分析软件 DEAP2.1，选择产出导向、规模报酬变动的 VRS 模型，计算结果如下所示。

（一）2000 年 DEA 效率分析

2000 年，贵州茶叶加工企业综合效率只有 0.395，在茶叶主产地的 16 个地区中，排名第 7 位，纯技术效率 0.556，排名第 9 位，规模效率 0.710，排名第 11 位，技术效率对综合效率的贡献较大。从规模报酬角度而言，贵州茶叶加工企业处在规模报酬递减的阶段。DEA 分析显示，贵州茶叶加工企业产值目标值应为 0.917 亿元，目前为 0.51 亿元，需要增加 0.407 亿元才能达到资源的最优配置（如表 7 − 10 所示）。

表 7 − 10　　　　　　2000 年贵州茶叶加工业效率分析

地区	综合效率	纯技术效率	规模效率	规模报酬
江苏	0.500	1.000	0.500	递减
浙江	1.000	1.000	1.000	不变

续表

地区	综合效率	纯技术效率	规模效率	规模报酬
安徽	0.194	0.272	0.715	递减
福建	0.486	0.689	0.705	递减
江西	0.210	0.278	0.757	递减
山东	1.000	1.000	1.000	不变
河南	0.685	0.721	0.950	递减
湖北	0.257	0.611	0.421	递减
湖南	0.338	0.570	0.594	递减
广东	0.571	0.872	0.656	递减
广西	0.350	0.425	0.825	递减
重庆	0.275	0.301	0.912	递减
四川	0.378	0.438	0.863	递减
贵州	0.395	0.556	0.710	递减
云南	0.241	0.319	0.754	递减
陕西	0.316	0.321	0.983	递增

资料来源：根据 2011 年《中国茶业年鉴》，2010 年、2011 年、2012 年《中国农村统计年鉴》整理。

（二）2005 年 DEA 效率分析

2005 年，贵州茶叶加工企业综合效率提高到 0.603，在茶叶主产地的 16 个地区中，排名下降到第 10 位，纯技术效率 0.622，下降到第 9 位，规模效率 0.97，上升到第 9 位，规模效率对综合效率的贡献较大。从规模报酬角度而言，贵州茶叶加工企业处在规模报酬递增阶段。DEA 分析显示，贵州茶叶加工企业产值目标值应为 1.078 亿元，目前为 0.67 亿元，需要增加 0.408 亿元，其次，劳动力投入过多，需要减少 62.882 人才能达到资源的最优配置（如表 7-11 所示）。

表 7-11　　　　　　　2005 年贵州茶叶加工业效率分析

地区	综合效率	纯技术效率	规模效率	规模报酬
江苏	0.854	0.868	0.984	递增
浙江	1.000	1.000	1.000	不变
安徽	0.989	1.000	0.989	递减

续表

地区	综合效率	纯技术效率	规模效率	规模报酬
福建	0.893	0.960	0.931	递减
江西	0.820	0.822	0.998	递增
山东	1.000	1.000	1.000	不变
河南	0.611	0.612	0.998	递减
湖北	0.437	0.461	0.948	递减
湖南	0.935	0.998	0.937	递减
广东	0.599	0.608	0.986	递减
广西	0.392	0.394	0.995	递增
重庆	0.761	0.777	0.979	递增
四川	0.522	0.551	0.948	递增
贵州	0.603	0.622	0.970	递增
云南	0.436	0.464	0.938	递减
陕西	0.934	1.000	0.934	递增

（三）2010 年 DEA 效率分析

2010 年，贵州茶叶加工企业综合效率有所下降，为 0.593，在茶叶主产地的 16 个地区中，排名进一步下降到第 13 位，纯技术效率为 0.605，则下降到第 14 位，规模效率 0.980，上升到第 3 位，规模效率对综合效率的贡献较大。从规模报酬角度而言，贵州茶叶加工企业还处在规模报酬递增阶段。DEA 分析显示，贵州茶叶加工企业产值目标值应为 21.19 亿元，目前为 12.82 亿元，需要增加 8.37 亿元才能达到资源的最优配置（如表 7-12 所示）。

表 7-12   2010 年贵州茶叶加工业效率分析

地区	综合效率	纯技术效率	规模效率	规模报酬
江苏	0.659	1.000	0.659	递增
浙江	0.952	1.000	0.952	递减
安徽	0.970	1.000	0.970	递减
福建	0.663	1.000	0.663	递减

续表

地区	综合效率	纯技术效率	规模效率	规模报酬
江西	0.732	0.766	0.955	递增
山东	1.000	1.000	1.000	不变
河南	0.711	0.759	0.936	递增
湖北	0.668	0.705	0.948	递减
湖南	1.000	1.000	1.000	不变
广东	0.600	0.654	0.918	递增
广西	0.681	0.727	0.937	递增
重庆	0.829	1.000	0.829	递增
四川	0.889	0.957	0.929	递减
贵州	0.593	0.605	0.980	递增
云南	0.352	0.382	0.921	递减
陕西	0.532	0.601	0.885	递增

（四）2011 年 DEA 效率分析

2011 年，贵州茶叶加工企业综合效率比 2010 年有所上升，为 0.598，在茶叶主产地的 16 个地区中，排名还是第 13 位，纯技术效率为 0.626，为第 14 位，规模效率为 0.955，下降到第 8 位，规模效率对综合效率的贡献较大。从规模报酬角度而言，贵州茶叶加工企业还处在规模报酬递减阶段。DEA 分析显示，贵州茶叶加工企业产值目标值应为 27.157 亿元，目前为 17 亿元，需要增加 10.157 亿元才能达到资源的最优配置（如表 7 - 13 所示）。

综上所述，贵州茶叶加工业效率均出现了不同程度的下降，其中技术效率下降程度较大，规模效率有所上升，规模报酬呈现递减。贵州茶叶加工业发展水平偏低的主要原因是技术效率的下降。

表 7 - 13　　　　　　　　2011 年贵州茶叶加工业效率分析

地区	综合效率	纯技术效率	规模效率	规模报酬
江苏	1.000	1.000	1.000	不变
浙江	0.829	1.000	0.829	递减

地区	综合效率	纯技术效率	规模效率	规模报酬
安徽	0.941	1.000	0.941	递减
福建	0.735	1.000	0.735	递减
江西	0.850	0.869	0.978	递增
山东	0.853	0.871	0.979	递减
河南	0.589	0.641	0.920	递减
湖北	0.682	0.972	0.701	递减
湖南	1.000	1.000	1.000	不变
广东	0.667	0.673	0.992	递减
广西	0.587	0.590	0.996	递减
重庆	1.000	1.000	1.000	不变
四川	0.787	0.858	0.917	递减
贵州	0.598	0.626	0.955	递减
云南	0.176	0.204	0.863	递减
陕西	0.718	0.726	0.988	递增

三 贵州茶叶加工业主体分析

茶叶加工环节的主体一般包括传统分散的农户和小茶厂、具有加工生产线的一定规模茶叶加工企业。茶农和小茶厂以茶叶的粗加工为主，技术和设备落后，总体规模偏小，标准化水平低，产品质量、安全性水平低。由于规模小、产品结构不合理、技术和管理水平低，因此，品牌经营困难，市场竞争力弱。

（一）贵州茶叶加工企业竞争能力分析

在所整理的年销售额超过 1000 万元的 20 家加工企业中，年销售额还没有过亿元的企业。20 家加工企业销售额总共为 7.18 亿元，占贵州全省销售额比重为 42.23%，但没有一家企业超过 15%，最高只有 12.05%，最低为 1.53%。在已有的加工企业中，多数加工企业销售收入较低。此外，从加工能力角度看，多数企业加工能力偏低，年加工能力最高为 1 万吨，最低的只有 0.05 万吨，加工规模偏小（如表 7 - 14 所示）。

表 7 - 14　　　　　　　　　贵州省主要茶叶加工企业状况

公司名称	销售额 （万元）	茶叶产量 （吨）	茶园面积 （公顷）	加工能力 （吨/年）	品牌
贵州兰馨茶叶有限公司	8650	300	1530	600	兰馨牌湄潭翠芽
贵州铜仁和泰茶叶有限公司	7856	2500	34000	3000	和泰之春、天坛
贵州省湄潭县栗香茶叶有限公司	6547	512	1812	1000	栗香湄潭翠芽
贵州省湄潭盛兴茶叶有限公司	7913	527	8000	500	遵义红茶
贵州黔风生态实业有限公司	5537	—	—	8000	春江花月夜
贵州贵茶公司	4245	460	2500	1000	春江花月夜
贵州经典云雾茶叶有限责任公司	6437	312	667	500	普天
贵州东太农业股份有限公司	5012	2000	733	10000 （黑茶）	黑茶教父、 金黔红、梵净毛峰
贵州四品君茶业有限公司	3500	600		800	四品君
贵州凤冈仙人岭茶业有限公司	2750	420		1000	仙人岭
贵州凤冈浪竹有机茶叶公司	2500	260	106.7	500	浪竹
贵州省湄潭县黔茗茶业有限责任公司	2200	560	40	1000	贵州针
贵州省丹寨县单硒业有限责任公司	1800	550	300	700	黔丹毛峰
纳雍县贵茗茶叶有限责任公司	1850	350	3500	600	乌蒙翠剑、 姑箐翠剑

公司名称	销售额 （万元）	茶叶产量 （吨）	茶园面积 （公顷）	加工能力 （吨/年）	品牌
贵州怡壶春生态茶业 有限公司	1500	240	20	500	怡壶春
贵州晴隆茶叶公司	1213	935	5000	2000	贵隆
贵州湄江印象茶业有 限公司	1200	450	13	1500	云贵山
凤冈野鹿盖茶叶有限 公司	1100	180	200	600	野鹿盖

资料来源：根据贵州省农业委员会茶叶办公室统计资料与 2012 年《中国茶业年鉴》整理而得。

（二）贵州茶叶加工产业链拓宽与延伸

贵州茶叶加工企业加速实施加工的升级换代、开发新产品，产业链不断地进行横向拓宽、纵向延伸。在横向拓宽方面，实现产品包装的升级换代，精包装和袋包装已步入全国中上等水平。创立了国酒茅台·国品黔茶连锁联营窗口平台，扩大茶叶专卖店、茶馆数量，服务功能明显提升。在纵向延伸方面，多酚、茶籽油、茶饮料、绿茶粉等多种产品产业链不断延伸，在湄潭县、凤冈县、石阡县等主产区，生产企业集聚效应开始显现。以绿色为主题的茶叶工业园成为贵州省食品加工业的典范。

四 贵州茶叶加工业的主要问题

贵州茶叶初加工能力在不断增强，但由于技术推广缓慢，受到管理水平的约束、规模的限制，茶叶精深加工水平还比较低，产品技术含量和附加值低的问题依然十分突出。

第一，加工规模小，组织化程度低。就加工企业来说，贵州 600多家茶叶生产加工企业，只有 10 家左右的加工企业年加工能力在5000 吨以上，其余年生产能力均在 500 吨以下，规模效益难以形成。目前，贵州虽有 84 个产茶区，但除湄潭、正安、凤冈、都匀等地区的茶产业加工企业集中程度高外，多数地区茶叶加工组织化程度仍较低，仍以家庭手工作坊制作为主，产品规格质量不一致。

第二，标准化意识淡薄，产品质量不稳定，产品技术含量和附加值低。对现有标准的示范、推广力度不够，加工操作不规范，生产工艺标准差异大，产品质量难以保障。

第三，加工技术水平低，科技支撑不强。贵州精制茶厂数量少，茶厂装备水平普遍较低。目前在全省有一定规模茶叶生产企业中，有高级专业技术职称的管理和技术人员不足，相当一部分茶叶生产企业缺乏中级专业技术人员，有的企业甚至缺少初级专业技术人员。

第四，茶叶精深加工与综合利用程度低。目前，茶叶深加工朝着新型茶饮料和工业用茶的两个方向发展。贵州是产茶大省，但不是茶产业强省，主要原因是茶叶精深加工不强，多功能性茶产品以及茶多酚等综合利用程度低。目前，只有浙江和福建等地区的茶多酚、茶皂素、咖啡碱深加工产业具有初步规模，在市场上占有较大份额。但贵州茶产业还处于初加工阶段，只是以简单的茶叶加工对外销售，在国内茶叶市场竞争日益加剧，难以开拓国际市场的状况下，茶产业很难做大做强。

第三节　贵州茶叶流通现状分析

一　贵州茶叶流通渠道分析

目前，贵州茶叶产地批发市场有湄潭西南茶城、安顺茶城茶叶批发市场、都匀茶叶专业市场，茶叶销地批发市场有贵州茶城、贵阳太升茶叶批发市场，遵义花鸟茶叶批发市场。贵州许多茶青，被浙商、福建客商在收购后就地初加工。大宗绿茶主要以散装或作为花茶加工原料销往外地。国内大部分省市都有贵州茶商开设的茶庄，批零兼营形式销售贵州茶叶。

贵州茶叶流通主要以茶叶交易市场为主，截至2012年，贵州"中国茶城"的建成，形成了多家大型综合茶叶交易市场，集聚了分散的茶农、茶企和茶商，形成了农工商综合一体化组织，提升了贵州茶叶产业化水平。

表 7 - 15 贵州茶叶批发市场状况

	交易量（吨）	交易额（亿元）	市场面积（万平方米）
贵州茶城		1.38	1.4
湄潭西南茶城	2800	4.1	1.3
湄潭县乡镇茶青市场9个	50000	5.92	3.4
凤冈县乡镇茶青市场5个	5280	0.66	1.1
余庆县乡镇茶青市场3个	2460	0.28	0.7
太升茶城	5000	3.2	1.7
中国茶城		12	50

注：空格处表示无数据。

资料来源：根据 2012 年《中国茶业年鉴》以及相关网站整理。

二 贵州茶叶出口贸易分析

从总体变动而言，贵州茶叶出口出现了从零出口到实现出口的转变，但由于面临着人民币持续增值、生产成本不断上涨等不利因素，贵州茶叶出口出现了下降的态势，2011 年出口数量下降为 61.3 吨，不足 2010 年的 50%，而出口金额更是下降到 19 万美元，在 16 个主产地中只比陕西高，远远低于其他地区。贵州茶叶出口规模小已成为制约贵州茶产业发展的一大因素，不能有效地提升出口竞争力，将很难实现贵州茶产业结构的优化（如表 7 - 16 所示）。

另外，从出口品种结构来看，贵州主要以乌龙茶为主，其次才是绿茶，但占全国出口比重很低。目前，国际茶叶市场以绿茶、乌龙茶为代表的特种茶以保健功效、特有香气及浓厚的东方文化特质渐受青睐，逐渐成为市场消费的主要品种。因此，贵州茶叶出口在进一步加强乌龙茶和绿茶的基础上，通过对乌龙茶和绿茶进行深加工，提高茶叶品质，提高品牌忠诚度等方式提高贵州茶叶出口的规模与附加值。此外，对于其他品种的茶叶还需另辟蹊径提高出口规模，促进茶产业结构优化（如表 7 - 17 所示）。

表7-16　　　　　　　贵州茶叶出口贸易变动状况　　　单位：吨，万美元

	2005 年		2010 年		2011 年	
	出口数量	出口金额	出口数量	出口金额	出口数量	出口金额
江苏	4629	918	1919	409	1573	413.99
浙江	173559	27331	182157	41535	197911	50818
安徽	20356	2823	26114	6746	32392	9273
福建	21726	5881	18345	8228	17450	8623
江西	4629	918	9607	2785	9686	3385
山东	55.45	8.83	303	51	434	112
河南	175	7.9	1998	601	1863	673
湖北	2843	777	2652	1293	3432	2133
湖南	20423	2943	27322	5762	27240	7429
广东	11018	2232	9225	3773	9430	4976
广西	2229	360	1534	453	2117	702
重庆	10809	679	6385	564	4170	361
四川	302	100	336	208	413	331
贵州			144	43	61.3	19
云南	7203	2241	6740	2307	6158	2288
陕西					13.72	4.3

注：空格处表示无数据。

资料来源：根据2012年《中国茶业年鉴》整理。

表7-17　　　　　　贵州茶叶出口贸易品种结构状况　　　单位：吨，万美元

	绿茶出口数量	绿茶出口金额	乌龙茶出口数量	乌龙茶出口金额	普洱茶出口数量	普洱茶出口金额	花茶出口数量	花茶出口金额
江苏	883	265	268	95	3.34	1.3		
浙江	187957	48104	1773	470	332	140	1972	1153
安徽	28414	8324	31	27.4	6	4.46	70	66
福建	1585	1127	12930	5458	141	83.7	2414	1550
江西	8775	2960	49	27			687	314
山东	14.5	4.74	245	37.8				

续表

	绿茶出口数量	绿茶出口金额	乌龙茶出口数量	乌龙茶出口金额	普洱茶出口数量	普洱茶出口金额	花茶出口数量	花茶出口金额
河南	1863	673						
湖北	1814	1010	132	124	68	77	108	141
湖南	19098	5075	314	304.3	375	141	771	372
广东	1024	448	2038	752	1827	1683	656	369
广西	474	164	27	26.2	2.67	0.96	319	214
重庆	0.01	0.06						
四川	103	54	0.69	2.58	6.36	15	110	198
贵州	8.7	3.41	52.4	15.7	0.08	0.1	0.05	0.06
云南	1164	451	1.35	1.35	1420	774	8.7	13.57
陕西	13.63	4.18						

注：空格处表示无数据。

资料来源：2012 年《中国茶业年鉴》。

三 贵州茶叶流通中存在的问题

目前，在茶叶市场流通中普遍存在共性的问题，包括国内市场流通主体多而杂，规模小，产品同质性大，需求无弹性，行业进出容易，市场交易信息不完全，盈利水平低。对于国外市场来说，目前，受到国外绿色壁垒、技术壁垒、产品安全壁垒的约束，短期内进入国际市场存在一定困难。贵州茶产业流通渠道中存在的问题具体包括：

一是品牌培育与整合程度差。就贵州茶叶市场流通来说，贵州茶叶品牌在我国还远没有其他省市知名度高，这是贵州茶产业发展的"瓶颈"。在我国几万家茶叶加工企业中，注册品牌近 1000 多种，但真正能在国内外知名的只有几个品牌，而贵州虽然有都匀毛尖、湄潭翠芽、凤冈富锌硒茶、遵义毛峰等名优产品，但其品牌影响力很低。

二是无序竞争加剧。目前，茶叶消费主要有家庭消费、团体消费、劳保消费、礼品消费、餐（宾）馆消费、休闲消费、旅游消费、公益消费以及工业消费等，茶叶争取终端客户的竞争日益加剧。这造成了贵州一些茶企业不能有效地针对消费群体制定主导产品战略，有的企业甚至制售假冒名牌产品，这必然影响知名品牌的销售，并损坏贵州茶产品的形象。

三是茶企管理水平低，管理不规范。贵州茶叶企业忽视质量管理，QS 认证得不到有效执行，标准缺失严重，茶企以假乱真，农药残留超标等情况，严重影响了茶叶品牌的培育。

四是流通渠道缺乏创新。贵州茶企的营销理念、销售渠道等多方面的创新都显得不足。除了通过批发市场、特许专卖、超级市场等渠道销售外，而宾馆、饭店、会议、电子商务以及饮料加工业、食品加工业、医药加工业等渠道则很少涉及。

五是出口竞争力不足。由于受到人民币升值、生产成本上升的影响，并缺乏统一标准和技术指标，出口品种与品质不能满足要求。此外，贵州出口茶企业规模不大，不但在全国茶出口企业中很难有竞争优势，与全球品牌茶叶企业更相去甚远，很难在茶产业链获得更多的价值。

第四节　贵州茶产业结构调整

一　贵州茶产业组织

贵州茶叶产业发展基本构成了政府（引导）—科研所（支撑）—协会（协调）—企业（龙头）—茶园（基础）的一个组织体系。

科研所是茶产业创新与发展的主要技术支撑部门。贵州茶叶的科研机构目前比较少，主要是"贵州省茶叶科学研究所"，该研究所以茶叶产业化技术研究为主攻方向，从事茶树及类茶植物种植资源搜集、整理、保存、利用；茶树新品种选育，无公害茶叶配套栽培技术，制茶工艺及茶文化等研究；茶叶生产与产品质量标准体系建设，茶叶质量监督检验；新品种、新技术、新产品示范推广及开发，技术培训和咨询服务；国内外技术交流与合作等。贵州省茶叶科学研究所是贵州科技支撑的中坚力量。1978 年以来，该所共获成果奖 61 项；培育的黔湄系列良种 419 号、50 号、601 号、701 号、809 号以及湄潭苔茶良种被审定为国家良种，共推广面积达上万公顷；"茶树密植免耕快速高产栽培技术"成果推广到全国 16 个省区，面积达 14 万公顷。贵州大学成立了"贵州大学茶叶工程研究中心"，该中心志在"做优做大贵州茶叶产业，推动农村经济又好又快发展"，是贵州茶产业发展的另一重要科技支撑机构。

作为茶产业的民间组织，各类茶协会在贵州省茶产业发展中起着重要的协调作用。继贵州茶叶学会、茶文化研究会、茶叶协会成立之后，2007 年又成立了茶叶流通协会。这些非营利性组织在宏观方面，能组织、协调有关茶叶方针、政策、规划等的研讨、论证；在中观领域，能加强茶产业与外部行业的沟通，促进各行业间的交流与合作，拓宽黔茶发展视野；在微观领域，更能加强行业自治、自律，树立优质的黔茶形象。也就是说，这些茶协会为茶农、茶商和消费者搭建起了一个广阔的平台，服务企业、服务市场，为政府发展茶产业在决策方面做好参谋，为贵州中小茶企业的健康发展提供服务。

企业在茶产业发展中起着龙头作用。贵州茶叶类省级以上农业产业化经营重点龙头企业有 10 家，其中，兰馨茶业有限公司、黔风实业有限公司进入了国家重点龙头企业行列。茶叶招商引资成效明显，2008 年从东部发达地区引进茶叶加工企业 60 余个，投入资金 72758 万元。一批工商、民营资本相继进入茶产业。凤冈寸草心公司来自房地产行业、金沙的梦樵茶业有限公司和巨芳茶叶公司来自煤矿行业，兴义的华曦公司来自养鸡行业。目前，贵州茶企业已初具规模，但与国内大部分茶企相比，还存在很大的差距。虽然贵州有 5 家茶企进入百强企业名单，但没有一家排在前 50 名。从省内企业的销售收入来看，最多的是年销售额 8650 万元的贵州兰馨茶业有限公司，但与中国茶叶股份有限公司的 15 亿元相比，贵州茶企差距明显。

二　贵州茶产业结构构想

（一）调整茶叶产品结构

充分利用绿色茶叶、健康消费的模式转变带来的机遇，发挥贵州优势的生态资源，大力发展有机茶、无公害茶以及保健功能茶，优化茶叶产品结构。发挥茶叶品种资源优势，发展茶叶的深加工生产，提高产品附加值，是争取竞争优势的有效途径。因此，贵州应加快生态茶产业示范基地建设；加强对茶叶有害物质的监测与检测，对有机茶与无公害茶进行全程跟踪检测和监控；控制农药残留、重金属与有害微生物含量；加快对精深加工设备的研发、制造以及加工技术的推广，推进贵州茶叶深加工生产。

（二）调整茶叶生产结构

绿茶是纯天然最佳健康饮品，一直以来其消费群体都是最多的。而且，茶叶提取物、绿茶饮料等，大多数都是以绿茶为原材料。以普洱茶为主的特种茶，消费人群比较固定，目前市场正消化前几年的库存，贵州的普洱茶明显没有云南普洱茶那么多的优势。贵州红茶以中小叶种为主，生产成本高。因此，贵州应大力发展名优绿茶，控制黑茶规模，保留特色优质红茶产品，优化茶叶生产与产品结构。

（三）调整茶叶产业结构

贵州茶产业还是以茶的生产种植为主，为了优化茶产业结构，应通过茶产业的加工业、流通服务业的发展带动茶的生产种植业的发展，以实现茶农增收、茶产业增效的目的。

一是发展茶产业加工业，实现产业化经营。发展加工业，加大茶产业的深加工程度，可以有效优化茶产业结构，提高茶产品的品质，提高茶叶的市场竞争力。发展加工业，可以有效吸收农村剩余劳动力，促进就业，增加茶农收入。因此，贵州各级政府以及农业及科技行政部门，应抓紧制定茶产业加工业发展规划，加大茶叶深加工技术与设备的科研投入，支持茶叶加工科研成果的市场化与推广，鼓励产学研合作。

二是加快茶叶、旅游、民族文化的融合，借助民族文化旅游渠道，提升贵州茶叶知名度。贵州旅游资源极其丰富，贵州省地貌类型齐全，气候温暖湿润，景观神奇独特，植物群落众多，民族风情浓厚，形成许多丰富多彩的旅游胜地。以红色旅游为特点的遵义会议会址、红军山、息烽集中营等红色旅游景区，保存着中国近代革命的历程痕迹，红色旅游景区是发扬爱国主义、抒发爱国情怀的不可或缺的阵地，有很高的开发价值。此外，贵州民族旅游资源特色鲜明，丰富多样，以民族文化为特色的城镇化建设成为贵州发展中独特的风景线。贵州世代居住着 17 个少数民族，少数民族人口占全省人口的 1/3，形成了风格各异、类型多样的民族文化，少数民族的风俗习惯、节日、服饰、村舍建筑多姿多彩。因此，贵州应把民族文化、特色旅游与茶叶消费相结合，营造浓郁的黔茶民族传统文化氛围，推动茶产业的发展。

（四）调整茶叶企业结构

目前，我国茶叶优势企业有云南龙润茶业集团、北京更香茶叶有限责任公司、四川省峨眉山竹叶青茶业有限公司、福建天福集团公司等，而贵州还没有形成全国性的优势龙头企业，茶企规模小，成本高，科研投入少。因此，贵州应推动茶企通过并购重组，改组改制，引进战略投资者，在政府引导下，培育强势龙头企业。

贵州茶产业农业家庭作坊还众多，以初加工为主，不能有效应对日趋激烈的市场竞争。因此，贵州应加快淘汰技术落后、严重亏损的企业，调整优化企业结构，壮大优势企业，搞活中小企业，是贵州茶叶企业结构调整的重点。贵州茶产业发展的资源禀赋只是带来了资源优势与比较优势，如何才能使资源优势转化为竞争优势，需要依靠创新与提高产业的技术水平。优化茶企的技术结构，引进先进的深加工技术，支持龙头企业生产设备的改善，创新管理技术，开发自主知识产权的茶叶深加工技术。贵州茶企的技术提升应走引进消化与自主创新相结合的道路。

三　贵州茶产业布局调整

在现有资源上如何又好又快地发展茶园规模，优化贵州茶产业布局，是一个需要多方关注、多方参与尽快破解的难题。

就贵州茶产业发展现状而言，贵州茶产业布局可以划分为以主产县为核心的 5 大优势产业带。一是黔北湄潭、凤冈富硒（锌）优质绿茶产业带；二是黔东石阡、松桃、印江，黔东南黎平、丹寨、雷山优质出口绿茶产业带；三是黔中平坝、西秀、开阳，黔南都匀、贵定的高档名优绿茶产业带；四是黔西北纳雍金沙有机绿茶产业带；五是黔西南普安、晴隆绿茶与花茶产业带。这 5 大优势产业带共同构筑起贵州茶产业的宏伟蓝图。

　　第一，黔北锌硒优质绿茶产业带。该产业带位于遵义市境内。茶产业作为遵义市着力打造的"百万亩工程"之一，遵义市政府每年拿出 1000 万元发展茶产业。该产业带规划发展 130 万亩优质生态茶园，目前建成 70 余万亩茶园，主要分布在湄潭、凤冈、余庆、正安、道真、务川、遵义 7 个县。茶园土壤含锌、硒、锶等元素，是生产绿色、有机、锌硒高品质绿茶的理想区域。在这一产业带，已涌现出"湄潭翠芽""凤冈锌硒茶""兰馨雀舌""贵州印象""贵州针""遵义红"等名优茶品牌。依托科技创新，茶叶深加工产品成为该产业带新的经济增长点，除茶叶本身外，由遵义陆圣康源科技开发有限责任公司开发的茶缤纷系列产品、贵州南方嘉木食品有限公司生产的茶籽油，已投入市场。为扶持企业做大做强，遵义每年都要组织 10 多批茶企、茶商主动出击，到北京、上海、广州、贵阳、重庆、成都等大中城市参加重大茶事活动，宣传推介茶叶品牌。

　　第二，黔东优质出口绿茶产业带。该产业带涉及铜仁地区的石阡、松桃、印江、德江、思南、松桃、江口、沿河和黔东南的雷山、黎平、丹寨等县，原规划建设 140 万亩茶园。该区域大都海拔较高，森林茂密云雾缭绕，茶叶品质良好。其产品主要有"梵净山翠峰茶""泉都坪山""泉都碧龙茶""泉都云雾茶""松桃翠芽""松桃春毫""雷山银球茶""侗乡春雀舌"等。该产业带的交通网络十分发达，极利于茶叶等物流业的发展。在此基础上，地方政府出台了许多优惠政策扶持茶产业，仅在茶园建设上就给予每亩 800—1200 元的补助，对投资办加工也给予用地、规费等方面的宽松条件，还为之提供"三通一平"的便利。地方政府已调高规划，要在 2020 年前在此形成 200 万亩的种植规模（现已达 80 多万亩），可供 40 多个规模企业从事茶叶加工。同时，该区域风景优美，特别是具有千姿百态的民风民俗，为国内外所罕见，极利于实现茶旅互动。

　　第三，黔中高档名优绿茶产业带。该产业带主要覆盖黔中平坝、西秀、开阳，黔南都匀、贵定等县，规划建设 155 万亩茶园。其茶叶品牌有"瀑布""朵贝""瀑乡""羊艾毛峰""都匀毛尖""贵定雪芽"等品牌。该产业带的城市群和旅游基础，为茶企业市场拓展奠定了良好的基础。太升茶叶批发市场、贵州茶城、安顺茶城等茶叶专营市场通过多年的发展，已形成辐射面广的销售渠道；黄果树景区、贵定金海雪山景区等旅游景点，均已开设特色产品营销店，贵州绿茶已成为游客购买贵州特产的主要产品之一。

第四，黔西南早生绿茶和花茶产业带。该产业带规划发展 30 万亩茶园，是贵州大叶种茶和花茶的重要原料基地，茶园具有开园早、生产期较长、产量高等特点。目前，已开发的茶叶品牌有贵隆翠芽、上隆等。2011 年，该产业带茶园面积将发展到 20 万亩，已确定 25 个茶叶生产重点乡镇，主要分布在晴隆县、普安县、兴义市、兴仁县、贞丰县、安龙县等县市。黔西南州财政每年安排 200 万元的茶叶产业化专项经费，扶持茶园建设和企业进行贴息补助。该产业带以"提升茶叶质量，打造茶叶品牌"为核心，引导名茶生产向"茶厂标准化、加工规范化、产品无害化"方向发展。目前的产业规模可保证 20 家规模化加工企业的茶青需求，新建了一个设施先进、功能完善的茶叶交易市场。

第五，黔西北高山有机绿茶产业带。目前，该产业带的加工企业主要集中在金沙、纳雍、威宁、水城等地，该产业带规划发展 55 万亩高山有机绿茶茶园，茶园主要分布在金沙、纳雍、大方、威宁、六盘水等县市。其产品有"清池翠片""春意绿茶""府茗香翠龙"等。

第八章　中药材产业结构调整
优化实践研究

　　甘肃是全国药材主产地之一，目前已成为全国最大中药材种植地区。但与全国其他地区相比，名贵药材品种少，中药材种植农户分散，规模化、集约化程度较低，产品质量低，市场竞争力不强。如何将这些资源优势转换为竞争优势、品牌优势、价值优势，如何进行中药材产业结构调整优化，这是当前要解决的迫切问题。本章按照产业链分析方法，通过时间与空间两个维度层面，深入分析甘肃中药材生产布局历史变迁，医药制造业、中药加工业区位熵状况，归纳其特点，以及中药材流通环节存在的问题，寻找甘肃中药材产业存在的主要问题，为甘肃及其他地区中药材产业结构调整优化提供建议。

第一节　甘肃中药材生产环节的现状及问题

一　甘肃中药材种植结构分析

（一）甘肃中药材种植面积及其比重变化分析

　　图 8 - 1 显示，甘肃中药材种植面积及其比重变化可以分为三个阶段，第一阶段为 1978—1998 年波动性增长阶段；第二阶段为 1999—2003 年快速增长阶段；第三阶段为 2004—2011 年缓慢增长阶段。在第一阶段，改革开放初期，广大农民认识到了中药材的价值，把中药材作为经济作物来种植被广为接受，但受到当时信息条件以及销售时的压级压价限制，药农对种植中药材出现了在徘徊中前进，在前进中徘徊的状况，导致了 1978—1991 年种植面积的波动性特征。

而到了 20 世纪 90 年代初期，甘肃才开始大规模种植黄芪、当归等资源优势的中药材，但相对规模还较低，品种也较少。在第二阶段，一些中药材新产区的形成，成为地方经济支柱，而且在各级政府的引导下，甘肃中药材种植迅速发展，从此打下了良好的基础。但在第三阶段的前半段，由于部分药材品种价格下跌，自然灾害频繁发生，价格和产量均出现下降的情况下，在没有保险等风险对冲工具的前提下，药农损失很大，收入不断下降，积极性受损，国家对种粮政策的优惠，粮食价格上升，中药材种植面积出现缓慢下降。一直到 2008 年后，随着人们收入的提高，健康意识的增强，对中药材的多样化需求增加，种植面积才开始缓慢上升。

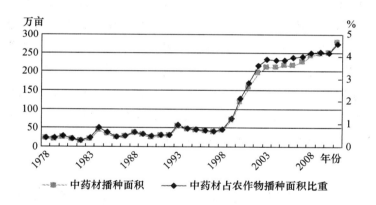

图 8 - 1 1978—2011 年甘肃中药材播种面积及其比重分析

资料来源：2002 年《甘肃农村年鉴》、2003—2009 年《甘肃年鉴》、2010—2012 年《甘肃发展年鉴》。

（二）甘肃中药材产量与产值变动分析

图 8 - 2 显示，甘肃中药材产量类似于种植面积变动，也可以分为三个阶段，第一阶段为 1978—1998 年波动性阶段，第二阶段为 1999—2003 年快速增长阶段，第三阶段为 2004—2011 年稳定增长阶段。对于中药材产值，2004—2007 年呈先上升后下降的波动性特征，之后虽然 2010 年有所下降但整体呈快速上升趋势。

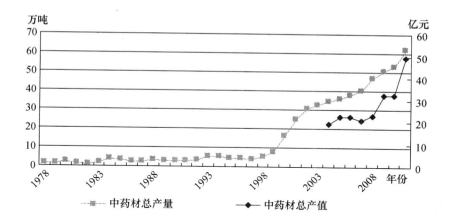

图8-2　1978—2011年甘肃中药材产量与产值变动分析

资料来源：产量来源于2002年《甘肃农村年鉴》以及2003—2011年《甘肃省国民经济和社会发展统计公报》；产值来源于2005—2012年《中国农村年鉴》，可比价格。

（三）市域层面中药材生产布局分析

表8-1显示了市域层面中药材生产差异，分布情况集中于定西和陇南两市，其中播种面积共占甘肃省的62%，定西市为39%，陇南市为23%。而中药材产量定西市占32%，其次是陇南市占17%、酒泉市占12%，3市集中了甘肃中药材产量的2/3。甘肃中药材生产集中程度较高，差异也较大。

表8-1　　　　　2011年甘肃省市域层面中药材生产布局分析

	面积（万亩）	占甘肃省比重（%）	产量（吨）	占甘肃省比重（%）
甘肃	278.20	100	619416.03	100
兰州	6.76	2	9894.32	2
金昌	1.75	1	15613.23	3
白银	10.19	4	19029.00	3
天水	13.97	5	25947.40	4
武威	2.40	1	14833.00	2
张掖	9.46	3	32711.60	5

续表

	面积（万亩）	占甘肃省比重（%）	产量（吨）	占甘肃省比重（%）
平凉	12.43	4	34880.46	6
酒泉	20.97	8	76231.00	12
庆阳	10.94	4	53189.65	9
定西	108.91	39	196246.31	32
陇南	65.23	23	102696.79	17
临夏	4.81	2	17185.51	3
甘南	10.37	4	20697.76	3

资料来源：根据2012年《甘肃发展年鉴》整理。

（四）甘肃中药材品种结构分析

表8-2显示，甘肃省当归和党参种植面积和产量分别达到了中药材的30%和28%，其中当归产量比重略微高于党参产量比重，其他中药材品种种植面积和产量为66%和72%，在甘肃已有的110多种中药材中，当归和党参均占有较大比重，从另一侧面也说明甘肃名贵药材相对较少，价值较高的半夏、天麻、板蓝根的种植比例远低于当归和党参。

从各地级市来看，定西市主要以党参为主，种植面积和产量比重分别为31%和26%，其次是当归，种植面积和产量比重分别为24%和29%，其他多种中药材种植面积和产量共占45%。而临夏主要以当归生产为主，其种植面积和产量比重分别为63%和72%。甘南主要以当归生产为主，其种植面积和产量比重分别为31%和34%，其次是党参分别为8%和9%。天水主要以党参生产为主，其种植面积和产量比重分别为32%和25%。陇南主要以党参为主，其次是当归，两种中药材种植面积和产量比重共占29%和28%。除了金昌、张掖、酒泉3市不种植党参和当归外，其他地区均或多或少生产党参和当归。

表 8 - 2　　　　　　　　　2011 年甘肃中药材品种结构分析

	当归				党参				其他			
	面积	比重	产量	比重	面积	比重	产量	比重	面积	比重	产量	比重
甘肃	41.56	0.15	9.517	0.15	53.25	0.19	7.871	0.13	183.39	0.66	44.55	0.72
兰州	0.31	0.04	0.032	0.03	0.23	0.03	0.048	0.05	6.22	0.92	0.91	0.92
金昌									1.75	1.00	1.56	1.00
白银					0.04	0.004	0.004	0.002	10.15	1.00	1.90	1.00
天水	0.51	0.04	0.107	0.04	4.41	0.32	0.648	0.25	9.05	0.65	1.84	0.71
武威	0.29	0.12	0.278	0.19	0.02	0.01	0.022	0.02	2.09	0.87	1.18	0.80
张掖									9.46	1.00	3.27	1.00
平凉	0.05	0.004	0.008	0.002	0.66	0.05	0.196	0.06	11.72	0.94	3.28	0.94
酒泉									20.97	1.00	7.62	1.00
庆阳	0.41	0.04	0.115	0.02	1.16	0.11	0.176	0.03	9.37	0.86	5.03	0.95
定西	26.44	0.24	5.710	0.29	34.00	0.31	5.080	0.26	48.47	0.45	8.83	0.45
陇南	7.28	0.11	1.329	0.13	11.73	0.18	1.507	0.15	46.22	0.71	7.43	0.72
临夏	3.02	0.63	1.230	0.72	0.16	0.004	0.027	0.004	1.63	0.34	0.46	0.27
甘南	3.25	0.31	0.707	0.34	0.84	0.08	0.163	0.09	6.28	0.61	1.20	0.58

注：空格表示无数据。其中比重 = 中药材产量（播种面积）/当地总额，由于小数点原因，比重总和不一定为 1。

资料来源：根据 2012 年《甘肃发展年鉴》整理。

（五）甘肃中药材种植主体结构分析

1. 药农种植意向分析

本书通过电话联系甘肃酒泉市统计局，得到了 2013 年酒泉市农户种植意向调查报告，共调查了酒泉市共七个县（市、区）的 360 户农户①。在中药材种植意向中，影响中药材种植意向的主要有中药材价格高、效益好，以及政府对中药材的扶持政策等。360 户农户计划种植各类药材 495.81 亩，比上年增加 146.66 亩，增长 42%。其中，种植枸杞 46.5 亩，种植甘草 404.31 亩。

① 资料来源：甘肃统计信息网。

2. 中药材种植主体分析

本课题组通过联系中药材天地网，得到了甘肃渭源黄芪中药材种植规模分布随机调查问卷。其中黄芪共收集调研问卷134份，其中无效样本19份，调查有效的成功样本115份，样本有效率为86%。[1] 从调查问卷中，黄芪种植主体结构中，小户共56个，占48%，接近一半的水平，因此，甘肃中药材种植主体中，小而散的特征还普遍存在，这导致药农在中药材产业链中处于劣势地位，不能有效、合理地分享产业链收益。

二 甘肃中药材种植比较优势分析

(一) 区位熵分析

根据区位熵计算公式，选择中药材播种面积计算区位熵，如表8－3所示。甘肃中药材种植区位熵各年均大于1，专门化程度较高，在所选地区中，2004—2011年位居全国第一。甘肃中药材种植区位熵呈现先上升后下降的倒"U"形变动特征，但整体是上升趋势。从横向比较看，中部的山西与安徽、东北的黑龙江、东部的浙江，以及西部的重庆、贵州、云南、青海、宁夏等地区中药材种植区位熵均出现了上升特征，甘肃中药材生产面临着更大的竞争。

表8－3　　　2004—2011年甘肃与其他地区中药材种植区位熵

年份地区	2004	2005	2006	2007	2008	2009	2010	2011
河北	0.55	0.56	0.24	0.20	0.34	0.50	0.53	0.55
山西	1.45	1.64	0.88	2.23	1.63	1.68	1.80	1.83
内蒙古	0.91	0.72	0.79	0.76	0.76	0.74	0.71	0.68
辽宁	1.64	1.56	0.33	0.31	2.38	1.43	1.12	1.01
吉林	2.11	1.82	1.64	1.48	2.38	2.22	1.68	1.84
黑龙江	1.30	1.74	2.12	3.90	2.73	1.96	2.34	2.99
江苏	0.24	0.25	0.11	0.11	0.29	0.31	0.28	0.29

---

[1] 参见中药材天地网。

续表

年份 地区	2004	2005	2006	2007	2008	2009	2010	2011
浙江	1.83	1.79	3.14	3.14	2.45	2.23	2.27	2.24
安徽	0.79	0.74	1.06	1.01	0.82	0.84	0.95	1.05
福建	1.42	1.47	1.50	1.37	1.18	1.21	1.23	1.17
江西	0.80	0.74	0.91	0.80	0.65	0.54	0.47	0.43
山东	0.35	0.37	0.51	0.44	0.37	0.38	0.36	0.33
河南	1.19	1.36	1.05	0.97	0.99	1.07	1.09	1.03
湖北	1.06	0.65	0.31	0.41	0.75	0.88	0.98	1.05
湖南	1.38	1.43	1.05	0.90	0.84	0.79	0.81	0.68
广东	0.87	1.00	0.41	0.35	0.34	0.39	0.43	0.47
广西	0.71	0.85	1.18	0.87	0.80	0.86	0.90	0.86
海南	0.67	0.70	0.58	0.75	0.63	0.62	0.72	0.74
重庆	1.92	2.27	4.64	3.91	3.59	3.76	3.89	3.92
四川	1.44	1.49	2.13	1.89	1.35	1.35	1.33	1.24
贵州	0.78	0.61	0.99	0.89	0.74	0.72	0.74	1.02
云南	0.58	0.62	1.03	1.08	0.95	0.98	1.05	1.08
陕西	5.10	4.38	3.56	4.36	5.64	3.91	3.84	3.51
甘肃	5.11	5.42	6.66	6.79	5.88	6.03	5.92	5.80
青海	0.52	0.46	0.11	0.11	0.50	0.06	1.15	1.88
宁夏	1.74	2.50	5.23	6.02	3.28	2.43	1.74	2.12
新疆	0.28	0.24	0.11	0.11	0.16	0.46	0.22	0.21

资料来源：根据 2005—2012 年《中国农村统计年鉴》整理。

（二）比较效益优势

根据第四章比较效益优势指数计算公式，选择中药材产值作为计算的效益优势指数，如表 8 - 4 所示。甘肃中药材比较效益则处于十分不利的地位，2004—2011 年比较优势指数均小于 1，并呈现先下降后上升的趋势。而同时期的河北、山西、福建、山东、河南、湖南、广东，以及西部的广西、贵州、青海、宁夏等地区比较效益指数均出现不同程度的上升。

表 8 - 4   2004—2011 年甘肃与其他地区中药材种植比较效益优势

地区＼年份	2004	2005	2006	2007	2008	2009	2010	2011
河北	1.57	1.37	3.39	3.79	3.05	1.84	2.19	1.64
山西	0.43	0.65	1.29	0.54	0.78	1.77	2.52	2.93
内蒙古	1.06	0.95	0.88	0.63	0.53	0.49	0.41	0.52
辽宁	2.04	2.63	20.49	17.11	0.52	1.41	0.24	0.80
吉林	2.77	1.47	2.37	2.99	1.46	1.36	0.49	1.70
黑龙江	0.22	0.17	0.22	0.19	0.47	2.58	0.16	0.11
江苏	4.12	4.02	9.46	11.07	3.01	1.24	1.52	1.48
浙江	2.34	2.39	1.10	1.22	2.03	1.78	1.42	1.86
安徽	0.85	1.16	0.82	0.89	1.17	0.89	0.90	0.80
福建	1.12	1.18	1.68	1.44	1.37	1.10	1.33	1.62
江西	0.96	0.81	0.54	0.61	0.62	0.56	0.68	0.58
山东	1.76	1.59	1.09	1.40	2.04	2.04	2.55	2.67
河南	0.61	0.59	0.82	0.91	0.96	0.80	0.97	0.88
湖北	0.73	1.13	2.46	1.83	0.83	0.47	0.45	0.41
湖南	1.19	0.91	2.10	2.34	2.83	2.26	2.83	2.84
广东	1.52	1.98	5.12	3.27	3.70	3.46	3.26	3.16
广西	0.65	0.60	0.51	0.70	1.20	0.97	0.98	0.91
海南	0.58	0.91	0.66	2.88	0.82	0.66	0.34	0.05
重庆	0.64	0.61	0.36	0.42	0.39	0.32	0.38	0.31
四川	1.11	1.03	0.48	0.78	0.67	0.90	1.14	1.02
贵州	0.70	1.51	1.13	1.29	1.58	1.31	0.12	0.83
云南	0.87	1.19	0.72	0.68	0.78	0.82	1.04	0.66
陕西	0.81	0.71	0.79	0.54	0.33	0.72	0.85	0.93
甘肃	0.63	0.64	0.48	0.39	0.43	0.45	0.49	0.51
青海	0.33	0.23	0.44	0.77	0.72	5.60	0.26	1.60
宁夏	1.73	2.51	1.28	1.46	3.03	3.23	3.16	3.71
新疆	0.61	0.55	1.17	0.77	0.48	0.15	0.31	0.10

资料来源：根据 2005—2012 年《中国农村统计年鉴》整理。

三　甘肃中药材生产存在的问题

（一）甘肃中药材面临激烈的竞争

目前，西部多个地区把中药材产业定位于支柱产业，并大力发展中药材相关产业。西部的重庆、贵州、云南、青海、宁夏等地区中药材种植区位熵均出现了上升的特征，这对甘肃中药材生产威胁较大，甘肃中药材生产面临更大的竞争。

（二）甘肃中药材种植主体小而散的特征还普遍存在

甘肃中药材生产集中程度较高，但差异较大，主要集中于定西和陇南两市，另外多个地区中药材生产分布较散。药农在中药材产业链处于劣势地位，不能有效、合理地分享产业链收益。

（三）投入成本不断上升，比较效益下降

虽然甘肃中药材具有种植规模优势，但不具有效益优势，即没有把资源优势、规模优势转化为效益优势，甘肃中药材生产还处于低效益阶段。由于甘肃农业生产资料价格上涨，劳动力成本也在不断上升，大大影响了中药材生产，致使中药材生产投入数量和效益下降。

（四）名贵药材相对较少

甘肃是中国主要的药材生产基地，甘肃当归、党参、黄芪等种植规模位居全国前列，但纹党、岷归、半夏、天麻、板蓝根等品质优良、药性好、出口量大、价值更高的名贵药材产品的种植比例相对较少。

第二节　甘肃中药材加工业分析

一　甘肃中药材加工企业现状分析

中药材加工的产品主要有原料药材、中成药、中药饮片、中药材提取物、营养保健品以及其他中药材产品。其中，直接对原料进行加工，作为中医治疗的药材属于初加工，而其他属于深加工。甘肃中药材加工程度有所提高，特别是中药饮片、中药材提取物以及营养保健品方面都有所扩大，当归油软胶囊、保健饮料、保健酒类，以及文县的纹党参酒等产品，提升了产品的附加值，扩大了市场潜力。目前，甘肃除了独一味与佛慈制药两家上市公司，规模较大，精深加工能力较强外，虽然涌现出了一批中药材加工企业，但绝大多数企业的加工能力不强，表 8－5 给出了部分加工企业情况，大多数加工企业以中药饮片为主，加工能力不强，产品品种不全，企业年加工产值较低，甘肃中药材加工升值能力还有较大的提升空间。

表 8－5　　　　　　　　甘肃主要中药材加工企业情况

企业名称	所在地	年加工能力	产值（万元）	主要产品
独一味生物制药股份有限公司	康县	片剂 3 亿片、胶囊剂 3 亿粒、颗粒 800 万袋	20400	独一味胶囊、参芪五味子片、前列安通片、止咳祛痰糖浆等
佛仁制药科技有限公司	武都	大蜜丸 600 吨、水蜜丸 320 吨、片剂 300 吨、颗粒剂 2000 万粒		片剂、颗粒剂、散剂、丸剂、胶囊剂等
新天药业有限责任公司	徽县	年处理根茎类干药材约 1200 吨	1500	10 多种植物提取物及当归浸膏、甘草浸膏等 10 多种天然香料
代元纹党股份有限公司	文县	年加工纹党饮片约 120 吨	1500	纹党饮片
宏兴公司	文县	年加工纹党饮片约 300 吨	450	纹党饮片
明月中药饮片有限公司	武都	中药材饮片 700 吨，药膳用保健类饮片 100 吨	500	"亮升"牌中药材精制饮片、炒制片、煅制片等

企业名称	所在地	年加工能力	产值 （万元）	主要产品
陇南康源药业 有限公司	陇南	年加工各类 中药材约500吨	1050	
陇昌药材 有限公司	宕昌	年加工各类 中药材约500吨	110	中药饮片
远大生物科技 有限公司	宕昌	年加工 中药材3000多吨		中药饮片、中药 材提取物、 营养保健食品

注：空格处数据缺失。

资料来源：刘佳琪：《陇南市中药材产业发展问题研究》，硕士学位论文，甘肃农业大学，2010年。

二　甘肃医药制造业变动分析

（一）甘肃医药制造业产值变动分析

本书选择按行业分组的规模以上医药制造业企业总产值为指标。从纵向比较而言，甘肃医药制造业产值绝对额呈快速增长特征，2011年产值为62.3亿元，比2000年增长308.52%，规模以上企业平均产值也出现了类似增长特征。从规模以上企业平均产值而言，2000年甘肃位于西部第4位，平均产值为0.44亿元，而2005年甘肃规模以上企业平均产值为0.54亿元，位于西部第8位，到了2011年，继续下滑到西部第9位（如表8-6所示）。图8-3显示，西部各地区占全国医药制造业产值比重中，甘肃只比西藏、青海、宁夏和新疆地区高。同时期，甘肃占全国医药制造业产值比重呈现下降的趋势。因此，虽然甘肃医药制造业产值绝对额增长迅速，但企业平均产值在相对变动中呈现下降趋势，甘肃医药制造业企业还不具有规模优势，甘肃医药制造业面临着西部其他地区，乃至东中部地区的激烈竞争，提高企业规模，实现规模优势是提高竞争力的重要途径。

表 8 – 6　　　　甘肃医药制造业产值与西部其他地区比较分析　　单位：亿元

	2000 年		2005 年		2011 年	
	产值	平均	产值	平均	产值	平均
重庆	34.47	0.68	72.71	1.14	219.8	2.27
四川	76.30	0.55	179.32	0.66	901.6	2.48
贵州	31.32	0.39	84.29	0.73	227.3	2.99
云南	26.05	0.38	50.22	0.58	172.4	2.13
西藏	2.48	0.17	4.17	0.35	6.0	1.20
陕西	61.52	0.48	124.60	0.77	277.6	1.71
甘肃	15.25	0.44	28.32	0.54	62.3	1.39
青海	2.85	0.41	7.28	0.33	28.4	1.18
宁夏	3.50	0.32	12.69	1.06	31.7	3.53
新疆	4.84	0.18	4.01	0.20	13.4	0.70
广西	33.38	0.31	73.96	0.53	226.7	1.50
内蒙古	9.29	0.24	46.77	0.88	270.0	3.65

注：平均值 = 产值/医药制造业企业数，下同。

资料来源：根据 2001 年、2006 年、2012 年《中国高技术产业统计年鉴》整理。

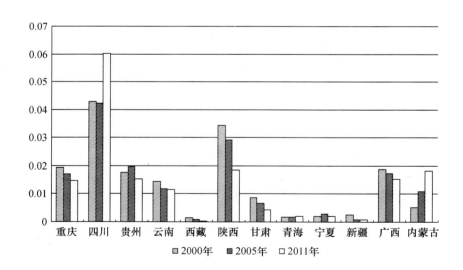

图 8 – 3　甘肃医药制造业产值占全国比重与西部其他地区比较分析

资料来源：根据 2001 年、2006 年、2012 年《中国高技术产业统计年鉴》整理。

（二）甘肃医药制造业资产变动分析

就甘肃医药制造业资产而言，资产增长迅速，2000—2005 年增长了 2.09 倍，而 2005—2011 年增长了 3.07 倍。但从横向上比较，2011 年甘肃医药制造业总资产为 129.8 亿元，是同时期西部四川的 20.26%、重庆的 46.12%、云南的 56.14%，与贵州、广西、内蒙古也有一定的差距。从企业平均资产来看，2000—2005 年，甘肃企业平均资产分别为 0.58 亿元和 0.81 亿元，均位于西部第 7 位，而到了 2011 年增长到了 2.88 亿元，增长迅速，位于西部第 4 位，但与中东部还是有较大差距（如表 8 – 7 所示）。甘肃医药制造业资本投入虽较快增长，但发展水平还偏低，需要加大对医药制造业固定资产的投资。

表 8 – 7　　　　甘肃医药制造业总资产与西部其他地区比较分析　单位：亿元

	2000 年		2005 年		2011 年	
	总资产	平均	总资产	平均	总资产	平均
重庆	72.19	1.42	120.34	1.88	281.4	2.90
四川	109.11	0.79	252.17	0.93	640.5	1.76
贵州	33.11	0.41	81.28	0.70	170.4	2.24
云南	47.14	0.69	93.49	1.07	231.2	2.85
西藏	5.24	0.35	9.15	0.76	19.5	3.91
陕西	81.32	0.64	153.65	0.95	199.4	1.23
甘肃	20.23	0.58	42.33	0.81	129.8	2.88
青海	6.14	0.88	15.11	0.69	60.8	2.53
宁夏	6.5	0.59	22.27	1.86	49.0	5.44
新疆	10.06	0.37	8.01	0.40	23.8	1.26
广西	48.18	0.45	108.36	0.77	192.5	1.28
内蒙古	15.14	0.40	63.42	1.20	202.2	2.73

资料来源：根据 2001 年、2006 年、2012 年《中国高技术产业统计年鉴》整理。

（三）甘肃医药制造业劳动力就业分析

在劳动力投入方面，甘肃医药制造业从业人员，由 2000 年的

12334 人，下降到 2005 年的 11026 人，再进一步下降到 2011 年的 10145 人。企业平均从业人员从 2000 年的 352.40 人，下降到 2011 年的 225.44 人。从横向比较看，在绝对量上，2011 年西部医药制造业，甘肃医药制造业从业人员只是四川的 8.47%、陕西的 26.3%、广西的 29.11%，与重庆、内蒙古、贵州、云南相比也差距明显。从平均水平来看，2011 年位于西部第 9 位，只比青海、新疆和西藏高。甘肃医药制造业对就业带动能力较低，促进劳动力就业能力不足（如表 8-8 所示）。

表 8-8   甘肃医药制造业从业人员与西部其他地区比较分析   单位：人

| | 2000 年 | | 2005 年 | | 2011 年 | |
	从业人员	平均	从业人员	平均	从业人员	平均
重庆	25731	504.53	21564	336.94	33099	341.23
四川	44382	321.61	61260	226.05	119700	328.85
贵州	14818	182.94	22208	191.45	24563	323.20
云南	13624	200.35	17391	199.90	20353	251.27
西藏	1191	79.40	1085	90.42	1060	212.00
陕西	31597	248.80	34681	214.08	38575	238.12
甘肃	12334	352.40	11026	212.04	10145	225.44
青海	2274	324.86	3865	175.68	3989	166.21
宁夏	2664	242.18	4726	393.83	4807	534.11
新疆	4499	166.63	2251	112.55	3372	177.47
广西	23885	223.22	33260	237.57	34847	230.77
内蒙古	11951	314.50	14513	273.83	27174	367.22

资料来源：根据 2001 年、2006 年、2012 年《中国高技术产业统计年鉴》整理。

（四）甘肃医药制造业盈利能力分析

表 8-9 显示了甘肃医药制造业盈利能力。从纵向上看，人均产值、人均主营业务收入以及人均利润均出现了较大幅度的增长，其中人均产值从 2000 年的 12.36 万元/人上升到 2011 年的 61.44 万元/

人，人均主营业务收入则从 6.71 万元/人上升到 54.47 万元/人，而人均利润更是增长了 41.23 倍。从横向比较看，2000 年人均产值，甘肃居于西部第 10 位，2005 年居于第 9 位，2011 年居于第 9 位，增长缓慢；2000 年人均主营业务收入居于第 11 位，2005 年居于第 9 位，2011 年居于第 8 位，出现略微上升；2000 年人均利润居于西部倒数第 1 位，2005 年上升到倒数第 2 位，2011 年则快速上升到第 6 位，甘肃医药制造业盈利能力呈现了快速增长的趋势。虽然处于增长趋势中，但相对西部中药材重要生产地四川、重庆、云南等，以及东中部的地区还有较大的差距。甘肃医药制造业正面临着激烈的市场竞争，需要通过结构优化提升盈利能力。

表 8－9　　　　　　　　甘肃医药制造业盈利能力与

西部其他地区比较分析　　　　单位：万元/人

	2000 年			2005 年			2011 年		
	人均产值	人均主营业务收入	人均利润	人均产值	人均主营业务收入	人均利润	人均产值	人均主营业务收入	人均利润
重庆	13.40	12.05	0.44	33.72	30.61	2.42	66.40	61.74	5.56
四川	17.19	14.34	1.52	29.27	25.10	1.77	75.32	70.37	7.49
贵州	21.14	15.99	1.23	37.95	24.96	1.92	92.54	71.78	9.89
云南	19.12	17.10	2.35	28.88	26.06	3.47	84.71	77.67	12.35
西藏	20.82	16.12	4.95	38.45	33.67	14.54	56.57	49.41	17.46
陕西	19.47	17.27	2.30	35.93	30.12	2.51	71.97	61.96	7.77
甘肃	12.36	6.71	0.22	25.69	21.57	1.61	61.44	54.47	9.07
青海	12.53	8.88	0.97	18.85	15.21	1.72	71.18	49.57	5.68
宁夏	13.14	11.75	1.50	26.85	23.72	2.20	66.05	54.01	9.73
新疆	10.76	9.82	0.18	17.83	16.20	1.33	39.62	34.36	4.22
广西	13.98	12.62	1.40	22.24	18.06	1.94	65.07	58.76	8.95
内蒙古	7.77	6.49	0.24	32.22	27.13	1.66	99.36	94.69	11.15

资料来源：根据 2001 年、2006 年、2012 年《中国高技术产业统计年鉴》整理。

三 甘肃中药材加工业区位熵分析

（一）甘肃医药制造业区位熵

通过区位熵分析，可以有效地分析医药制造业集中程度（专门化率），有利于甘肃医药制造业产业布局调整优化。本书选择医药制造业，以及子行业中成药工业与中药饮片工业作为研究对象，从省域层面、时间维度、空间维度、行业结构等方面考察甘肃中药材加工业集中程度。

表 8 - 10 显示，2001—2011 年甘肃医药制造业区位熵呈现先上升后下降的特征，且每年均小于 1，医药制造业生产布局集中程度（专门化率）低于全国平均水平，不具有集中优势。在整个西部区域中，甘肃医药制造业集中程度远小于重庆、四川、云南、贵州、西藏、陕西、广西等地区。2011 年甘肃医药制造业区位熵只比山西、福建、广东高，处于较低水平。甘肃需要加快调整医药制造业生产布局，以提高医药制造业集中程度，提升规模优势。

表 8 - 10　　　甘肃医药制造业区位熵与其他地区比较分析

年份 地区	2001	2003	2005	2007	2009	2011
北京	1.02	1.37	1.12	1.34	1.65	1.76
天津	1.19	1.30	1.22	1.16	1.10	0.89
河北	1.76	1.56	1.16	1.11	0.90	0.79
山西	0.91	0.77	0.60	0.55	0.51	0.40
辽宁	0.64	0.60	0.71	0.74	0.64	0.72
吉林	2.11	2.12	2.40	2.58	2.53	2.92
黑龙江	1.54	1.69	1.51	1.48	1.56	1.33
上海	0.93	0.83	0.81	0.78	0.85	0.78
江苏	0.73	0.84	0.84	0.77	0.88	0.95
浙江	1.07	1.06	1.08	1.02	0.94	0.85
安徽	0.72	0.68	0.66	0.72	0.74	0.77

续表

年份 地区	2001	2003	2005	2007	2009	2011
福建	0.44	0.44	0.47	0.47	0.42	0.37
江西	2.05	2.84	2.44	2.25	2.06	1.84
山东	0.63	0.72	1.04	1.11	1.12	1.15
河南	0.87	0.91	1.04	1.17	1.20	1.31
湖北	1.43	1.56	1.44	1.49	1.17	1.12
湖南	0.85	1.06	1.21	1.21	1.26	1.05
广东	0.88	0.56	0.47	0.50	0.53	0.55
海南	4.92	3.78	3.92	2.02	2.68	2.70
重庆	1.71	1.47	1.70	1.50	1.43	1.05
四川	1.66	1.65	1.72	1.82	1.61	1.67
贵州	2.30	2.59	2.95	2.77	2.56	2.33
云南	1.21	1.18	1.15	1.17	1.34	1.25
西藏	7.93	7.57	9.05	8.84	6.74	4.53
陕西	2.85	2.58	2.17	1.71	1.36	1.10
甘肃	0.78	0.88	0.84	0.66	0.67	0.57
青海	1.02	1.03	0.89	0.99	0.93	0.85
宁夏	0.52	0.78	1.12	0.98	0.91	0.72
新疆	0.24	0.19	0.11	0.13	0.14	0.11
广西	1.78	1.77	1.72	1.33	1.12	1.00
内蒙古	0.67	0.82	0.92	0.83	0.72	0.86

资料来源：2002—2012 年《中国工业经济统计年鉴》，规模以上工业企业总产值，医药制造业总产值，当年价格。

（二）甘肃中成药工业与中药饮片工业区位熵分析

在医药制造业的子行业中，甘肃中成药工业区位熵为 0.86，小于 1，集中程度低于全国平均水平，远小于中部的吉林、黑龙江、江西、河南、湖北、湖南，以及西部的重庆、四川、贵州、云南、陕西、青海、广西等地区。而中药饮片工业区位熵更低，为 0.53，集中程度也低于全国平均水平，排在全国第 18 位。当考虑医药制造业的子行业时，甘肃中成药工业区位熵略高于中药饮片工业，但集中程度均较低。

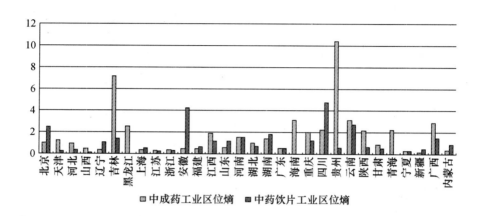

图 8 – 4　2011 年甘肃中成药工业、中药饮片工业区位熵与其他地区比较分析

资料来源：根据 2012 年《中国药学年鉴》相关数据整理。

四　甘肃中药材加工业存在的问题

一是加工企业规模小，龙头企业少，集中程度低，不具有规模优势。甘肃中药材加工企业规模小，缺乏较强带动能力的龙头企业是中药材发展的主要影响因素。中药材的深加工能力提高，需要较强的科研能力，需要较大的企业规模与较雄厚的资本支持，因此，中药材加工业应向大企业、集团化方向发展。

二是甘肃中药材加工业盈利能力有所上升，但相对能力还较低，成为制约中药材产业发展的重要因素。

三是甘肃中药材加工业面临着激烈的市场竞争，中药材产业竞争优势不足。

四是甘肃中药材加工业存在高投入效益差的问题，还处于粗放式的发展阶段。

五是甘肃中药材加工业对劳动力就业带动能力不足。

六是甘肃中药材加工业缺乏资金和人才的大力支持。资金是企业加工能力提升的基础，人才是企业发展的动力。由于甘肃在区位、经济社会发展环境上没有优势，很难吸引优秀的人才与大量的资本，中小企业融资困难，政府财政支持不力，这对加工企业规模的提升带来了较大的困难。

七是甘肃中药材加工业技术创新能力不强，缺乏精深加工产品。由于规模小，缺乏技术创新的资金与人才，导致大多数企业加工设备落后，产品科技含量低，企业管理与产品销售方面缺乏创新能力。甘肃中药材加工结构不够合理，初级产品、传统产品与低端产品多，精深加工产品、高科技产品与高端产品少，加工链条不完整，缺乏市场竞争力。

第三节 甘肃中药材流通环节分析

一 甘肃中药材的流通环节

（一）甘肃中药材流通现状

甘肃从事中药材营销的大型批发市场有 3 家，即国家定点的兰州黄河中药材专业批发市场、陇西县文峰中药材批发交易市场和首阳中药材大型集散市场。中小型集散市场和季节性产地市场有 20 多家，每年经过各类市场中转的药材 32 万吨左右，占甘肃中药材总产量的80% 以上。

（二）甘肃中药材流通渠道种类

一般来说，中药材流通主体主要包括药农、中间商、加工经营企业与销售商等。在本地市场是通过药农和当地的中药材企业，经过加工、直接通过药企直销窗口或零售商销售给消费者；而进入外地市场是通过中间商（农业经纪人、批发商），进入当地的零售市场。目前甘肃中药材流通渠道包括"药农 + 当地的中药材企业""药农 + 中间商 + 当地的药材企业""药农 + 中间商 + 大型的制药厂""药农 + 中间商 + 初加工企业 + 大型的制药厂"等几种形式。其中"药农（中药材种植基地）+ 当地的中药材企业"的流通模式以订单合同的方式规定了药农和中药材企业的责任与义务。而相对于中药材市场比较落后的地方，或者药农比较分散的区域，一般由中间商进行收购中药材，然后再出售给中药材企业。这些流通模式，增加了中间商环节，也增加了流通时间，从而增加了流通成本。随着中药材农民专业合作经济组织壮大，甘肃中药材流通模式也存在"药农 + 合作组织（或中药材协会）"的形式，当然这种流通形式并不多见。

（三）甘肃中药材流通存在的主要问题

一是市场发育程度低，管理不规范。中药材交易集中在农村集贸市场，以少数大户为主，市场服务不完善，市场管理的条例、方法等缺失，导致一些中间商利用自己掌握的信息与资源，哄抬药价或压级压价，药材价格波动大，影响了中药材市场的正常运行。二是流通体系不健全，市场调控能力弱。药材市场基础设施建设严重滞后，总量不足、分布不均，造成甘肃中药材结构性过剩和季节性卖难问题依然严峻。三是没有构建中药材市场信息管理系统，不能有效地对中药材的市场信息进行监测和预测，加大了中药材的市场风险。如 2008年的金融危机，中药材一直供过于求，中药材价格却一路走低，大大影响了药农的收入。四是中药材物流配套基础设施与技术水平落后，中药材生产与流通脱节，影响了中药材的正常流通，增加了运输成本。

二 甘肃中药材国内外消费分析

（一）国内市场消费

随着国内居民收入的提高，对身体健康的重视，对中药材的需求不断向更高层次发展。天然植物药材在预防、保健、康复等方面的作用越来越大，中药材不仅在医疗上，在滋补、保健饮食等方面的需求将成为主流。随着我国中药材产业的不断壮大，中药材加工企业发展迅速，也加大了对中药材的需求。近年来，我国中药材需求以每年15% 的增长率递增，年需求量达 60 万吨以上。

（二）国际市场消费及其困境

全世界草药市场值达 160 亿美元，从我国购买天然植物药材的国家有 120 多个，中药材一直是我国中药出口的主体。2010 年我国中药类产品出口 19.44 亿美元，其中植物提取物出口 8.15 亿美元，同比增长 17.62%，中成药出口 1.93 亿美元，价格因素是推动中药类产品出口增长的主要因素。① 2010 年，甘肃中药材出口中，当归、党参、黄（红）芪、大黄、甘草等出口量占到全国的 80%，成为中药材的出口大省。

目前，亚洲的韩国、日本，以及欧洲是我国中药材出口的主要市场，考虑到日本大地震以及中日关系的不稳定，未来亚洲市场的不确定因素不断增加，可能会大大加大亚洲市场的出口难度。另外，随着欧盟对中药材准入门槛的提高，这直接影响甘肃中药材的出口量和价格。由于甘肃中药材精深加工程度低，缺少产业价值链长、科技含量和附加值高的中药材加工产品。而欧盟的高准入门槛，大大限制了粗加工产品的直接出口，因此，甘肃中药材必须转变观念与思维方式，转变生产方式，让原材料转变为中成药，并形成竞争品牌，增加获得欧盟药品注册资质的产品，才能有效地利用比较优势，实现企业可持续发展，扩大出口，才能让资源优势转变为经济优势。

第四节　甘肃中药材产业结构调整

一　甘肃中药材产业组织模式

如其他经济作物一样，甘肃中药材产业组织模式一般包括"企业＋药农""中间商＋企业""企业＋药农＋基地""药农＋合作组织＋企业"。

"企业＋药农"的组织模式中，其交易方式多是短期的或一次性的，企业直接上门收购零售药农的中药材。当中药材供过于求时，企业压低价格，反之药农抬高价格，企业与农户的利益分配十分不稳定，增加了市场价格波动。由于是分散收购，也加大了企业的收购成本。而"中间商＋企业"的组织模式大大弥补了"企业＋药农"的

---

① 2010 年中国中药出口数据分析，http：//www.cu－market.com.cn/hgjj/2011－5－24/11364440.html。

不足。加工企业通过与中间商（药农经纪人或种植大户）进行交易，可以降低收购的次数与收购成本，也可以降低中药材的规格、品质差异过大的缺陷。"企业＋药农＋基地"的模式中，企业立足原料基地，积极发展订单生产，构建了"产地＋购销＋技术"的一体化组织模式，企业与药农的联系更加紧密。"药农＋合作组织＋企业"的组织模式是产业化发展中最典型的，以企业为依托、以合作组织为中介，形成中药材生产、加工、销售与贸易的一体化利益联结体。

目前甘肃已有 61 个中药材专业协会，负责中药材的种植与营销等环节，促进了中药材生产的集中，减少了中间环节，提高了流通效率与产业效益。但产业价值链组织的服务功能不完善，对中药材的带动能力还不强。

一是龙头加工企业与药农联系不紧密。目前，甘肃龙头加工企业直接收购药农的中药材，订单合同的方式少，股份制链接关系空缺，进而导致"加工企业＋药农"的产业链链接模式的产供销链接渠道不稳定，"利益共享、风险共担"机制不完善，带动农民增收的能力不强。

二是中药材农民专业合作组织相对落后。①专业合作组织数量较少。②政府扶持不力，不能有效解决中药材经济合作组织的资金、人才、技术需求。③中药材经济合作组织运行机制不健全、不规范，管理水平较低。④提供的服务不全面、不到位，既不能有效解决中药材生产中的技术、市场等问题，也不能有效解决药农与加工企业的利益分配问题。⑤组织化程度低，小农户与大市场难以连接。甘肃中药材的小生产与大市场的矛盾，生产与产品加工、流通的脱节，已经严重制约了中药材的流通。

二　甘肃中药材产业结构构想

（一）调整中药材育种结构

应重点建立长期稳定的红芪、当归、大黄、纹党等道地中药材的良种繁育基地和种子生产基地，加强道地中药材新品种的选育。应加强中药材种质资源的研究，对本地没有的适合当地种植的优质中药材进行引种和栽培。

（二）调整中药材种植结构

对中药材进行不同品种的搭配种植，例如多年生品种和一年生品种的合理搭配，植物类品种和菌类、动物类品种的合理搭配，防治类品种和预防保健类、药食两用类、杀虫类、香料及化妆品原料类品种的合理搭配等。加大对当地红芪、纹党、当归、大黄、半夏、黄连等道地药材的调整力度。

（三）调整中药材加工技术结构

联合高校、企业和研究机构，形成产学研联盟，加快形成以自主开发为主，技术引进与消化为辅的中药材加工技术体系，提高中药材产业链加工环节的价值，提升竞争优势。

（四）调整中药材加工企业结构

首先，要尽快进行资本整合，利用并购、重组、合资等方式加快形成有一定规模、竞争能力较强的中药材加工企业；其次，对于已有良好基础的企业要尽最大努力进入证券市场，以求得更大的资本支持，进一步扩大规模，提升竞争优势；最后，对连年亏损，较弱竞争能力的企业要坚决实行破产清算。

（五）调整中药材流通结构

甘肃中药材市场结构存在的问题很多，市场发育程度低、管理不规范；市场供求信息渠道不健全；中药材流通的配套设施落后、组织化程度低等问题亟须解决。甘肃中药材流通要实现建成以批发市场为主体的组织，结合物流、仓储、质量检测检验中心等企业辅助部门，逐渐形成规模较大，产业齐全的中药材交易中心。另外，积极拓展省外以及国外的销售渠道，形成稳定的、紧密的销售体系。

三　甘肃中药材生产布局调整

根据甘肃生态气候等自然状况和中药材生产实际，中药材生产布局应作如下调整：

第一，十大优质中药材生产基地。

优质党参基地，以渭源、陇西、文县、临洮四县为主；

优质黄芪、红芪基地，以陇西、渭源、武都三县为主；

优质柴胡基地，以安定、陇西、漳县三县为主；

优质板蓝根基地，以民乐县等为主；

优质甘草基地，以河西的玉门、金塔、民勤等绿洲边缘灌区为主；

优质大黄基地，以礼县、宕昌、华亭等为主；

优质枸杞基地，以靖远、景泰等为主；

优质黄芩基地，以陇西、漳县、安定三县为主；

优质冬花基地，以灵台、和政、陇西、渭源四县为主。

第二，初加工企业布局。

在基础较好的药材主产区，建成中药材加工园，制定优惠政策，引进甘肃省内外大型制药企业，培育精加工龙头企业。在药材重点产区，重点建设中药材饮片加工等深加工企业，尽快形成加工企业集群。同时，在一般产区，通过重组整合、规范提升的战略，加快技术升级，全面提升加工能力和水平。

第三，中药材市场体系布局。

建设具有国内一流水平的中药材物流园，打造中国中药材码头。在四大优势中药材主产县区配套建设四个区域中心市场。在中药材主产地，建设十个交易市场。形成以超级物流园为龙头，以四大区域集散中心为骨干，十大产地批发市场为依托，特色产地市场为补充的市场转化体系。

第九章　棉花产业结构调整
优化实践研究

新疆作为我国棉花种植面积、总产量、单产量、国内销售量、出口量最大的地区，棉花一直是农民收入的主要来源，棉花产业已经成为新疆的重要经济支柱。本章详细地分析了新疆棉花生产、加工与流通环节的产业结构现状以及存在的问题。

第一节　新疆棉花生产环节分析

一　新疆棉花种植规模变动分析

1978—2011 年的 30 多年中，新疆棉花种植规模可以分为三个阶段：第一阶段为 1978—1991 年，新疆棉花播种面积增长比较平稳；第二阶段为 1992—2000 年，快速增长时期；第三阶段为 2001—2011 年，波动性增长阶段。加入 WTO 后，来自国外棉花市场的冲击，新疆棉花播种面积产生了大幅度波动。其中 1999 年和 2002 年的播种面积不到 100 万公顷，而到了 2007 年达到了近 12 年的最高值，之后又开始下降。但占全国的比重整体上持续上升，2010 年已经超过了30%，达到30.12%，但近几年占全省农作物播种面积比例持续下降，2010 年只有 30.69%。近年来，棉花价格波动巨大，棉农损失较重，使一些种植棉花的农民转而种植其他效益更高、价格更稳定的农作物，如西红柿、红枣等。但在新疆农业种植结构中，棉花种植面积一直处在 30% 左右（如图 9 - 1、图 9 - 2 所示）。

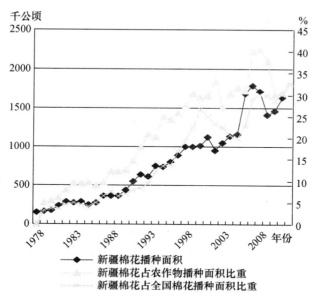

图 9-1 新疆棉花种植规模变动状况

资料来源：根据 1955—2005 年《新疆五十年年鉴》、2006—2012 年《新疆统计年鉴》、《新中国农业 60 年统计资料》、2009—2012 年《中国统计年鉴》整理。

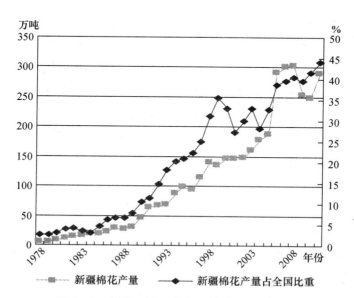

图 9-2 1978—2011 年新疆棉花总产量状况

资料来源：同图 9-1。

二　新疆棉花产量变动分析

由于新疆地理气候条件有利于棉花种植，加上政府对棉花产业的大力支持，使棉花产量迅速增长。根据图 9 - 2 显示，在 1978—1991 年第一阶段，新疆棉花产量稳步上升，1992—1999 年第二阶段，由于国家和自治区为把新疆建设成为国家优质高品牌生产基地给予了大力支持，这个阶段棉花产量快速增长。2000—2011 年，由于受到国际棉花价格的影响，产量波动巨大，特别是由于 2008 年的国际金融危机，国际市场棉花价格不断下降，也导致了 2008—2010 年新疆棉花产量不断下降，2011 年又开始上升。新疆棉花产量占全国比重也在不断上升，但在 1999 年后出现了巨大的波动。

三　新疆棉花生产布局变动分析

新疆属于西北内陆干旱棉区，目前，棉花种植面积较大的地区有昌吉、伊犁、塔城、巴音、阿克苏、喀什、建设兵团等，这几个地区在新疆棉花生产布局中历年都是种植面积较大的。其中建设兵团每年棉花播种面积均超过了新疆的 30%，但出现了下降的趋势（如图 9 - 3 所示）。

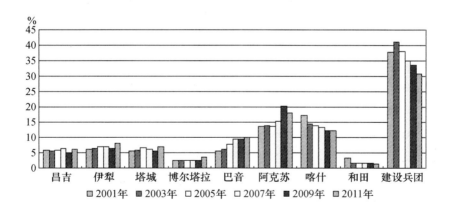

图 9 - 3　新疆棉花生产布局变动

注：比重 = 当地棉花播种面积/棉花总播种面积。

资料来源：2002 年、2004 年、2006 年、2008 年、2010 年、2012 年《新疆统计年鉴》。

四　新疆棉花成本与收益变动分析

（一）单位成本变动分析

图9-4显示，2002年之前，新疆棉花生产成本变动比较稳定，但2002年之后，呈现大幅增长，特别是每亩生产成本和每亩总成本增长较大。单位产品棉花成本与每亩成本的变化趋势基本保持一致，但单位产品成本增长幅度低于每亩成本。

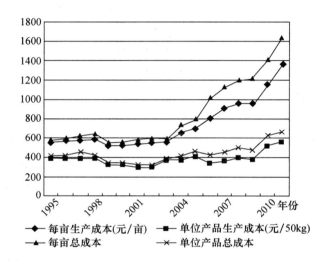

图9-4　新疆棉花生产成本变动状况分析

资料来源：1996—2012年《全国农产品收益资料汇编》。

（二）成本结构变动分析

图9-5显示，1995—2011年，从绝对量来看，新疆棉花生产物质费用和劳动力成本均出现了上升趋势，但从相对量来看，从2006年开始，由于物价上涨，新疆棉花生产的物质费用和劳动力成本均出现了快速增长，而且生产物质费用开始高于劳动力成本，虽然2010年出现了反向特征，但近年来，物质费用上升幅度要高于劳动力成本。

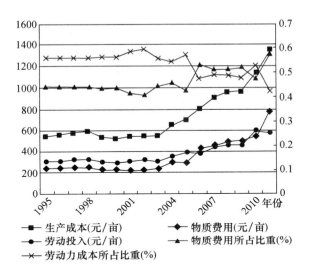

图 9 - 5　新疆棉花生产成本结构变动分析

资料来源：1996—2012 年《全国农产品收益资料汇编》。

（三）成本比较分析

　　物质费用在新疆棉花生产成本所占比例最高，达到了生产成本的
57.5％，其中直接费用占物质费用的94.3％。在直接费用中，租赁业
务费和肥料费分别占直接费用的42％和27.5％，两者分别占每亩生产
成本的22.8％和15％，两者之和超过了每亩生产成本的1/3。其次是
人工费用达到了生产成本的42.5％，而燃料动力、技术服务、保险、
管理、销售费各项支出比重均较小。2011 年，新疆棉花每亩生产成
本和单位产品成本均低于全国平均成本。在单位面积成本中，新疆物
质费用为 779.78 元/亩，高于全国平均水平，但新疆劳动力成本为
575.63 元/亩，比全国平均水平低 282.58 元/亩，使单位面积生产成
本比全国平均水平略低。从表 9 - 1 中分析得出，新疆每亩生产成本
高于天津、安徽、山西、河南、河北等，但低于其他地区，同时物质
费用却位于全国最高水平，劳动力成本则位于全国最低水平，而单位
产品成本也处于较低水平。

表 9 - 1　2011 年新疆棉花生产成本及其构成与其他地区比较分析

	单位面积成本			单位产品成本
	生产成本（元/亩）	物质费用（元/亩）	劳动投入（元/亩）	（元/50kg）
平均	1380.3	522.13	858.21	699.93
天津	1135.6	438.75	696.81	544.28
河北	1348.1	375.46	972.66	720.64
山西	1273.6	532.08	741.49	953.35
江苏	1502.3	361.84	1140.4	1023.7
安徽	1243.3	449.91	793.37	671.25
江西	1688.3	487.94	1200.4	783.61
山东	1395	415.85	979.14	793.59
河南	1295.2	338.62	956.57	936.38
湖北	1464.6	454.66	1009.9	750.55
湖南	1631.1	465.62	1165.5	829.26
陕西	1594.1	389.4	1204.7	1273.6
甘肃	1561.1	700.68	860.42	609.55
新疆	1355.4	779.78	575.63	545.52

（四）收益比较分析

表 9 - 2 显示，从主产品产量来看，新疆棉花主产量为 108.88 公斤/亩，高于全国平均水平，每亩产值、每亩净利润以及每亩成本利润率也均高于全国平均水平，只比甘肃地区低，新疆棉花生产收益优势较明显。

表 9 - 2　　　2011 年新疆棉花收益与其他地区比较分析

项目	平均	天津	河北	山西	江苏	安徽	江西
主产品产量（公斤）	84.02	87.23	78.80	53.96	60.04	78.51	93.37
产值合计（元）	1779.94	2014.67	1626.85	1007.78	1266.19	1727.97	1994.42
净利润（元）	202.49	545.36	27.77	-453.89	-350.03	363.46	268.78

续表

项目	平均	天津	河北	山西	江苏	安徽	江西
成本利润率（％）	12.84	37.12	1.74	-31.05	-21.66	26.64	15.58

项目	河南	湖北	湖南	陕西	甘肃	新疆	山东
主产品产量（公斤）	58.53	81.51	81.57	51.52	110.95	108.88	72.79
产值合计（元）	1432.64	1765.80	1768.73	1354.98	2749.74	2212.93	1513.23
净利润（元）	-3.98	207.51	25.44	-322.36	946.66	570.59	-57.82
成本利润率（％）	-0.28	13.32	1.46	-19.22	52.50	34.74	-3.68

图 9-6 显示，相对于其他农作物，从现金收益来看新疆棉花不具有优势。2011 年棉花现金收益 1038.88 元/亩，绝对量高于种植小麦、玉米、苜蓿、甘草、马铃薯和红花等作物，但低于蔬菜类、水果类等作物。随着蔬菜类、水果类农作物的大力发展，必然与棉花的生产争夺生产资源。因此，新疆棉花生产面临着内部其他农作物的激烈竞争。

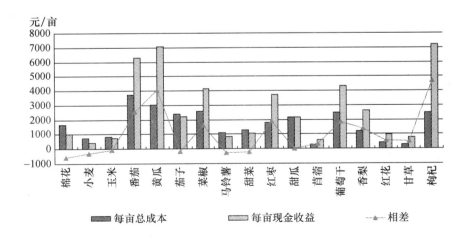

图 9-6　2011 年新疆不同农作物成本和收益比较分析

资料来源：2012 年《全国农产品收益资料汇编》。

第二节 新疆棉花加工业分析

一 新疆棉花加工业对棉花需求分析

随着新疆纺织工业的发展，以及东中部地区纺织业向新疆转移，对棉花需求呈增加趋势。按每吨棉纱产量需要消耗棉花 1.08 吨测算，新疆棉花加工业用棉在 1990 年之前增长缓慢，但随之棉花加工业用棉呈现快速波动性增长，其中在 2001—2004 年由于受到国际棉花市场与国内纺织业结构调整，新疆棉花加工业用棉出现小幅度下降，但从 2005 年开始，工业用棉又重新上升（如图 9 – 7 所示）。

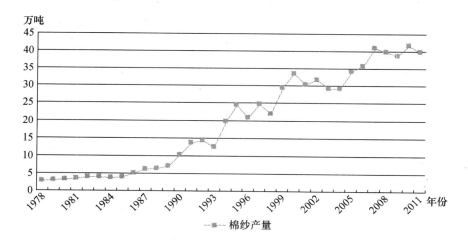

图 9 – 7 1978—2011 年新疆棉花加工业对棉花需求变动分析

资料来源：1955—2005 年《新疆五十年年鉴》、2006—2012 年《新疆统计年鉴》。

二 新疆棉花加工业变动分析

（一）棉花加工业产值变动分析

表 9 – 3 考察了新疆棉花加工业（纺织业）的产值变动状况，2001 年新疆棉花产值为 55.01 亿元，2011 年增加到 122.84 亿元，增长了 1.23 倍，但新疆棉花加工业发展速度落后于西部其他主要地区，

西部其他主要地区不仅绝对量高于新疆，增长量也高于新疆，广西、重庆、陕西等地区 2001 年产值低于新疆，2011 年均高于新疆。广西从 2001 年的 24.30 亿元增加到 2011 年的 175.9 亿元，增长了 6.24 倍；重庆从 2001 年的 24.07 亿元增加到 2011 年的 172.73 亿元，增长了 6.18 倍；陕西从 2001 年的 46.42 亿元增加到 2011 年的 148.73 亿元，增长了 2.20 倍；四川 2011 年更是达到了 815.75 亿元，增长了 10.05 亿元。从占全国比重来看，新疆地区的比重在一直下降，从 2001 年的 1%，下降到 2006 年的 0.5%，再下降到 2011 年的 0.4%。一方面，面对其他地区的激烈竞争；另一方面，外部区位条件、政策支持，内部生产成本等优势不再明显，导致了产值不断下降。

表 9 - 3　　　　　　新疆棉花加工业产值与主要地区比较分析

	2001 年		2006 年		2011 年	
	工业总产值（亿元）	占全国比重	工业总产值（亿元）	占全国比重	工业总产值（亿元）	占全国比重
北京	46.80	0.008	65.14	0.004	85.97	0.003
天津	69.56	0.012	70.83	0.005	86.46	0.003
河北	243.73	0.043	513.54	0.034	1268.89	0.039
内蒙古	72.47	0.013	188.06	0.012	457.83	0.014
辽宁	85.50	0.015	171.31	0.011	391.59	0.012
吉林	25.46	0.005	34.77	0.002	86.18	0.003
黑龙江	30.27	0.005	32.12	0.002	41.67	0.001
上海	236.70	0.042	358.92	0.023	389.78	0.012
江苏	1350.47	0.240	3665.57	0.239	6084.89	0.186
浙江	1072.87	0.191	3473.57	0.227	5778.68	0.177
安徽	120.82	0.021	186.91	0.012	701.55	0.021
福建	136.83	0.024	589.14	0.038	1667.8	0.051

续表

	2001 年		2006 年		2011 年	
	工业总产值 （亿元）	占全国比重	工业总产值 （亿元）	占全国比重	工业总产值 （亿元）	占全国比重
江西	37.83	0.007	145.84	0.010	658.81	0.020
山东	738.60	0.131	2859.22	0.187	6769.92	0.207
河南	215.22	0.038	533.67	0.035	1898.49	0.058
湖北	221.89	0.039	372.65	0.024	1321.34	0.040
湖南	50.97	0.009	168.57	0.011	548.57	0.017
广东	582.99	0.104	1273.16	0.083	2779.89	0.085
广西	24.30	0.004	56.34	0.004	175.9	0.005
重庆	24.07	0.004	61.1	0.004	172.73	0.005
四川	73.85	0.013	229.56	0.015	815.75	0.025
陕西	46.42	0.008	77.15	0.005	148.73	0.005
新疆	55.01	0.010	72.74	0.005	122.84	0.004

资料来源：根据 2002 年、2006 年、2012 年《中国工业经济统计年鉴》整理，当年价格。

（二）棉花加工业资产变动分析

资产衡量了该行业的整体实力，新疆棉花加工业资产变动如表 9-4 所示。新疆棉花加工业资产总额出现了先下降后上升的特征，从 2001 年的 145.69 亿元下降到 2006 年的 113.2 亿元，再上升到 2011 年的 209.45 亿元，但相对于东部发达地区，资产总额相对不足，但新疆棉花加工业企业平均资产在所选地区水平一直比较高，2001 年为 1.62 亿元，远高于其他地区，2011 年为 2.46 亿元，更是处于全国领先水平。这可以表明，新疆对产业结构的不断调整，淘汰亏损、规模较小的企业，重组等方式，优化了棉花加工业的企业结构，但整体实力相较于东部发达地区还不足。

表9-4　　　　　　新疆棉花加工业资产总额与主要地区比较分析

	2001 年		2006 年		2011 年	
	资产总额 （亿元）	平均	资产总额 （亿元）	平均	资产总额 （亿元）	平均
北京	78.49	0.56	90.66	0.56	94.9	1.25
天津	156.60	0.52	124.35	0.48	115.67	1.65
河北	260.63	0.43	359.36	0.51	506.28	0.69
内蒙古	128.65	1.30	198.16	1.27	338.7	2.17
辽宁	135.50	0.55	168.38	0.37	211.68	0.55
吉林	59.03	0.74	31.35	0.57	42.95	0.86
黑龙江	59.83	0.67	46.95	0.73	43.4	0.96
上海	316.12	0.47	350.79	0.38	361.04	0.83
江苏	1134.40	0.48	2562.28	0.47	3807.82	0.73
浙江	895.96	0.39	3002.98	0.42	5213.46	0.99
安徽	181.41	0.53	177.84	0.41	431.39	0.67
福建	153.51	0.45	458.46	0.52	1095.99	1.14
江西	66.03	0.42	82.79	0.24	233.21	0.57
山东	824.72	0.74	1836.68	0.60	3052.85	1.01
河南	278.60	0.46	363.54	0.48	986.84	0.97
湖北	228.60	0.51	284.64	0.38	600.38	0.69
湖南	63.34	0.34	108.68	0.36	244.15	0.87
广东	598.70	0.53	979.44	0.43	1555.35	0.67
广西	41.97	0.48	42.63	0.36	80.93	0.60
重庆	35.32	0.44	37.11	0.25	61.44	0.45
四川	105.91	0.49	144.51	0.39	333.15	0.89
陕西	100.76	1.11	92.21	0.90	100.14	0.88
新疆	145.69	1.62	113.2	1.30	209.45	2.46

　　资料来源：根据 2002 年、2006 年、2012 年《中国工业经济统计年鉴》整理，当年价格。

（三）棉花加工业劳动力就业变动分析

　　表9-5 显示，新疆棉花加工业劳动力就业水平不断下降，从 2001 年的 8.72 万人，下降到 2011 年的 4 万人，10 年间下降了 4.72

万人，每个企业劳动力从业人员从 2001 年的 968.89 人下降到 2011
年的 470.59 人，但相较于其他地区，只比陕西低，新疆棉花加工业
对劳动力带动能力较强。

表 9 – 5   新疆棉花加工业劳动力就业变动与主要地区比较分析

	2001 年		2006 年		2011 年	
	从业人员（万人）	平均（人）	从业人员（万人）	平均（人）	从业人员（万人）	平均（人）
北京	5.02	358.57	3.14	195.03	1.92	252.63
天津	7.81	259.47	5.08	194.64	2.23	318.57
河北	26.66	442.86	24.22	341.61	21.75	297.54
内蒙古	5.69	574.75	5.64	361.54	3.99	255.77
辽宁	13.62	551.42	9.26	202.63	7.05	184.07
吉林	4.22	527.50	2.56	465.45	2.2	440.00
黑龙江	6.53	733.71	3.8	593.75	2.03	451.11
上海	16.62	247.32	15.86	170.54	9.54	218.31
江苏	83.13	354.05	114.98	208.68	105.78	202.37
浙江	56.37	242.24	111.73	154.92	101.5	192.71
安徽	17.96	525.15	12.7	289.95	14.22	220.47
福建	8.70	254.39	23.46	265.69	30.22	313.81
江西	7.45	477.56	9.3	275.15	12.44	302.68
山东	66.27	595.95	102.81	336.86	95.38	316.04
河南	31.00	509.03	28.38	374.41	34.56	340.16
湖北	26.23	589.44	24.38	325.50	25.85	296.11
湖南	7.91	420.74	10.57	350.00	10.69	380.43
广东	31.16	276.24	63.45	276.71	70.6	305.63
广西	4.53	520.69	4.39	365.83	4.47	331.11
重庆	5.00	617.28	4.14	279.73	2.85	208.03
四川	13.75	642.52	12.61	344.54	14.45	384.31
陕西	9.83	1080.22	8.49	832.35	6.47	567.54
新疆	8.72	968.89	5.23	601.15	4	470.59

资料来源：根据 2002 年、2006 年、2012 年《中国工业经济统计年鉴》整理，当年
价格。

（四）棉花加工业盈利能力分析

盈利能力反映了该行业的竞争优势，新疆棉花加工业盈利能力出现了较大幅度的增长。纵向来看，新疆棉花加工业人均产值、人均主营业务收入、人均利润等从 2001 年的 6.31 万元/人、5.89 万元/人和 -0.41 万元/人增长到 2011 年的 30.71 万元/人、31.71 万元/人和 1.15 万元/人，但相对于东部地区，盈利能力还显不足。2011 年，新疆纺织业人均主营业务收入只有 31.71 万元/人，同期，江苏、浙江、福建、山东分别为 56.77 万元/人、55.52 万元/人、53.28 万元/人、72.87 万元/人。

表 9 - 6　　新疆棉花加工业盈利能力与主要地区比较分析　　单位：万元/人

	2001 年			2006 年			2011 年		
	人均产值	人均主营业务收入	人均利润	人均产值	人均主营业务收入	人均利润	人均产值	人均主营业务收入	人均利润
北京	9.32	9.02	0.11	20.75	22.58	1.03	44.78	50.85	3.07
天津	8.91	8.25	0.07	13.94	14.12	0.26	38.77	39.17	1.94
河北	9.14	7.98	0.23	21.20	19.85	1.12	58.34	57.61	3.83
内蒙古	12.74	12.83	0.83	33.34	32.50	1.65	114.74	109.53	8.47
辽宁	6.28	5.42	-0.02	18.50	16.92	0.37	55.54	55.85	3.48
吉林	6.03	4.18	-0.16	13.58	11.64	0.03	39.17	35.98	1.50
黑龙江	4.64	3.72	-0.07	8.45	7.91	0.07	20.53	18.92	0.68
上海	14.24	15.23	0.54	22.63	22.59	0.72	40.86	41.03	2.39
江苏	16.25	15.16	0.37	31.88	31.56	0.91	57.52	56.77	2.97
浙江	19.03	18.51	0.85	31.09	30.40	1.18	56.93	55.52	2.75
安徽	6.73	5.83	0.07	14.72	14.11	0.20	49.34	47.64	3.05
福建	15.73	14.26	0.63	25.11	23.73	1.34	55.19	53.28	4.14
江西	5.08	4.10	-0.13	15.68	15.51	0.34	52.96	52.77	3.67
山东	11.15	10.37	0.45	27.81	27.77	1.49	70.98	72.87	4.66
河南	6.94	6.15	0.09	18.80	17.68	1.19	54.93	55.89	4.97
湖北	8.46	7.17	0.03	15.29	14.50	0.20	51.12	49.21	3.15
湖南	6.44	5.34	-0.05	15.95	14.82	0.20	51.32	48.96	2.11

续表

	2001 年			2006 年			2011 年		
	人均产值	人均主营业务收入	人均利润	人均产值	人均主营业务收入	人均利润	人均产值	人均主营业务收入	人均利润
广东	18.71	16.90	0.13	20.07	19.49	0.53	39.38	37.77	2.16
广西	5.36	4.89	-0.09	12.83	10.82	-0.08	39.35	36.84	1.70
重庆	4.81	4.36	-0.15	14.76	13.95	0.36	60.61	61.23	3.35
四川	5.37	4.74	-0.02	18.20	16.82	0.44	56.45	54.57	3.56
陕西	4.72	4.12	-0.19	9.09	8.25	-0.12	22.99	21.00	1.39
新疆	6.31	5.89	-0.41	13.91	15.15	0.14	30.71	31.71	1.15

资料来源：根据 2002 年、2006 年、2012 年《中国工业经济统计年鉴》整理，当年价格。

三 新疆棉花加工业集聚程度分析

考虑到棉花加工业是劳动力密集型行业，主要指纺织业。因此，比较棉花加工业集聚程度（也称为专门化率）时，用从业人数计算的区位熵更合理。从表 9 - 7 可以看出，不但新疆纺织业集聚程度在不断下降，而且西部的甘肃和陕西两省纺织业集聚程度也在不断下降，此外东部的浙江、福建以及中部的江西则出现了不同程度的上升，纺织业产业中心正逐步向东南地区的浙江、福建、江西等转移。新疆纺织业在我国集聚程度优势正逐步下降，一方面，由于福建和浙江都是我国纺织业区域发展水平较高的地区，得益于良好的区位条件、较高的经济发展水平、不断扩大的市场需求等方面优势条件，浙江、山东等地区纺织业发展水平明显提高，而江西、福建等地区纺织业起点较低，但增长迅速，福建利用沿海良好的区位条件，以及政策的大力支持，纺织业发展迅速；而江西利用产业转移政策，纺织业集聚程度也逐步增加。另一方面，新疆区位条件、经济环境等方面已不利于纺织业发展。纺织业属于劳动密集型产业，纺织业发展的主要影响因素更大的可能是当地的经济发展水平、市场潜能、交通运输成本等，因此，新疆纺织业集聚程度有可能会进一步下降。

表 9 – 7　　2001—2011 年新疆纺织业区位熵与其他地区比较分析

年份 地区	2001	2002	2003	2004	2005	2006	2007	2008	2009	2010	2011
北京	0.53	0.48	0.51	0.39	0.36	0.32	0.31	0.34	0.29	0.31	0.25
天津	0.72	0.73	0.73	0.65	0.59	0.52	0.47	0.37	0.26	0.26	0.23
河北	1.11	1.03	0.97	0.86	0.97	0.95	0.90	0.97	0.94	0.90	0.95
山西	0.38	0.37	0.30	0.24	0.24	0.23	0.14	0.11	0.11	0.11	0.10
内蒙古	0.80	0.89	0.94	0.80	0.81	0.74	0.70	0.65	0.60	0.57	0.50
辽宁	0.60	0.50	0.49	0.41	0.39	0.37	0.35	0.32	0.32	0.32	0.30
吉林	0.39	0.40	0.41	0.31	0.29	0.29	0.22	0.23	0.24	0.24	0.25
黑龙江	0.42	0.42	0.44	0.40	0.38	0.32	0.28	0.25	0.22	0.20	0.24
上海	0.91	0.87	0.86	0.80	0.76	0.71	0.65	0.59	0.58	0.66	0.55
江苏	1.84	1.84	1.86	1.89	1.81	1.78	1.74	1.64	1.65	1.59	1.51
浙江	1.75	1.72	1.69	1.89	1.85	1.84	1.85	1.96	2.13	2.05	2.20
安徽	1.37	1.29	1.14	0.97	0.98	0.92	0.98	0.92	0.92	0.82	0.84
福建	0.61	0.63	0.80	0.81	0.88	0.86	0.83	0.85	0.92	0.92	1.17
江西	0.84	0.93	0.96	0.90	0.92	0.88	0.97	0.94	0.99	0.96	0.95
山东	1.44	1.46	1.47	1.40	1.49	1.56	1.63	1.65	1.58	1.64	1.73
河南	1.05	1.02	0.91	0.95	0.89	0.93	0.94	0.93	0.93	0.95	0.98
湖北	1.37	1.43	1.52	1.43	1.50	1.53	1.56	1.50	1.40	1.37	1.44
湖南	0.58	0.69	0.67	0.65	0.75	0.71	0.64	0.61	0.61	0.58	0.57
广东	0.61	0.62	0.60	0.62	0.64	0.63	0.60	0.65	0.67	0.76	0.76
广西	0.58	0.56	0.50	0.51	0.56	0.57	0.58	0.59	0.54	0.49	0.47
海南	0.22	0.19	0.22	0.68	0.70	0.72	0.71	0.14	0.13	0.13	0.13
重庆	0.68	0.68	0.68	0.63	0.54	0.52	0.49	0.46	0.51	0.37	0.30
四川	0.80	0.76	0.68	0.62	0.63	0.65	0.62	0.65	0.63	0.58	0.59
贵州	0.30	0.26	0.18	0.14	0.10	0.09	0.09	0.09	0.09	0.08	0.07
云南	0.36	0.35	0.33	0.30	0.26	0.23	0.20	0.21	0.15	0.13	0.13
陕西	0.97	1.02	0.99	0.86	0.82	0.83	0.86	0.74	0.71	0.66	0.64
甘肃	0.36	0.35	0.30	0.30	0.19	0.18	0.18	0.21	0.18	0.20	0.19
青海	0.15	0.09	0.25	0.34	0.27	0.23	0.23	0.44	0.47	0.45	0.23
宁夏	0.07	0.11	0.24	0.27	0.33	0.36	0.40	0.41	0.50	0.49	0.56
新疆	2.35	2.13	1.99	1.51	1.42	1.30	1.91	1.10	1.01	1.06	1.02

资料来源：2002—2004 年《中国工业经济统计年鉴》、2004 年《中国经济普查年鉴》、2006—2012 年《中国工业经济统计年鉴》。

四 新疆棉花加工业存在的问题

新疆棉花加工环节存在着纺织加工企业数量小，规模小，实力弱的问题。由于我国规模水平高、产品科技含量高、精深加工程度高、竞争力强的棉纺加工龙头企业均集中在东部发达地区，新疆棉纺加工企业处在初加工和粗加工阶段的居多，这大大制约了新疆棉纺加工业的发展。

第一，新疆纺织业效益有所增加，但相对较弱。新疆纺织业在产值、资产规模、盈利能力以及对劳动力就业方面均有较大幅度的增长，但相对较弱。纺织业是劳动密集型产业，市场竞争激烈，而新疆纺织业无区位条件、政策支持，内部生产成本等优势不再明显，且新疆棉花加工业产业链条短，加工增值率低，这些都导致了新疆纺织业发展水平不断下降。

第二，新疆纺织业集聚程度不断下降。目前，由于东中部有利的区位条件，中国纺织业呈现向江西等中部地区转移的态势，且向东部的山东、浙江与福建等地区更是进一步集中，而新疆纺织业集聚程度不断下降。新疆纺织业应着手进行结构调整、科技创新等手段，占领高端市场，才能有效地抑制纺织业发展水平的下降。

第三节　棉花流通环节分析

一 新疆棉花及其加工品出口需求分析

表9－8显示，新疆棉花（原棉）出口量和出口总额均出现较大幅度的下降，2010年和2011年棉花出口则降为零。此外，棉纱出口整体上呈现下降的趋势，2001—2008年棉坯布出口逐步下降，但自2009年以来，以棉机织物为产品的出口则呈现上升的趋势。从出口结构来看，新疆棉花及其初级加工品出口量与金额不断下降，而深加工品则不断上升，显示新疆棉花产业出口结构正出现不断优化的状况。但相对于东部江浙地区，深加工产品出口还有较大的差距。

表 9 – 8 新疆棉花产业主要商品出口结构

年份	棉花（原棉）		棉纱		棉坯布（棉机织物）	
	数量（吨）	金额（万美元）	数量（吨）	金额（万美元）	数量（千米）	金额（万美元）
2001	139230	15460	21463	4303	16636	726.7
2002	139600	15714	21479	4290	16580	667
2003	53664	5853	16034	4159	2750	159
2004	5669	1030	7794	2370	3804	255
2005	2554	474	4983	1205	1474	60
2006	1178	270	3648	1527	459	52
2007	2390	519	3285	1495	176	31
2008	9329	2188	7254	2502	0	0
2009	1487	388	3374	1216	4659	4002
2010	0	0	2925	1306	9734	9169
2011	0	0	2849	1478	18749	24153

资料来源：2002—2012 年《新疆统计年鉴》，由于统计口径的变化，2009 年起新疆开始统计棉机织物出口。

二 新疆棉花及其加工品出口竞争力分析

新疆纺织行业产值竞争优势与国内纺织大省相去甚远，对新疆经济贡献较低。新疆棉花种植优势并没有转化为加工业的规模优势、竞争优势，造成了资源的浪费。

（一）贸易竞争力指数

贸易竞争力指数用净出口与进出口总额之比表示，反映了某一产业在流通领域的竞争优势，其计算公式为：

$$TC = \frac{X - M}{X + M}$$

其中，X 表示新疆棉花及其加工品的出口总额，主要包括纺织纱线、织物及制品，原棉等；M 表示新疆棉花及其加工品的进口总额；当 TC 越接近于 1，则竞争力越强，越接近于 – 1，竞争力越弱。

新疆棉花及其加工品贸易竞争力指数呈先上升后下降的趋势，2009 年之后出现的下降主要是由于受到经济危机的影响，贸易竞争力出现了短暂的下降。（如图 9 - 8 所示）

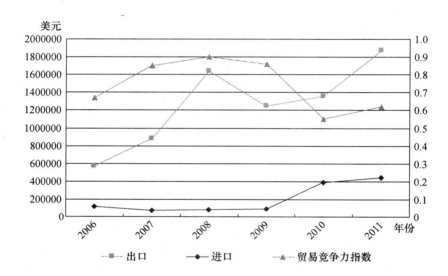

图 9 - 8　新疆棉花及其加工品贸易竞争力指数

资料来源：2007—2012 年《新疆统计年鉴》。

（二）新疆纺织业的显性比较优势指数

显性比较优势指数反映了一地区某一产品在世界贸易中的竞争强度，计算公式为：

$$RCA = \frac{X_a / T_a}{X_w / T_w}$$

其中，X_a 表示新疆纺织业产品的出口额；T_a 表示新疆所有货物出口总额；X_w 表示世界纺织业出口额，T_w 表示世界所有货物总额；当 RCA 越大，则竞争优势越强，越接近于 0，竞争优势越小。

图 9 - 9 显示，虽然受到了经济危机的冲击，新疆棉花及其加工品显性比较优势指数不断增加，但竞争优势不强。一方面，从全国棉花及其加工品出口总额占国内市场不到 1% 的比例来看，棉花产业比较优势并不强。另一方面，虽然新疆棉花产业出口不断增长，但还是

以原料和半成品的出口为主,高端附加值的产品比重较少,出口创汇能力不强。

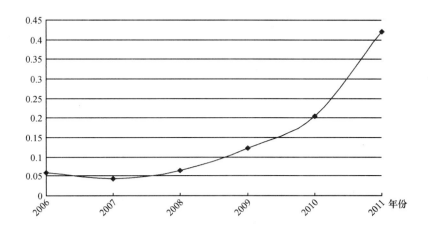

图 9 − 9　新疆棉花及其加工品显性比较优势指数

资料来源:2007—2012 年《新疆统计年鉴》,中国海关统计数据,WTO 统计数据。

三　新疆棉花物流储备状况分析

目前,新疆棉花储备能力明显增强,新疆棉花储备能力已达到 96 万吨,是 1995 年的 10 倍左右,新疆已形成了多条棉花运输走廊,年中转储运棉花 200 万吨。新疆棉花产量约占全国总产量的 33%,约 85% 的棉花销售运往内地,但新疆远离内地销售区的问题一直困扰着棉花产业的发展。铁路运输紧张,公路运输价格高昂,使新疆棉花面临着较高的物流成本。

四　新疆棉花流通环节存在的主要问题

第一,新疆棉花产业出口结构有所优化,但贸易竞争力优势不强。新疆棉花及其初级加工品结构正向深加工、高端产品结构调整,但相对于东部江浙地区,深加工产品出口还有较大的差距。此外,由于集中于初级加工品的出口,新疆棉花产业产品出口在中国以及在世界范围内的竞争优势均不强。

第二,物流成本高。物流成本高、效率低一直是新疆棉花流通中的最主要问题。新疆棉花还存在物流主体发育尚不成熟，中介组织管理不规范，组织化程度低的问题。由于棉花流通易受到政策、市场等方面的影响，棉花流通条块分割严重。经过多年的发展，新疆棉花物流基础设施和装备建设，以及物流信息化和标准化体系建设还比较缓慢。

第四节　新疆棉花产业结构调整

一　新疆棉花产业组织结构

发展农业产业价值链经营组织。到"十一五"末，新疆农业经济合作组织达 7725 家，龙头企业带动型、中介组织带动型、农村经纪人带动型以及专业大户带动型农业经济合作组织体系初步建立。但新疆棉花产业价值链链接程度低，精深加工能力不强，大部分棉花不在新疆本地加工，这不利于促进当地的就业以及棉农收入的提高，不利于棉花产业价值链的发展。因此，必须加快棉花产业价值链的发展，拓展产业价值链的横向服务功能，从而为棉花的生产、加工、营销、品牌等方面提供完善的服务。

建设棉花加工示范基地，推动产业集群。棉花产业关联度强，加工企业带动能力大，通过棉花加工示范基地的建设，提高示范基地对资源的吸纳和承载力，推进棉花加工业的产业集群，引导产业向规模化、集约化方向发展，提高棉花加工企业的规模效应和产品科技含量，增强棉花产业竞争力。促进棉花加工示范基地标准化建设，按照标准，创建无公害、绿色、有机和出口棉花原料基地，并对棉花实施全过程质量控制和责任追溯，完善质量认证制度，健全农产品质量安全体系。

二　新疆棉花产业结构构想

（一）调整棉花的投入结构

调整投入结构，提高机械化水平，实现规模经济。上述分析表明，新疆棉花生产物质费用中化肥、农膜、种子等费用的比重相当大，其主要原因在于化肥、农膜等农资经营渠道不畅、流通体制不完善，再加上生产棉花所需要的很多农资在内地生产需要大量运费，这就造成农资价格上升，进而造成成本上升。因此，完善化肥等农资流通、供销的市场化渠道，稳定农资价格是降低这类成本的关键问题。同时需要调整和改善化肥、农膜等农资的投入，降低各种物质费用，在降低成本的条件下同时要提高棉花单产量。

新疆棉花产业化水平低，需要加强成本管理与控制。要降低生产成本，增加棉农收益，就要打破传统粗放经营方式，这首先需要节省工时和减少劳动支出。主要途径是提高生产的集约度，改善基础设施，提高棉花生产加工机械化水平。其次各地区根据自己的条件适当扩大生产规模，实现规模经济。通过产生规模经济，减少平均物质消耗，优化成本结构。

（二）调整棉花产品结构

提高生产科技含量，科技兴棉。首先，强化科技兴棉意识，走科技兴农之路。其次，加强科研投入，依靠优良品种，降本增效。加强良种培育，注重选育、推广高产高质、抗虫抗病适应性强的优良品种，以降低成本、提高产量和品质。如近几年抗病、抗虫棉品种的成功推广一方面稳定了棉花产量，另一方面大大降低了植棉成本。再次加强化学除草、化学调控，提高器械应用程度，促进机械化种耕、收获，改进施肥方式，促进配方施肥、节水灌溉等节本增效新技术推广。有关资料显示，我国平均肥水药的利用率仅有30%—40%，而美国等发达国家高达60%以上，节本潜力很大。目前，新疆化除、化调技术已基本普及，今后要重点推广"三节"技术和适合棉田间套种耕作制度的各种中小型农机具，减少农资和用工投入，节约资源同时要保护环境，促进新疆棉花生产的可持续发展。

（三）调整棉花的企业结构

提升棉花加工企业的自主创新能力。引导棉纺企业建立研发中心，加快科技成果转化；通过科技创新，大力发展棉花的精深加工，不仅布局在棉纺企业，还要布局在棉花饲料工业、化工工业以及食品工业上，延长和拓宽棉花产业价值链，实现棉花的综合利用和多次增值；鼓励加工企业与科研单位对接，形成生产与市场、科技与市场紧密联系的有机统一体，尽快完善棉花加工科技服务体系的运行机制，为棉花加工企业提供各种技术服务。

（四）调整棉花的流通结构

增强市场开拓能力。加快新疆棉花在我国东部发达地区建立营销平台，积极与新疆接壤国家建立新疆棉花营销平台，长期推广新疆棉花，提高新疆棉花的国内外市场知名度。强化流通体系建设，着力打造集棉花收购、加工、储藏、防腐、运输、销售、配送、监管、服务于一体的棉花流通体系，整合新疆棉花流通资源，积极建设高效的跨地区棉花物流大通道。扶持大型物流企业、仓储配送中心、物流基地等各类流通主体，采取网上交易、电子商务等现代流通手段。大力培育和壮大市场营销主体，支持新疆棉花龙头企业、农民合作社、营销大户等与国内外大型棉花产业集团，现货与期货市场建立长期稳定的联系。

（五）调整棉花的品牌结构

通过整合现有品牌，实现"同一区域、同一产品、同一品牌"，促进"新疆棉花"这一优势品牌的建设；建立新疆棉花品牌培育机制，坚决防止各地棉花品牌杂乱和无序竞争，确保棉花产品质量，增加顾客对新疆棉花整体的好感，进而增强品牌的忠诚度；依托棉花产业集群，建立"产地＋品牌＋产品"的新疆棉花产业集群品牌模式，支持龙头加工企业、棉农、棉花生产与加工示范基地开展无公害、绿色、有机产品的生产与经营，提高新疆棉花产业集群品牌；通过博览会、展销会、网络平台及各种媒体，加强对新疆棉花品牌的宣传；建立棉花市场监控体系、质量控制体系，防止假冒伪劣、以次充好，加强对新疆棉花品牌的保护。

三　新疆棉花生产布局调整

棉花生产布局调整要综合考虑各个成本影响因素，通过进一步优化新疆棉花生产布局，提高单位面积产量，降低单产成本。今后要引导棉农进一步调整新疆棉花生产布局，继续扩大高产、稳产的适宜植棉区规模，缩小或取消低产的零星棉区，坚决退出风险棉区。

　　围绕"两城七园一中心"建设，优先发展石河子（辐射玛纳斯县）和阿克苏（辐射阿拉尔市）纺织工业城；重点发展奎屯经济开发区、库尔勒经济开发区、喀什工业园区、博乐市边境经济合作区、呼图壁县工业园区、沙雅县工业园区、巴楚县工业园区；加快建设乌鲁木齐国际商贸中心。重点依托新疆纺织工业城和工业示范园区的优势，建立50万—100万锭的大型棉纺企业，不断提高企业的深加工技术和装备水平，提高产品附加值，提升市场竞争力，实现产品结构和产业结构升级，实现新疆由全国规模最大、竞争力最强的优质商品棉基地向纺织基地转变。

　　棉花优势区域布局应以发展节水灌溉技术，推行全程机械作业；以增加棉花产品品种，提升其品质，降低生产成本为主攻方向。棉花优势区域布局的发展目标：2015年棉花面积2600万亩，产量300万吨；2020年面积2700万亩，产量320万吨，稳定发展长绒棉，提高棉花品质。

第十章　西部地区经济作物产业
结构调整优化对策

第一节　经济作物产业结构调整优化的意义

2008 年中央 1 号文件《关于切实加强农业基础建设进一步促进农业发展农民增收的若干意见》中明确指出，要"大力发展油料生产，鼓励优势区域发展棉花、糖料生产，着力提高品质和单产"。这为我国农业产业结构优化升级指明了方向。我国二元结构问题越来越严重，城乡差距不断扩大，这对农业现代化的发展要求越来越高。在此背景下，进一步调整优化农业产业结构，大力发展高效高值经济作物，尤为重要和迫切。

一　经济作物产业结构调整优化是推进农业现代化的必由之路

大力发展经济作物，调整优化农业产业结构是实现农业现代化的必然选择。加快农业产业结构优化升级是提升农业产业效益和竞争力的关键。农业是我国国民经济的基础，是战略产业，但一直以来，我国农业产业竞争力不高的问题十分突出。随着城镇化与工业化水平越高，对农业产业结构调整优化的要求越高。2008 年我国人均 GDP 超过 3000 美元，标志着我国进入了现代化建设的加速发展时期，这也是我国农业现代化建设的重要机遇期。发达国家在进入此阶段，都注重农业产业结构的调整与优化。对于我国来说，只有加快农业产业结构的调整与优化，促进传统农业向现代农业的转变，才能尽快提升农业产业竞争力。

二　经济作物产业结构调整优化是建设社会主义新农村的必由之路

"建设社会主义新农村"是新时期党和政府确立的农村发展的重大任务。建设社会主义新农村的最重要内容就是促进农村经济发展，增加农民收入。只有农业综合生产能力提高了，才能为新农村建设提供雄厚的经济基础。

首先，经济作物产业结构调整优化，可以为新农村建设夯实经济基础。其有利于农业生产从低效低值的粗放式增长向高效高值的集约式增长方式转变，加快经济作物产业结构调整优化，促进农村产业升级，延长农业产业链，促进农业快速发展。经济作物产业结构调整优化可以促进农业产业化，形成良性运转的产业链，提高资源配置效率。其次，经济作物产业结构优化升级，可以培育结构合理、协同发展的农业企业组织，提高农民的组织化程度，促进农村管理的科学化。农村管理的科学化也是新农村建设的一个重要特征，它要求提高农民的组织化程度，农业企业—农民的协调发展。而经济作物产业结构调整优化可以使单个农民、农民与企业联系起来，建立起人与人、企业与企业、人与企业之间的社会联系和沟通渠道，为新农村建设中的科学管理提供有效的组织保障。

三　经济作物产业结构调整优化是解决"三农"问题的有效途径

我国"三农"问题的实质是农民问题，农民问题的实质是收入问题。经济作物是各种农作物中效益较高的作物，发展经济作物是提高农业效益、增加农民收入的突破口。

目前，我国农村消费严重滞后的原因是农民收入水平低，传统的农业经营方式以及农民的低文化素质制约了农民收入的提高。因此，无论是转变农业经营方式，提高劳动生产率，增加农业收入，还是提高农民的文化科技水平，扩大农村劳动力的就业，增加非农收入，都迫切需要加快经济作物产业结构调整优化。因此，发展经济作物，推进经济作物产业结构调整优化是解决当前我国"三农"问题的有效途径。

四 经济作物产业结构调整优化是农业产业结构优化的必然选择

经济作物产业结构调整是农业产业结构优化的重点。调整经济作物结构和品种、品质结构，可以有效地调整农业产业结构。这就要求以市场为导向，积极引导农民调整经济作物种植结构，提高经济作物科技含量，优化经济作物品质结构。经济作物产业结构调整应面向消费者，以提高科技水平和产业化水平为重点，强化经济作物产业价值链上下游环节的关联程度。因此，经济作物产业结构调整是农业产业结构优化的必然选择。

五 经济作物产业结构调整优化是中国农业提升国际竞争力的迫切需要

随着对外开放的不断扩大，中国农业面临的国际竞争越来越激烈。经济作物等优势农产品出口难度不断增大，竞争优势不断弱化。目前，跨国公司正加快对中国的农业产业布局和资本渗透，给中国农业产业安全带来新的风险。另外，发达国家把农业产业链，调整农业产业结构作为农业发展的重要战略，这必定对中国农业发展产生深刻影响。因此，只有不断加快中国经济作物产业结构调整，优化要素结构、生产结构、品种结构，优化生产布局，提高资源配置效率，才能增强中国农业的核心竞争力。

第二节 西部经济作物产业结构调整战略目标

在产业经济学中，经济作物产业结构优化更多的是强调产业结构变动的目标即实现产业自身的高度化和合理化。

一 经济作物产业结构调整优化的方向

一是根据国家发展宏观目标对西部地区经济作物主产区的要求，稳定经济作物生产面积，提高经济作物单产，增加总产；二是在现有经济作物发展水平和经济作物产业结构的基础上，按市场经济发展与经济作物系统内部各产业协调发展规律，进一步调整和优化产业之间的比例关系；三是用高新适用技术改造传统经济作物，改善和优化经济作物产品结构及品质结构，使经济作物产业向第二、第三产业拓展，促进农业增效和农民增收；四是加强市场建设和发展经济作物产品加工业，引导经济作物结构优化升级；五是针对西部地区经济作物产业价值链结构问题，通过纵向延伸、横向拓展，产业价值链的整合，完善产业价值链的组织治理机制，促进产业链价值增值，优化经济作物产业链结构，进而推动经济作物产业结构得以优化。

二　经济作物产业结构调整优化的原则

在一个地理位置相对广阔的范围内，由于各地区自然条件与资源禀赋的差异，必将导致经济作物产业区域分布的差异。解决问题的关键是经济作物产业结构的调整与优化，要充分发挥生产要素和自然资源的禀赋优势，坚持保护自然资源和生态环境；坚持以市场机制为主要推动力量，政府政策为导向；坚持利益共享、风险共担；以产业价值链优化来实现经济作物产业结构的高度化和合理化，提高资源的合理和有效配置。

1. 坚持保护自然资源和生态环境的原则

经济作物产业结构调整，需要充分考虑不同地区间自然资源的差异性对经济作物生产的影响，综合发挥社会、经济和生态效益，统筹兼顾生产、生活和环境质量，保证经济发展的可持续性和生态环境的永续性。对经济作物结构进行战略性调整，实现经济作物的可持续性发展，防止生态环境退化，是西部进行经济作物结构调整要考虑的首要问题。防止可利用土地资源减少、防止水土流失加重以及土地生产力下降成为调整经济作物产业结构必须注意的问题。所以，在对西部经济作物产业结构调整时一定要以保护自然资源和生态环境为首要目标。

2. 坚持以市场机制为主要推动力量，政策导向的原则

发挥供求机制、竞争机制和价格机制的基础性作用，政府只能从宏观政策上加以引导，为促进"龙头主导，大、中、小共生企业"竞争格局的形成创造外部条件，绝不能强行安排、揠苗助长。政策导向的核心是农产品价位和对于农业的直接稳定补贴，主要体现能否调动农民的积极性。

3. 坚持利益共享、风险共担的原则

经济作物产业链优化一定要能够改善农民收入状况，目前来看，这主要靠农户通过产业组织分享经济作物产业链的利润来实现。因此，建立完善的利益共享机制成为新型农业产业组织模式创新的关键环节和主要难题之一，而实现"利益共享、风险共担"也是合理利益机制的最根本特征。全方位优化和拓展经济作物产业价值链一方面是为了延伸产业链长度，拓宽产业价值链的宽度；另一方面是扩大产业链的厚度，壮大产业价值链的规模。进一步提高组织化程度，培育和提升产业价值链的竞争优势，实现产业价值链整体利益和各主体的个体利益的最大化。

4. 坚持经济作物产业价值链优化为原则

首先，经济作物产业价值链作为一个整体，任何一个环节的运作质量都会直接影响到下一个环节经营的成败。这个既相互联系和交叉，又相互制约和促进的有机连续体，是不可分割的完整性循环系统。产业价值链中各行为主体在价值创造和利益取得过程中，所形成的互补体系能够协调发展、相得益彰，使价值链价值的流通畅通，促进核心企业竞争力的成功建立。同时，产业价值链中各主体之间必须建立供应链协同关系，才能确保各环节的密切协作，形成协同效应。产业价值链各环节不断横向扩张和纵向延伸，便可实现整个产业价值链价值的最大化，各个环节通过彼此的相互影响和平衡来保证产业价值链总体价值的最大化，使经济作物产业获得稳定发展。

第三节　经济作物产业结构调整优化的政策保障体系

一　引导性政策

经济作物产业结构调整与优化是市场的行为，但经济作物产业链的延伸和整合，都与政府的行为相关，必须发挥政府对产业结构调整优化的引导与扶持功能，创造经济作物可持续发展环境。特别对于西部欠发达地区来说,经济作物产业结构调整与优化更离不开政府的扶持。

（一）制订经济作物产业发展规划

在西部,农户生产经营规模小,农业产业化程度低。要把经济作物产业做大做强将受多方面的制约。因此,选择优势经济作物发展时,需要政府的引导与推动。制订产业规划是经济作物产业结构调整优化的先导。区域优势主导经济作物的发展,既是市场竞争、优胜劣汰的结果,也是政府科学规划的结果。政府着重制订产业发展规划,减少政府对市场的干预,增加政府公共物品的提供,改善政府服务。

西部各地政府应提高发展经济作物产业链的认识,将其发展作为建设现代农业的重要内容,纳入国民经济与社会发展规划,切实加强组织领导,统筹规划协调,编制实施经济作物产业链建设专项规划,加大资金投入和项目扶持力度。利用产业发展规划,引导经济作物生产要素资源的优化配置,提高资源配置效率,变资源优势为比较优势与竞争优势,形成优势特色产业。

（二）加强品牌管理

近年来,西部地区农产品经营者的品牌意识日渐增强,知名品牌也越来越多。可是,还有不少地方的优质农产品还很少被人知道,当地农民也不知道如何通过打造品牌来提高价值。另外,市场上假冒名牌经济作物产品的情况层出不穷,相关标志很容易仿造。在市场上已经形成了很不好的"劣币驱逐良币"的现象,影响到了产品的对外销售,给一些致力于打造优质经济作物产品品牌的经营者造成了一定负面影响。

经济作物产品的价值最终要通过市场才能实现。政府有关部门应着重打造知名品牌特别是区域品牌,鼓励科技含量高、附加值高、竞争力强的名牌产品企业,增强商标意识、品牌意识、名牌意识。有关部门应积极申报国家农产品地理标志,并以名牌产品、名牌企业为依托,打造一批农业名县、名先,共创区域名牌。地方政府应积极利用当地民族文化特色,联合农业龙头企业,参加与举办各种农业产品展览会、博览会、交易会等各类活动,加大产品的宣传,树立产业价值链品牌形象。

对于茶产业品牌建设，首先，整合品牌资源、塑造整体品牌形象。通过组建产供销战略联盟，统一包装，统一品牌，统一生产工艺与技术标准。其次，培育龙头企业。加大茶叶龙头企业扶持力度，推动西部茶叶产业化进程。加快茶企由初级加工向精深加工转变，提升产品附加值，延伸产业链条。鼓励茶企通过技术、资金、品牌整合，改组改制形成大集团；通过资本、技术联合，引进国内外优势企业参与西部茶产业经营，提升西部茶企的生产管理水平与技术水平；逐步形成社会资本、民间资本、金融市场互动的多元化投资主体。最后，改进茶叶生产的加工工艺，提高无公害、清洁化生产水平。通过国家食品行业市场准入和 QS 认证制度，帮助一批基础条件好的加工企业，改进加工工艺，提升产品品质。

对于烟草产业品牌建设，一要重视开发研制新产品，适时调整和扩展产品线，形成合理的产品线格局。二要整合营销传播，实施品牌形象建设和提升战略。三要建立品牌管理中的危机管理机制。四要重视和加强终端维护，实现品牌培育的目的。

对于棉花产业品牌建议，通过整合现有品牌，实现"同一区域、同一产品、同一品牌"，促进优势品牌的建设；建立棉花品牌培育机制，坚决防止各地棉花品牌杂乱和无序竞争，确保棉花产品质量，增加顾客对优质棉花整体的好感，进而增强品牌的忠诚度；依托棉花产业集群，建立"产地＋品牌＋产品"的棉花产业集群品牌模式，支持龙头加工企业、棉农、棉花生产与加工示范基地开展无公害、绿色、有机产品的生产与经营，提高棉花产业集群品牌；通过博览会、展销会、网络平台及各种媒体，加强对棉花品牌的宣传；建立棉花市场监控体系、质量控制体系，防止假冒伪劣、以次充好，加强对棉花品牌的保护。

对于中药材产业品牌建议，一要加强地理标志产品的认证，保护现有的地理标志产品，并扩大对其他中药材地理标志产品的认证，以进一步提高中药材的知名度。二要加强对现有品牌的整合，加快区域品牌的发展，形成统一的品牌，将对中药材产业的发展起到重大的推

动作用。三要加强品牌营销，通过展览、研讨会、博览会等形式加大
对现有品牌的宣传力度和范围，要结合当地的旅游与民族文化，向外
宣传本地的优势名贵中药材品牌。四要提高产品包装的特色，既能体
现产品特色，又能反映地域的文化特色，从而树立产品形象。

（三）大力推广经济作物产业创新体系，为产品的高水平生产流
通服务

产品质量是影响经济作物产业市场竞争力的主要因素。农户的质
量意识、技术水平是确保经济作物产品质量的关键所在。西部在经济
作物产业价值链优化的推进过程中，不时会有创新的体系，能够让经
济作物产品的生产、流通等方面的创新不断地涌现出来。西部经济作
物产品方面的创新多属于初级阶段，力度还不够。

第一，加快建设农业高新技术产业示范区、农业科技园区与生态
农业产业示范区等。示范区核心区本质意义上就是国家级农业科技
城，按照农业工业化和城市化融合发展思路建设打造核心区"农科
城"，促进农业基地规模化、园区农业工业化、农产品市场化的有机
衔接。同时做好示范区项目规划，力争将西部农业高新技术产业示范
区建成引领西部乃至整个中国现代农业发展、城乡统筹发展、新农村
建设和农民增收致富的示范性标志工程。

第二，建立现代农业体制。通过制度创新，加强对科技创新的扶
持和引导，调动科技人员的积极性和创造性。加大经济作物产业科技
创新和技术推广的力度，创新农业科研成果转化机制，整合农业科研
力量、促进农业科研人才集聚和提升的基础上，建立国家级农业科技
成果推广基金，打造完整的农科教、产学研紧密结合的新型体制。

第三，建立农业经营组织的新模式。组织创新才能有效地整合农
业产业链，提高产业链整体价值，推行"公司＋科教人员＋农户"
"科技＋专业协会＋农户"等创新模式，引入战略投资者与社会资本，
形成多元化的农业产业化经营体系。

第四，要引导经济作物产业价值链创新系统的培育。政府不仅要
引进先进的农业技术，也要引进和学习优秀企业家精神与优良企业文
化，努力培育敢于冒险、诚信合作的农业企业创新精神与创业文化。

第五，政府应鼓励有条件的农业企业建立自己的科研机构，促进产学研合作，形成自主开发或联合开发的技术创新机制，形成拥有核心技术、自主知识产权的农业企业，提高经济作物产品的技术含量和附加值，推动经济作物产品结构优化升级。

第六，积极推进农业技术服务体系多元化。首先要加快对农业先进技术的推广与宣传；其次以政府为主导，成立科技服务公司；再次建立以企业为主体、企业标准为准绳的农业技术质量标准体系，企业的技术人员作为技术服务的主体；最后建设社会公益性的农技信息平台，覆盖和服务农村千家万户。

对于茶产业科技创新，加大对茶农和企业人员的培训力度，提高技能，增强经营管理能力，增强风险意识。鼓励科研院所茶叶相关研究人员到茶叶主产县和重点茶叶企业，为茶产业提供技术支持。加强茶产业人才的引进，特别是茶产业高素质的专业技术人才、经营管理人才的引进。重视企业科技创新，鼓励产学研合作，建立长期稳定的合作机制，鼓励科研院所等机构以技术转让、技术入股等形式组成"技术机构＋茶农（合作组织）"的生产经营模式，加快科研成果的引进、吸收和转化。高度重视信息交流，确保信息畅通，为更好地服务于茶产业的发展发挥重要作用。

对于烟草产业科技创新，一要提高烟草农业的技术集约化程度，技术的集约化可以有效提高生产的效率，增加产量。因此，要加快引进适应于生产条件的先进技术，认真吸收、消化与改进。深化烟草种植技术推广体系改革，创新推广机制和方式，有针对性地推广一批成套技术，提高技术推广的普及率和入户率。二要提升烟草产品的科技含量，提升烟草产业竞争力。目前，西部烟草生产要以提高科技含量，提升品质增加效益为核心。三要深化科技体制改革，建立有利于科技成果转化，提高科技持续创新能力的科技运行体制，引入市场竞争机制，完善激励机制，优化科技人员结构，提高科技市场化转化能力。

对于棉花产业科技创新，提高生产科技含量。加大科研投入，加强良种培育，注重选育、推广高产高质、抗虫抗病适应性强的优良品种，以降低成本、提高产量和品质。提高棉花生产者的科技文化素质，掌握科学、高效的喷施肥料、农药的知识，掌握高效的灌溉方法。提升棉花加工企业的自主创新能力，引导棉纺企业建立研发中心，加快科技成果转化；通过科技创新，大力发展棉花的精深加工，不仅布局在棉纺企业，还要布局在棉花饲料工业、化工工业以及食品工业上，延长和拓宽棉花产业价值链，实现棉花的综合利用和多次增值；鼓励加工企业与科研单位对接，形成生产与市场、科技与市场紧密联系的有机统一体，尽快完善棉花加工科技服务体系的运行机制，为棉花加工企业提供各种技术服务。

对于中药材产业科技创新：一要加强中药材相关技术的研发，特别是中药材品种、栽培技术与加工技术。通过引进消化与自主创新等手段，探索优质名贵中药材品种的育苗新技术；根据各种中药材生产的特点与自然地理气候状况，提高栽培技术，改善中药材品质，促进规范化生产；加快先进中药材加工设备与技术的引进，提高深加工程度，提高后续产业链的增值效果。二要加大中药材相关人才的培养和引进力度。应通过各种有力措施吸引高素质的技术和管理人才，与相关医药大学和科研机构联合培养一批科技人员，提高中药材发展的人力资本水平。同时对现有的相关人员，从政府人员、药农到企业人员等要加大培训力度，聘请各方面的技术专家进行技术指导，提高中药材产业的人力资源的整体素质。三要强化科技示范推广。科技成果难以转化与推广已成为中药材产业发展的"瓶颈"问题，应加快建立科技示范区，在示范区对先进的育苗技术与栽培技术进行示范，在示范作用下，加强对中药材的栽培、病虫害的防治、物流等关键技术的推广。

（四）完善农产品信用体系

建立健全商品和企业信用体系，是现代市场经济的基石，是打造名牌产品和提升企业制度的前提。推进农资诚信体系建设，是农业部门的重要职责，是维护农村生产生活秩序，维护农民利益，维持社会稳定的基本要求。西部在农产品信用体系建设上，目前还存在诚信宣传引导不够、法律法规不配套、信用信息共享不足、部分企业诚信缺乏等问题，坑农害农事件时有发生。农资企业信用好坏关系到农资质量，且直接关系到广大居民的身体健康和生命安全。要进一步深化农资信用体系建设，建立起农资信用体系的良性运行机制，切实维护农民权益和保障农业生产安全。

西部各地区监管部门应该进一步建立、完善农业企业及农产品信用等级分类标准，健全信用数据库，及时、准确监测企业和经济作物产品达标实况，并建立和完善信用奖惩联动机制，努力提升合同履行、农产品质量、信贷、纳税、环保、食品安全等方面的信用水平。

为从根本上规范农资生产经营行为，保障农业生产和农产品质量安全，西部各地区应破除障碍，建立农业现代流通网、农业产品质量、安全监管网、农业风险信用信息网等监督体系，进一步完善农业企业诚信生产经营制度、信用评价制度、利益受损补偿制度等信用体系。

二 支持性政策

(一) 加强经济作物主产区基础设施建设

与国内发达地区相比，西部经济作物主产区的基础设施是较差的，公路、批发市场、通信网络设施等均处于较低的水平。因此，在经济作物结构调整与优化过程中，政府公共物品的提供是不可或缺的。在基础设施建设方面，西部应进一步加大扶持力度，增加公共要素的投入，并采取措施确保这些设施的建设质量。各地要努力加大对经济作物产业公共要素的投入，通过土地、税收、财政投入、政府采购、项目审批、投融资体制改革等政策手段，吸引和鼓励社会各方面投资。农产品流通环节中的物流成本，主要是运输费用，政府要给予相应的补贴，开通绿色通道，使农产品产销两个终端收益。政府应加快建设现代化物流体系建设，整合现有物流资源，构筑物流平台。

(二) 完善农村金融服务体系、拓展融资渠道

资本形成是经济增长的持续推动力，也是产业组织创新的动力和源泉。经济作物优化过程包括劳动力、生产资料、资金和技术等的重新组合和优化配置，其中资金又是其他生产要素的黏合剂，其他生产要素都是要依靠资金来聚合的。当前资金供给不足已成为西部农业企业做大做强、推进产业价值链优化的重要制约因素。因此，加快完善

多样化的农业投入机制，既是解决农村资金供给问题、提高农业产业组织创新的预期收益、加快农业产业组织创新必不可少的前提，也是推进西部经济作物产业结构优化的重点和难点。

当前西部经济作物产业价值链优化过程中资金需求量大。主要表现在：①建设西部农业高新技术产业园、生态农业产业园、物流中心与相关配套设施等，需要大量的资金，这些公共服务设施具有明显的公共产品特征，需要政府作为投资主体，增加投入，改善经济作物产业价值链运行的外部环境。②加工企业生产经营资金需求，主要包括生产设备更新、经营性流动资金需求、生产工艺技术改造、厂房扩建以及新产品的研发等融资需求。③由于农业生产风险、市场风险大，对农业风险的资金需求大。

从资金供给看，西部经济作物产业结构优化存在融资渠道少的问题。①西部地区受到经济发展的制约，许多项目的资金难以连续投入，影响着农业创业园、物流中心等项目的建设进度。②西部地区政府对农业融资环境的认识重视不够，商品信用体系、担保体系建设相对滞后。③融资难也是农业企业面临的重大问题。西部农业企业规模小，缺乏有效的抵押资产和担保，农业生产风险较大，难以获得银行间接融资，商业银行资金大多聚集在非农企业和大型农业龙头企业。

加强经济作物产业结构优化的财政金融支持，需要多管齐下。①加强农村财政投入和政策性贷款支持，完善农业创业园、示范基地等基础设施。由于农村集体经济积累少，经济基础薄弱，道路交通、农田水利等农业基础设施建设滞后，成为经济作物产业投资决策的重要因素。需要大力争取农业基础设施建设的政策性贷款支持。鼓励国家开发银行等政策性银行以及商业银行增加对农业创业园、加工企业的贷款。②拓展加工企业融资渠道。针对西部经济作物生产企业的现状，特别是小企业比较多的特点，要对经济作物生产企业有效担保方式的创新进行深入研究，成立政策性担保中心、商业性担保机构和企业信用互助协会等中介机构，突破企业贷款担保"瓶颈"。加大财政投入力度，完善政策性担保体系，实行风险补偿、财政贴息等企业信贷扶持措施；加快完善商业性担保和企业间互助性担保体系，引导和支持现有融资担保企业增资扩股，拓展担保业务范围，提高融资服务水平。③政府应加快发展农业中小企业融资服务体系建设，构筑融资服务平台。继续推进农业中小企业信用担保体系建设，引导和鼓励金融部门增加信贷投入。加强农业企业与金融机构合作，特别是农业小企业与商业银行、政策银行的合作，搞好贷款项目的推介工作。④鼓励企业上市融资和发行债券。对符合上市条件的龙头企业要进行辅导，提高西部农业龙头企业的上市数量和质量。探索发行中小企业集合债券和短期融资券。

（三）完善经济作物产品流通政策、落实农机补贴政策

由于近两年农产品终端销售价格不断攀升，从中央到地方先后出台了一些促进农产品流通的政策，但农产品流通的成本仍然很高，亟待改进。首先，农产品的流通环节多，流通费用高已成为大家的共识，完善农产品流通应加大对其的财政资金扶持力度，加大对物流中心的信贷投入，运用供应链融资、抵押贷款等方式，解决融资难问题。对农产品乱收费的现象要严格制止，取消不合理费用。其次，支持一批经济作物产品批发市场和物流中心进行建设和改造。大力发展经济作物产品物流，支持和培育专业化的经济作物产品运销企业和物流配送企业，加快现有经济作物产品物流企业改造升级。

西部传统农业向现代农业转变，需要推进农业机械化与农机工业的发展，提高农业装备水平，增强农业综合生产能力。西部应根据不同区域的生产条件、经济作物不同耕作制度，以及当地的经济社会发展条件，推进不同地区和不同经济作物农业机械化发展，加快大宗经济作物以及关键环节的机械化。同时引导社会资金、民间资本对农机设备的投资，加大对农机购置、农机工业的财税、金融等优惠力度。实施农机补贴政策，合理确定补贴规模，积极开展农机保险业务，对参保农机给予保费补贴。

对于棉花产业支持政策，加大财政与税收等方面扶持力度，促进快速发展。设立棉花示范基地建设专项资金，加强对棉花加工业关键技术的研发、引进与推广的扶持；加强对棉农、农民合作组织等生产性投入；对棉花生产、加工与流通在土地、用水、用电方面实行优惠

扶持政策。拓展棉花产业融资渠道，增强融资能力。对棉花产业的重
点项目的信贷支持，解决棉农、农民合作组织、示范基地、中小企业
融资难的问题，在贷款额度、期限与条件等方面给予支持；争取扩大
农业政策性保险的试点范围；鼓励和支持棉花相关企业利用资本市场
直接融资；鼓励有条件的地区建立专业担保机构，提供融资担保。建
立合理的储备调节机制。新疆各级政府应充分考虑国内与国际市场，
对棉花产业进行间接管理，合理配置棉花资源，建立合理的储备调节
机制，有效调节棉花的生产与供给，保持棉花价格平稳。

　　对于糖料作物产业支持政策，借鉴美国、澳大利亚等发达国家和
地区的经验，在国内探索实行糖料生产配额管理。建议政府在每个榨
季开始之前通过对食品工业的调研与分析基本确定总需求，根据总需
求确定每年生产配额。政府只对配额内的糖实行政府保护，按国内市
场价格销售，超出配额生产的糖，必须转到下一榨季销售。完善调控
机制，设置并颁布《防止食糖价格过度波动的调控预案》，给予市场
主体明确合理的预期，构建我国糖料产业市场风险防范体系。政府应
在保障糖料作物产业价值链各生产经营主体基本利益的原则下，确定
国内食糖销售的"基础价格"，设置"基础价格 ± 浮动限额"的上下
价格，当糖价持续低于价格下限时，政府可按价格下限收购储备糖，
提升糖价；反之，政府应按价格上限对市场放开储备。

三　发展性政策

（一）加快市场化进程

　　西部地区经济作物产业之所以发展滞后，一个重要的原因是农业
市场化进程缓慢。西部地区农村小农经济仍然存在，农业市场条块分
割严重，地方保护主义现象比较突出，制约了农业市场化竞争。西部
农村土地市场、技术市场、资本市场等生产要素市场远没有发达地区
完善，客观上不利于经济作物产业的发展。

　　第一，要放开经济作物产品价格，充分利用市场价格调节机制，
调节经济作物产品的供求关系。

　　第二，进一步打破地方保护主义，取消经济作物产品流通中的条
块分割，城乡封闭、地区封锁。

第三，增加金融、信息、技术等基础设施的投入，完善金融、信息、技术等服务体系。

第四，政府加强市场法制建设，确保农产品市场正常运行，协调和解决市场交易的矛盾，增强市场信用水平。

第五，培育要素市场，西部地区应进一步开放技术、劳动力、土地市场，大力发展农村资本市场，充分发挥要素市场对资源配置的作用。

（二）加快信息化建设

信息化在西部新农村建设中具有重要的战略地位，它既是建设社会主义新农村的一项紧迫任务，也是建设经济作物产业价值链的重要手段。目前，西部地区急需完善农业信息系统管理体系，加快实现农村信息化，推动各地经济作物的发展。西部农村信息化建设方面存在以下问题：西部农村信息化建设模式还不够健全，农业信息化建设还比较落后，多数农民的信息化意识比较薄弱。此外，农业信息化缺乏专业人才，特别是农村地区收入低的原因，农村地区更缺乏信息化专业人才。

在农村信息化建设过程中，既要把农民当作信息化的主要服务对象，也要通过相应的政策、制度环境，引导农民以及专业化人才参与农村信息化建设，提高农民参与信息化建设的积极性，从而充分发挥和提高信息化的社会效应。

政府有关部门应继续致力于信息高速公路和互联网业务的建设，在农业信息化建设上加大资金投入，加强信息化软硬件设施建设。建立信息及时有效的经济作物产品信息网站，使其更好地为农户、经纪人和销售商服务。大力建设农田信息采集系统，建设农业科普培训系统，使农户对经济作物当前的生产情况及环境情况有准确和实时的了解，实现经济作物产品的生产标准化。

（三）完善和升级西部地区农民专业合作经济组织的运行机制

目前，我国西部地区共有各种形式的农民合作组织50000多个，组织成员近1000万人，农民合作组织以专业协会和农民专业合作社为主，股份制合作社较少。农业专业协会与农民专业合作社的农民参与数量较多，但股份制合作社融资能力最强，其次是专业合作社，最弱的是专业协会。股份制合作社的组织联系紧密，而专业协会组织较为松散。多年来，西部农民合作组织不断增加，规模不断扩大，但相对于东部发达地区来说，差距非常明显。由于经济发展水平的不同，东部地区的农民合作组织资金、生产要素，组织化程度远远高于西部地区。

一是西部地区政府应推动合作组织的管理规范化。规范合作组织的规章制度，组织结构与财务管理等制度，完善利益分配机制，切实保障成员的财产权、决策权、分配权等合法权益。

二是加大财政支持力度，落实财税优惠政策。对农民合作组织提供的农业技术服务、信息服务、农机服务、农业灾害病虫防治、农业保险服务、农业金融服务等应免征营业税。在有条件的地区，建立财政扶持资金，用于合作组织基础设施建设、农产品质量认证、标准化建设、品牌建设以及风险救助等方面的服务。

三是吸引农业科技人员、企业家、大学生到农民合作组织，对其工作不但要签订劳动合同与参加各类社会保险，还要保证其在合作组织中的股份分配比例。

对于茶产业专业化组织建设，一是加快专业合作组织建设，加强合作组织的规范化运作，制度化管理。二是建立"企业 + 股份制 + 合作社 + 基地 + 农户"的模式。农民也可以以茶园入股同企业合作，建立股份制公司，经过几年发展经营，走上市资本运作的路子。三是发挥专业合作组织在信息服务等方面对茶的种植、加工、流通等的支持作用，提升专业合作组织对茶农与加工企业的利益协调，提高茶产业价值链的整体效益。

对于棉花产业专业化组织建设，虽然棉花是经济作物产业价值链中链条最长的，但也是一体化程度较低的。对于棉花产业价值链结构的优化，我们不能一味地追求延伸棉花产业价值链，而是通过棉花产业价值链的有效整合，提高一体化程度。目前，生产、加工与流通都呈现多元化特征，棉农、农垦基地、建设兵团以及加工企业等都是棉花生产的主体，国有、集体、股份与民营企业共存，龙头企业、农民合作社与专业协会、营销大户等交织在一起。这些造成了棉花生产、加工与营销经济活动不能有效共生与整合，大大制约了棉花产业价值链中资源的优化配置。因此，要加快建立"棉农（农民合作社、基地或建设兵团）＋龙头加工企业＋流通企业"的一体化组织，整合各方的资源，创新利益联结机制，加紧形成凝聚力，从而促进棉花产业竞争力的提升。

对于中药材产业专业化组织建设，一要加快培育"龙头企业＋药农"的产业化组织。目前，中药材龙头企业数量少，规模小，在产业整合以及带动效应中远远没有发挥应有的作用。因此，通过政府的扶持和培育，对现有的中药材企业改制改组，对优势资源进行整合，淘汰落后企业，通过并购重组，联合省内外优势企业，建立规模效应明显，机制完善的企业集团，延伸产业链，带动相关产业的发展，最终提高中药材产业竞争力。二要建立和完善市场体系。目前，中药材市场比较混乱，中药材价格波动大，大大影响了药农的生产积极性。应加快本地区中药材产业专业协会或流通组织，健全组织运行机制，服务于本地区的中药材生产经营，整合资源，进而增强在国内外的中药材市场中的谈判能力。此外，还要加快建立中药材生产经营以及市场信息管理系统，特别是对市场信息的管理，帮助药农与药企的生产经营规避市场风险。三要加快发展药农的专业合作组织，建立健全利益分配机制，提高药农生产的积极性，为药农带来收入的增加。四要大力培养药农经纪人，通过相关法律法规，以及产品营销等知识化的培训，提高经纪人的综合素质，政府应鼓励和引导药农成立经纪人协会，提高组织化程度。

对于糖料作物产业专业化组织建设，引导和鼓励蔗农成立合作经济组织，完善合作组织的运行机制，建立利益共享、风险共担的分配机制，促进甘蔗生产的规模化与专业化。鼓励合作组织与政府协商糖料的收购价格，尊重蔗农与糖厂的话语权和定价权。

主要参考文献

［1］刘朝明：《中国农村产业结构比较研究》，中国社会科学出版社 1992 年版。

［2］冯海发：《农业结构调整应注意的几个基本问题》，《农业经济问题》2001 年第 7 期。

［3］卢良恕：《当前农业与农村经济工作的重点与对策》，《中国农村科技》2002 年第 12 期。

［4］刘彦随、陆大道：《中国农业结构调整基本态势与区域效应》，《地理学报》2003 年第 3 期。

［5］张培刚：《农业与中国工业化》，载《张培刚选集》，山西经济出版社 1997 年版。

［6］牛若峰、朱泽：《我国农业和农村经济结构的战略性调整》，湖北科学技术出版社 2000 年版。

［7］叶兴庆：《论新一轮农业结构调整》，《中国农村经济》1999 年第 11 期。

［8］袁璋：《我国中部地区农业产业结构演进及调整优化方向研究》，博士学位论文，中国农业科学院，2006 年。

［9］梁书民、孟哲、白石：《基于村级调查的中国农业种植结构变化研究》，《农业经济问题》2008 年第 11 期。

［10］何满喜、刘向东：《内蒙古自治区种植结构模型及现状分析》，《干旱地区农业研究》2000 年第 3 期。

［11］杨治斌：《浙江省农业结构调整与粮食安全的探讨》，《浙江农业科学》2002 年第 4 期。

［12］李奇峰、张海林、陈阜：《东北农作区粮食作物种植格局变化

的特征分析》,《中国农业大学学报》2008 年第 13 期。

[13] 郑晶、孙良媛:《广东耕地资源配置效益的变化及评价》,《华南农业大学学报》2009 年第 1 期。

[14] 朱希刚:《农业技术进步及其"七五"期间内贡献份额的测算分析》,《农业技术经济》1994 年第 2 期。

[15] 顾焕章、王培志:《农业技术进步对农业经济增长贡献的定量研究》,《农业技术经济》1994 年第 5 期。

[16] 钟甫宁、朱晶:《结构调整在我国农业增长中的作用》,《中国农村经济》2000 年第 7 期。

[17] 吴方卫、孟令杰、熊诗平:《中国农业的增长与效率》,上海财经大学出版社 2000 年版。

[18] 崔元峰、冯中朝:《农业结构调整与农业经济增长的关联分析》,《农业经济问题》2004 年第 2 期。

[19] Parker W. N. and J. Klein., Productivity Growth in Grain Production in the United States, 1840 – 1860 and 1900 – 1910. in Output Employment and Productivity in the United States after 1800 [C]. Studies in Income and Wealth, Vol. 30, New York: Columbia University Press, 1966.

[20] Schultz T., The Declining Economic Importance of Agricultural Land. Economic Journal, 1951 (61), pp. 725 – 740.

[21] Winsberg M. D., Concentration and Specialization in United States Agriculture, 1939 – 1978. Economic Geography, 1980 (56), pp. 183 – 189.

[22] Kim S., Expansion of Markets and the Geographic Distribution of Economic Activities: The Trends in U. S. Regional Manufacturing Structure, 1860 – 1987. The Quarterly Journal of Economics, 1995 (4), pp. 881 – 905.

[23] Malmberg A. and P. Maskell., Towards an Explanation of Regional Specialization and Industry Agglomeration. European Planning Studies 1997 (5), pp. 25 – 41.

［24］ Mora R. and C. Juan, Geographical Specialization in Spanish Agriculture before and after Integration in the European Union. Regional Science and Urban Economics, 2004（34），pp. 309 – 320.

［25］ 高昌海、刘新平、谢光辉：《长江流域农业地域分异及专业化生产研究》，《长江流域资源与环境》2000 年第 3 期。

［26］ 蓝万炼、朱有志：《关于推进农业区域专业化生产的思考》，《常德师范学院学报》（社会科学版）2001 年第 1 期。

［27］ 蔡昉、林毅夫：《中国经济》，中国财政经济出版社 2003 年版。

［28］ 曹暕、王玉斌、谭向勇：《我国农业生产区域专业化程度分析》，《经济与管理研究》2005 年第 1 期。

［29］ 李永实：《比较优势理论与农业区域专业化发展》，《经济地理》2007 年第 4 期。

［30］ 陆迁：《区域专业化与西部地区农村经济发展》，《中国农业科技导报》2004 年第 2 期。

［31］ 何学松、陆迁、杨彬彬：《西部农业区域专业化研究》，《陕西农业科学》2005 年第 4 期。

［32］ 张哲、张蕾：《西北地区种植业结构调整中的"背离现象"——区域专业化与比较优势协调性实证分析》，《中国农村经济》2003 年第 9 期。

［33］ 温晓霞、杨改河：《西部地区农业专业化发展及主要作物比较优势的衡量》，《农业系统科学》2006 年第 2 期。

［34］ 何学松：《西部地区主要农产品区域专业化的实证分析》，《安徽农业科学》2007 年第 2 期。

［35］ 唐仁健、陈良彪：《"温州模式"再审视——浙东南农村经济发展调查》，《农村改革》2000 年第 4 期。

［36］ 郭玮：《我国农业生产力布局的变化趋势及存在问题》，《调研世界》2000 年第 1 期。

［37］ 伍山林：《中西部粮食生产区域变化与成因的实证分析》，《财经研究》2001 年第 2 期。

［38］ 罗万纯、陈永福：《中国粮食生产区域格局及影响因素研究》，

《农业技术经济》2005 年第 6 期。

［39］ 程叶青、张平宇：《中国粮食生产的区域格局变化及东北商品粮基地的响应》，《地理科学》2005 年第 5 期。

［40］ 唐华俊：《我国循环农业发展模式与战略对策》，《中国农业科技导报》2008 年第 1 期。

［41］ 刘彦随、王介勇、郭丽英：《中国粮食生产与耕地变化的时空动态》，《中国农业科学》2009 年第 12 期。

［42］ 陆文聪、梅燕、李元龙：《中国粮食生产的区域变化：人地关系、非农就业与劳动报酬的影响效应》，《中国人口科学》2008 年第 3 期。

［43］ 李裕瑞、吕爱清、卞新民：《江苏省人均粮食地域格局变化特征及驱动机制》，《资源科学》2008 年第 3 期。

［44］ 杨春：《中国主要粮食作物生产布局变迁及区位优化研究》，中国农业科学出版社 2011 年版。

［45］ Hopper, W. D., Allocation Efficiency in Traditional Indian Agriculturce. Journal of Farm Economies, 1965, 47（3）, pp. 611 – 624.

［46］ Nerlove, M., The Dynamics of Supply：Estimations of Farmer's Response to Price. Baltimore：Johns Hopkins University Press, 1958, pp. 1 – 368.

［47］ Krishna, R., Farm Supply Response in Indian – Pakistan：A Case Study of the Punjap Region. Economic Journal, 1963, 73（1）, pp. 21 – 28.

［48］ 朱启荣、李宁、朱昌好：《中国主产棉区棉花生产布局变化的经济因素分析》，《新疆农垦经济》2005 年第 1 期。

［49］ 钟甫宁、刘顺飞：《中国水稻生产布局变动分析》，《中国农村经济》2007 年第 9 期。

［50］ 宋玉兰、陈彤：《农业产业集群的形成机制探析》，《新疆农业科学》2005 年第 11 期。

［51］ 张宏升：《我国农业产业集聚影响因素分析》，《价格月刊》2007 年第 9 期。

[52] 陶怀颖：《我国农业产业区域集群形成机制与发展战略研究》，博士学位论文，中国农业科学院，2006 年。

[53] 宋燕平、王艳荣：《茶产业集聚的实证研究》，《茶叶科学》2008 年第 5 期。

[54] 卢峰：《比较优势与食物贸易结构——我国食物政策调整的第三种选择》，《经济研究》1997 年第 2 期。

[55] 齐舒畅：《中国 1987 年投入产出表对进出口的处理方法》，《统计研究》1988 年第 12 期。

[56] 刘旗、张冬平：《农民收入的市场贡献分析》，《河南农业大学学报》2005 年第 4 期。

[57] 顾焕章、宋俊东：《中国农业增长的源泉与技术进步》，《农业技术经济》1991 年第 1 期。

[58] 冯海发：《中国农业总要素生产率变动趋势及增长模式》，《经济研究》1990 年第 5 期。

[59] 钟甫宁、谢正勤：《生产资料市场化改革对农业结构调整的作用》，《华中农业大学学报》（社会科学版）2002 年第 1 期。

[60] 田维明：《中国粮食生产的技术效率》，中国农业出版社 1998 年版。

[61] 顾海、孟令杰：《中国农业 TFP 的增长及其构成》，《数量经济技术研究》2002 年第 10 期。

[62] 李谷成：《中国农业生产率增长的地区差距与收敛性分析》，《产业经济研究》2009 年第 2 期。

[63] 王兵、杨华、朱宁：《中国各省份农业效率和全要素生产率增长——基于 SBM 方向性距离函数的实证分析》，《南方经济》2011 年第 10 期。

[64] 米建伟、梁勤、马骅：《我国农业全要素生产率的变化及其与公共投资的关系——基于 1984—2002 年分省份面板数据的实证分析》，《农业技术经济》2009 年第 3 期。

[65] 朱喜：《要素配置扭曲与农业全要素生产率》，《经济研究》2011 年第 5 期。

[66] 石慧、吴方卫：《中国农业生产率地区差异的影响因素研究——

基于空间计量的分析》,《世界经济文汇》2011 年第 3 期。

[67] Anderson, K., Changing Comparative Advantage in China: Effects on Food. Feed and Fibre Markets, OECD, 1990.

[68] 蔡昉:《以农产品市场化为突破口深化农村改革》,《经济纵横》1994 年第 8 期。

[69] 陈武:《比较优势与中国农业经济国际化》,中国人民大学出版社 1997 年版。

[70] 李崇光、郭犹焕:《中国大米与油料比较优势分析》,《中国农村经济》1998 年第 6 期。

[71] 李向红:《中国粮食比较优势的经验分析》,硕士学位论文,中国农业大学,1998 年。

[72] 徐志刚:《比较优势与中国农业生产结构调整》,博士学位论文,南京农业大学,2001 年。

[73] 徐锐钊:《比较优势、区位优势与我国油料作物区域专业化研究》,博士学位论文,浙江大学,2009 年。

[74] 张哲:《西北地区农业结构战略性调整中的区域分工研究》,博士学位论文,浙江大学 2002 年。

[75] 胡艳君、乔娟:《比较优势与山西省种植业结构调整》,《中国农业资源与区划》2003 年第 3 期。

[76] 潘泽江:《关于优势农产品产业带形成机理的理论分析》,《农村经济》2005 年第 10 期。

[77] 朱俊林:《基于空间统计的湖北省农业功能分析与分区研究》,博士学位论文,华中农业大学,2011 年。

[78] 蔡昉:《区域比较优势与农业持续增长的源泉》,《中国农村经济》1992 年第 11 期。

[79] 叶兴庆:《论新一轮农业结构调整》,《中国农村经济》1999 年第 11 期。

[80] 李成贵:《中国农业结构的形成、演变与调整》,《中国农村经济》1999 年第 5 期。

[81] 林毅夫:《再论制度、技术与中国农业发展》,北京大学出版社

2000 年版。

[82] 王小鲁：《中国粮食市场的波动与政府干预》，《经济学》（季刊）2001 年第 1 期。

[83] 王德文、黄季焜：《双轨制度下中国农户粮食供给反应分析》，《经济研究》2001 年第 12 期。

[84] 李成贵：《中国大米政策分析》，《中国农村经济》2002 年第 9 期。

[85] 杨雄年：《中国西部地区农业产业升级转化过程中政策绩效研究》，博士学位论文，西北农林科技大学，2005 年。

[86] 邵昶、吴金明：《产业链形成机制研究——"4＋4＋4"模型》，《中国工业经济》2007 年第 4 期。

[87] 简新华：《产业经济学》，武汉大学出版社 2002 年版。

[88] 杨公朴、夏大慰：《现代产业经济学》，上海财经大学出版社 2002 年版。

[89] 卢明华、李国平：《全球电子信息产业价值链及对我国的启示》，《北京大学学报》（哲学社会科学版）2004 年第 4 期。

[90] 龚勤林：《论行业链构建与统筹发展》，《经济学家》2004 年第 3 期。

[91] 周新生：《产业链与产业链打造》，《广东社会科学》2006 年第 4 期。

[92] 郁义鸿：《产业链类型与产业链效率基准》，《中国工业经济》2005 年第 11 期。

[93] 都晓岩、卢宁：《论提高我国渔业经济效益的途径——一种产业链视角下的分析》，《中国海洋大学学报》（社会科学版）2006 年第 3 期。

[94] 汪先永、刘冬、贺灿飞、胡雪峰：《北京产业链与产业结构调整》，《北京工商大学学报》（社会科学版）2006 年第 2 期。

[95] 周路明：《关注高科技"产业链"》，《深圳特区科技》2001 年第 11 期。

[96] 刘刚：《基于产业链的知识与创新结构研究》，《商业经济与管理》2005 年第 11 期。

[97] 贺轩、员智凯：《高新技术产业价值链及其价值指标》，《西安邮电学院学报》2006 年第 2 期。

[98] 张铁男、罗晓梅：《产业链分析及其战略环节的确定研究》，《工业技术经济》2005 年第 6 期。

[99] 芮明杰、刘明宇：《论产业链整合》，复旦大学出版社 2006 年版。

[100] 卜庆军、古赞歌、孙晓春：《基于企业核心竞争力的产业链整合模式研究》，《企业经济》2006 年第 2 期。

[101] 曹群：《基于产业链整合的产业集群创新机理研究》，博士学位论文，哈尔滨工业大学，2009 年。

[102] 李心芹、李仕明、兰永：《产业链结构类型研究》，《电子科技大学学报》（社会科学版）2004 年第 4 期。

[103] 蒋国俊、蒋明新：《产业链理论及稳定机制研究》，《重庆大学学报》（社会科学版）2004 年第 1 期。

[104] 刘贵富、赵英才：《产业链：内涵、特性及其表现形式》，《财经理论与实践》2006 年第 3 期。

[105] 郑学益：《构筑产业链，形成核心竞争力》，《福建改革》2000 年第 8 期。

[106] 赵绪福、王雅鹏：《农业产业链、产业化、产业体系的区别与联系》，《农村经济》2004 年第 6 期。

[107] 王凯：《中国农业产业链的组织形式研究》，《现代农村经济》2004 年第 11 期。

[108] 赵绪福、王雅鹏：《从产业化经营的需要看中国农业产业链的构建》，《湛江师范学院学报》2004 年第 4 期。

[109] 曹明华：《产品价值链：农业产业化的一个分析视角》，《贵州财经学院学报》2004 年第 5 期。

[110] 金红梅：《关于农业产业化和农业产业链理论与实践的思考》，《山西农经》2010 年第 1 期。

[111] 王凯、颜加勇：《中国农业产业链的组织形式研究》，《现代经济探讨》2004 年第 11 期。

[112] Cachon, G., The Allocation of Inventory Risk in a Supply Chain:

Push, Pull, and Advance – Purchase Discount Contracts. Management Science, 2004, Vol. 50. No. 2, pp. 222 – 238.

［113］ Ding, D., Chen, J., Coordinating a Three Level Supply Chain with Flexible Return Policies. Omega, 2008, Vol. 36, No. 5, pp. 865 – 876.

［114］ Coltman, T., Bru, K., Perm – Ajchariyawong, N., et al., Supply Chain Contract Evolution. European Management Journal, 2009, Vol. 27, No. 6, pp. 388 – 401.

［115］ 马士华、王鹏：《基于 Shapley 值法的供应链合作伙伴间收益分配机制》，《工业工程与管理》2005 年第 4 期。

［116］ 但斌、陈军：《基于价值损耗的生鲜农产品供应链协调》，《中国管理科学》2008 年第 5 期。

［117］ 杨金梅：《农产品供应链协调机制问题初探——基于委托—代理理论的视角》，《农村经济与科技》2009 年第 5 期。

［118］ 赵霞、吴方卫：《随机产出与需求下农产品供应链协调的收益共享合同研究》，《中国管理科学》2009 年第 5 期。

［119］ 张满园、张学鹏：《基于博弈视角的农业产业链延伸主体选择》，《安徽农业科学》2009 年第 1 期。

［120］ 赵绪福：《农业产业链优化的内涵、途径和原则》，《中南民族大学学报》（社会科学版）2006 年第 6 期。

［121］ 顾丽琴：《农业产业价值链带给我们的思考》，《农业考古》2007 年第 6 期。

［122］ 桂寿平、张霞：《农业产业链和 U 型价值链协同管理探讨》，《改革与战略》2006 年第 10 期。

［123］ 汪金剑：《弥合战略性农产品产业链割裂及角逐国际定价权研究》，硕士学位论文，浙江大学，2010 年。

［124］ 崔俊敏：《农业产业链产业集群与粮食主产区农民增收——以河南省黄淮 4 市为例》，《河南农业科学》2009 年第 4 期。

［125］ 周建华、洪凯：《基于农业价值链的我国农业技术创新政策研究》，《经济纵横》2009 年第 1 期。

［126］ 陈静、秦向阳、肖碧林：《基于典型案例的我国农业产业链构建模式研究》，《农村经济》2011 年第 8 期。

［127］ 乔颖丽、孙芳、刘金花、李源生：《蔬菜产业链模式选择影响因素实证分析——基于冀西北地区实地调查》，《农业经济与管理》2010 年第 2 期。

［128］ 王凯、颜加勇：《农业产业链管理在棉花产业中的应用》，《现代经济探讨》2003 年第 6 期。

［129］ 游振华：《种子产业链企业合作绩效影响因素实证研究》，硕士学位论文，华中农业大学，2010 年。

［130］ 黄祖辉、张静、陈志钢：《中国梨果产业价值链分析》，《中国农村经济》2008 年第 7 期。

［131］ 刘立英：《基于模块网状产业链的恩施茶叶产业化发展研究》，硕士学位论文，湖北民族学院，2010 年。

［132］ 杨旺舟：《区域产业结构分析与调整对策——以云南省为例》，科学出版社 2012 年版。

［133］ 董凤丽、吕杰：《沈阳经济区农业产业结构演进及效益评价》，中国农业出版社 2012 年版。

［134］ 罗斯托：《经济成长阶段》，商务印书馆 1962 年版。

［135］ 陈永红：《西部地区农业结构调整问题研究》，博士学位论文，西南财经大学，2001 年。

［136］ 王广森：《结构变革与农村发展》，中国财政经济出版社 1990 年版。

［137］ Krugman, P., Increasing Returns and Economic Geography. Journal of Political Economy, 1991a, 99 (3), pp. 36 – 78.

［138］ Krugman, P. Geography and trade. Cambridge MA: MIT Press, 1991b, pp. 21 – 89.

［139］ Fujita, M. & Krugman, P. & Venables, A. The Spatial Economy: Cities, Regions and International Trade. Cambridge: MIT Press, 1999, pp. 30 – 52.

［140］ Fujita, M. & Krugman, P., The New Economic Geography:

Past, Present and the Future. Papers in Regional Science, 2004, 83（2）, pp. 139 – 164.

[141] Florax, R., Folmer, H. & Rey, S. J., Specification Searches in Spatial Econometrics the Relevance of Hendry's Methodology. Regional Science and Urban Economics, 2003, 33（5）, pp. 557 – 580.

[142] Munroe, D. K., Southworth, J. & Tucker, C. M., Modeling Spatially and Temporally Complex Land – Cover Change：The case of Western Honduras. The Professional Geographer, 2004, 1（56）, pp. 554 – 559.

[143] Cho, S. H. & Newman, D. H., Spatial Analysis of Rural Land Development. Forest Policy Economics, 2005, 7（5）, pp. 732 – 744.

[144] 陆文聪、梅燕：《中国粮食生产区域格局变化及其成因实证分析——基于空间计量经济学模型》，《中国农业大学学报》2007 年第 3 期。

[145] 陆文聪、梅燕、李元龙：《中国粮食生产的区域变化：人地关系、非农就业与劳动报酬的影响效应》，《中国人口科学》2008 年第 3 期。

[146] 潘竟虎、石培基：《甘肃省人均粮食时空格局变化特征及驱动机制分析》，《农业系统科学与综合研究》2008 年第 4 期。

[147] 田维波：《我国农业发展的空间结构演化及其影响因素研究》，博士学位论文，西南大学，2012 年。

[148] 花永剑：《农业产业集群研究综述》，《企业活力》2010 年第 12 期。

[149] 赖斯芸、杜鹏飞、陈吉宁：《基于单元分析的非点源污染调查评估方法》，《清华大学学报》（自然科学版）2004 年第 9 期。

[150] 梁流涛：《农村生态环境时空特征及其演变规律研究》，博士学位论文，南京农业大学，2009 年。

[151] 刘佳琪：《陇南市中药材产业发展问题研究》，硕士学位论文，甘肃农业大学，2010 年。

后　记

　　本书为国家社科基金项目"西部地区经济作物产业结构调整优化研究"的成果。该项目于2010年立项，2013年完成项目研究，2014年结项。因此，本书所收集的资料截至2013年年初。这以后，关于产业结构调整优化的研究又有不少新人新作出现。本书是对过去成绩的一个小结，也是希望通过这一形式，起到抛砖引玉的作用，为推动该研究领域的不断发展尽一份绵薄之力。笔者将持续关注这一领域的发展，愿意为该领域的繁荣兴旺助一臂之力。